21世纪全国高等院校财经管理系列实用规划教材

项目管理

主　编　康　乐　张　莉
副主编　李娟芳　梁江莹　廖梦如
主　审　陈可文

内 容 简 介

本书是根据编者在企业的项目管理实践经验以及高等学校教学实践经验编写而成。全书共分 13 章，具体内容包括：概述、项目生命周期与组织、项目整合管理、项目范围管理、项目时间管理、项目成本管理、项目质量管理、项目人力资源管理、项目沟通管理、项目风险管理、项目采购管理、单个项目的项目管理过程、项目经理职业道德与专业行为规范。

本书可作为高等院校经济、管理类专业本科的教材，也可作为项目管理工程硕士和工商管理硕士等专业的实用教材，还可作为理工类专业学生学习相关知识的教材或者从事项目管理工作有关人士的学习参考用书。

图书在版编目(CIP)数据

项目管理/康乐，张莉主编. —北京：北京大学出版社，2015.1
(21 世纪全国高等院校财经管理系列实用规划教材)
ISBN 978-7-301-24823-2

Ⅰ. ①项… Ⅱ. ①康…②张… Ⅲ. ①项目管理—高等学校—教材 Ⅳ. ①F224.5

中国版本图书馆 CIP 数据核字(2014)第 216809 号

书　　　名：	项目管理
著作责任者：	康　乐　张　莉　主编
策 划 编 辑：	王昱超
责 任 编 辑：	葛　方
标 准 书 号：	ISBN 978-7-301-24823-2/F·4049
出 版 发 行：	北京大学出版社
地　　　址：	北京市海淀区成府路 205 号　100871
网　　　址：	http://www.pup.cn　新浪官方微博：@北京大学出版社
电 子 信 箱：	pup_6@163.com
电　　　话：	邮购部 62752015　发行部 62750672　编辑部 62750667　出版部 62754962
印 刷 者：	北京鑫海金澳胶印有限公司
经 销 者：	新华书店
	787 毫米×1092 毫米　16 开本　20 印张　465 千字
	2015 年 1 月第 1 版　2016 年 2 月第 2 次印刷
定　　　价：	39.00 元

未经许可，不得以任何方式复制或抄袭本书之部分或全部内容。
版权所有，侵权必究
举报电话：010-62752024　电子信箱：fd@pup.pku.edu.cn

21世纪全国高等院校财经管理系列实用规划教材

专家编审委员会

主 任 委 员 刘诗白

副主任委员 （按拼音排序）

    韩传模   李全喜   王宗萍
    颜爱民   曾　旗   朱廷珺

顾　　问 （按拼音排序）

    高俊山   郭复初   胡运权
    万后芬   张　强

委　　员 （按拼音排序）

    程春梅   邓德胜   范　徵
    冯根尧   冯雷鸣   黄解宇
    李柏生   李定珍   李相合
    李小红   刘志超   沈爱华
    王富华   吴宝华   张淑敏
    赵邦宏   赵　宏   赵秀玲

法 律 顾 问 杨士富

丛 书 序

我国越来越多的高等院校设置了经济管理类学科专业，这是一个包括理论经济学、应用经济学、管理科学与工程、工商管理、公共管理、农林经济管理、图书馆、情报与档案管理 7 个一级学科门类和 31 个专业的庞大学科体系。2006 年教育部的数据表明，在全国普通高校中，经济类专业布点 1518 个，管理类专业布点 4328 个。其中除少量院校设置的经济管理专业偏重理论教学外，绝大部分属于应用型专业。经济管理类应用型专业主要着眼于培养社会主义国民经济发展所需要的德智体全面发展的高素质专门人才，要求既具有比较扎实的理论功底和良好的发展后劲，又具有较强的职业技能，并且又要求具有较好的创新精神和实践能力。

在当前开拓新型工业化道路，推进全面小康社会建设的新时期，进一步加强经济管理人才的培养，注重经济理论的系统化学习，特别是现代财经管理理论的学习，提高学生的专业理论素质和应用实践能力，培养出一大批高水平、高素质的经济管理人才，越来越成为提升我国经济竞争力、保证国民经济持续健康发展的重要前提。这就要求高等财经教育要更加注重依据国内外社会经济条件的变化，适时变革和调整教育目标和教学内容；要求经济管理学科专业更加注重应用、注重实践、注重规范、注重国际交流；要求经济管理学科专业与其他学科专业相互交融与协调发展；要求高等财经教育培养的人才具有更加丰富的社会知识和较强的人文素质及创新精神。要完成上述任务，各所高等院校需要进行深入的教学改革和创新，特别是要搞好有较高质量的教材的编写和创新工作。

出版社的领导和编辑通过对国内大学经济管理学科教材实际情况的调研，在与众多专家学者讨论的基础上，决定编写和出版一套面向经济管理学科专业的应用型系列教材，这是一项有利于促进高校教学改革发展的重要措施。

本系列教材是按照高等学校经济类和管理类学科本科专业规范、培养方案，以及课程教学大纲的要求，合理定位，由长期在教学第一线从事教学工作的教师编写，立足于 21 世纪经济管理类学科发展的需要，深入分析经济管理类专业本科学生现状及存在的问题，探索经济管理类专业本科学生综合素质培养的途径，以科学性、先进性、系统性和实用性为目标，其编写的特色主要体现在以下几个方面：

（1）关注经济管理学科发展的大背景，拓宽理论基础和专业知识，着眼于增强教学内容与实际的联系和应用性，突出创造能力和创新意识。

（2）体系完整、严密。系列涵盖经济类、管理类相关专业以及与经管相关的部分法律类课程，并把握相关课程之间的关系，整个系列丛书形成一套完整、严密的知识结构体系。

（3）内容新颖。借鉴国外最新的教材，融会当前有关经济管理学科的最新理论和实践经验，用最新知识充实教材内容。

（4）合作交流的成果。本系列教材是由全国上百所高校教师共同编写而成，在相互进行学术交流、经验借鉴、取长补短、集思广益的基础上，形成编写大纲。最终融合了各地特点，具有较强的适应性。

（5）案例教学。教材融入了大量案例研究分析内容，让学生在学习过程中理论联系实际，特别列举了我国经济管理工作中的大量实际案例，这可大大增强学生的实际操作能力。

（6）注重能力培养。力求做到不断强化自我学习能力、思维能力、创造性解决问题的能力以及不断自我更新知识的能力，促进学生向着富有鲜明个性的方向发展。

作为高要求，经济管理类教材应在基本理论上做到以马克思主义为指导，结合我国财经工作的新实践，充分汲取中华民族优秀文化和西方科学管理思想，形成具有中国特色的创新教材。这一目标不可能一蹴而就，需要作者通过长期艰苦的学术劳动和不断地进行教材内容的更新才能达成。我希望这一系列教材的编写，将是我国拥有较高质量的高校财经管理学科应用型教材建设工程的新尝试和新起点。

我要感谢参加本系列教材编写和审稿的各位老师所付出的大量卓有成效的辛勤劳动。由于编写时间紧、相互协调难度大等原因，本系列教材肯定还存在一些不足和错漏。我相信，在各位老师的关心和帮助下，本系列教材一定能不断地改进和完善，并在我国大学经济管理类学科专业的教学改革和课程体系建设中起到应有的促进作用。

刘诗白

2007年8月

刘诗白 现任西南财经大学名誉校长、教授，博士生导师，四川省社会科学联合会主席，《经济学家》杂志主编，全国高等财经院校《资本论》研究会会长，学术团体"新知研究院"院长。

前　言

随着社会的发展，项目管理日益受到大家的重视，但现代项目管理却是近几年发展起来的一个管理学科的新领域。现代项目管理所涉及的是有关现代社会活动中各种项目的一般管理理论和方法，而不是限于工程建设的传统项目管理方法。现代项目管理在当今社会中的用途非常广泛，很多理论和方法可以适用于社会中各种项目的管理，如房地产开发项目、软件开发项目，已经逐步成为当代社会的重要管理领域。只有充分学习和掌握现代项目管理的理论、方法和技能，才能更加有利于自身的发展，才能为企业和社会创造更多的财富。

项目管理领域的发展主要以美国项目管理协会(Project Management Institute，PMI)对项目管理知识体系(Project Management Body of Knowledge，PMBOK)的发展和更新为主。PMI成立于1969年，是全球领先的项目管理行业的倡导者，它创造性地制定了行业标准，由PMI组织编写的《项目管理知识体系(PMBOK指南)》已经成为项目管理领域最权威教科书，被誉为项目管理"圣经"。PMBOK是美国项目管理协会对项目管理所需的知识、技能和工具进行的概括性描述。PMI目前在全球185个国家有70多万会员和证书持有人，是项目管理专业领域中由研究人员、学者、顾问和经理组成的全球性的专业组织机构。

书籍的编写过程本身就是一个项目，作为本书的主编，也是本书的项目经理，我很荣幸能够带领大家顺利按时完成书稿。更为欣慰的是，通过对本书的编写，把项目管理的理念，项目经理所需的素质，传递给大家。

本书的出版需要感谢太多的人，陈可文教授在学术方向与逻辑编排给予的战略部署，张莉教授、李娟芳副教授热心细致的指引，还有梁江莹、廖梦如在操作与案例方面给予的大量支撑，黄众、罗如学的鼎力支持，在此对他们表示感谢！

最后需要特别感谢执行团队的14位成员：邝乃苗、陈冰、叶佩青、刘成佳、吴维民、梁健明、吴嘉欣、黄斯敏、薛海维、王舒敏、袁键程、黄健嫦、方彩玲、李健杨。在毕业季最忙碌的时候，他们通宵达旦地精诚合作，热情高效地沟通配合，这些恰恰就是项目经理所需要的。

在编写本书的过程中，参考和引用了部分国内外文献资料，在此谨向原书作者表示衷心感谢！

由于编者水平有限，书中难免存在疏漏之处，敬请各位读者批评指正。

编　者
2014年9月

目　　录

第1章　概述 ... 1
1.1　项目及项目的属性 ... 2
1.2　项目管理过程 ... 3
1.3　项目与运营 ... 5
1.3.1　项目与运营概述 ... 5
1.3.2　项目与运营的差别与联系 ... 6
1.4　项目管理、项目集管理和项目组合管理间的关系 ... 6
1.4.1　项目组合管理 ... 7
1.4.2　项目集管理 ... 8
1.4.3　项目与战略计划 ... 8
1.5　项目管理办公室 ... 9
1.6　项目经理的角色 ... 9
1.7　项目管理知识体系 ... 10
1.8　事业环境因素与组织过程资产 ... 11
1.8.1　事业环境因素 ... 11
1.8.2　组织过程资产 ... 11
1.9　相关术语 ... 12
本章小结 ... 13

第2章　项目生命周期与组织 ... 14
2.1　项目生命周期 ... 15
2.1.1　项目生命周期的特征 ... 15
2.1.2　产品生命周期与项目生命周期的关系 ... 16
2.1.3　项目阶段 ... 17
2.1.4　生命周期中的项目治理 ... 18
2.1.5　阶段与阶段的关系 ... 18
2.2　项目干系人 ... 20
2.3　组织对项目管理的影响 ... 25
2.3.1　组织文化与风格 ... 25
2.3.2　组织结构 ... 25
2.3.3　组织过程资产 ... 28
本章小结 ... 29
习题 ... 29
案例分析 ... 30

第3章　项目整合管理 ... 31
3.1　制定项目章程 ... 35
3.1.1　制定项目章程：输入 ... 36
3.1.2　制定项目章程：工具与技术 ... 37
3.1.3　制定项目章程：输出 ... 38
3.2　制订项目管理计划 ... 38
3.2.1　制订项目管理计划：输入 ... 39
3.2.2　制订项目管理计划：工具与技术 ... 40
3.2.3　制订项目管理计划：输出 ... 40
3.3　指导与管理项目执行 ... 41
3.3.1　指导与管理项目执行：输入 ... 44
3.3.2　指导与管理项目执行：工具与技术 ... 44
3.3.3　指导与管理项目执行：输出 ... 44
3.4　监控项目工作 ... 46
3.4.1　监控项目工作：输入 ... 47
3.4.2　监控项目工作：工具与技术 ... 47
3.4.3　监控项目工作：输出 ... 47
3.5　实施整体变更控制 ... 48
3.5.1　实施整体变更控制：输入 ... 50
3.5.2　实施整体变更控制：工具与技术 ... 50
3.5.3　实施整体变更控制：输出 ... 50
3.6　结束项目或阶段 ... 51
3.6.1　结束项目或阶段：输入 ... 52
3.6.2　结束项目或阶段：工具与技术 ... 52
3.6.3　结束项目或阶段：输出 ... 52
本章小结 ... 53
习题 ... 53
案例分析 ... 54

第 4 章 项目范围管理 56
4.1 收集需求 58
- 4.1.1 收集需求：输入 59
- 4.1.2 收集需求：工具与技术 59
- 4.1.3 收集需求：输出 61

4.2 定义范围 63
- 4.2.1 定义范围：输入 64
- 4.2.2 定义范围：工具与技术 64
- 4.2.3 定义范围：输出 64

4.3 创建工作分解结构 65
- 4.3.1 创建工作分解结构：输入 67
- 4.3.2 创建工作分解结构：工具与技术 67
- 4.3.3 创建工作分解结构：输出 69

4.4 核实范围 70
- 4.4.1 核实范围：输入 71
- 4.4.2 核实范围：工具与技术 72
- 4.4.3 核实范围：输出 72

4.5 控制范围 72
- 4.5.1 控制范围：输入 73
- 4.5.2 控制范围：工具与技术 74
- 4.5.3 控制范围：输出 74

本章小结 74
习题 75
案例分析 75

第 5 章 项目时间管理 77
5.1 定义活动 80
- 5.1.1 定义活动：输入 80
- 5.1.2 定义活动：工具与技术 81
- 5.1.3 定义活动：输出 82

5.2 排列活动顺序 82
- 5.2.1 排列活动顺序：输入 83
- 5.2.2 排列活动顺序：工具与技术 83
- 5.2.3 排列活动顺序：输出 85

5.3 估算活动资源 86
- 5.3.1 估算活动资源：输入 87
- 5.3.2 估算活动资源：工具与技术 87
- 5.3.3 估算活动资源：输出 88

5.4 估算活动持续时间 88
- 5.4.1 估算活动持续时间：输入 90
- 5.4.2 估算活动持续时间：工具与技术 90
- 5.4.3 估算活动持续时间：输出 91

5.5 制订进度计划 92
- 5.5.1 制订进度计划：输入 93
- 5.5.2 制订进度计划：工具与技术 94
- 5.5.3 制订进度计划：输出 96

5.6 控制进度 99
- 5.6.1 控制进度：输入 100
- 5.6.2 控制进度：工具与技术 100
- 5.6.3 控制进度：输出 101

本章小结 102
习题 102
案例分析 104

第 6 章 项目成本管理 106
6.1 估算成本 108
- 6.1.1 估算成本：输入 110
- 6.1.2 估算成本：工具与技术 110
- 6.1.3 估算成本：输出 114

6.2 制定预算 115
6.3 控制成本 118
- 6.3.1 控制成本：输入 119
- 6.3.2 控制成本：工具与技术 120
- 6.3.3 控制成本：输出 124

本章小结 125
习题 125
案例分析 126

第 7 章 项目质量管理 128
7.1 规划质量 129
- 7.1.1 规划质量：输入 130
- 7.1.2 规划质量：工具与技术 131
- 7.1.3 规划质量：输出 135

7.2 实施质量保证 136
- 7.2.1 实施质量保证：输入 137
- 7.2.2 实施质量保证：工具与技术 138

	7.2.3	实施质量保证：输出 138
7.3	实施质量控制 139
	7.3.1	实施质量控制：输入 141
	7.3.2	实施质量控制：工具与技术 141
	7.3.3	实施质量控制：输出 149
本章小结 149
习题 150
案例分析 151

第8章　项目人力资源管理 152

8.1	制订人力资源计划 153
	8.1.1　制订人力资源计划：输入 154
	8.1.2　制订人力资源计划：工具与技术 154
	8.1.3　制订人力资源计划：输出 156
8.2	组建项目团队 158
	8.2.1　组建项目团队：输入 159
	8.2.2　组建项目团队：工具与技术 160
	8.2.3　组建项目团队：输出 161
8.3	建设项目团队 161
	8.3.1　建设项目团队：输入 163
	8.3.2　建设项目团队：工具与技术 163
	8.3.3　建设项目团队：输出 165
8.4	管理项目团队 167
	8.4.1　管理项目团队：输入 168
	8.4.2　管理项目团队：工具与技术 169
	8.4.3　管理项目团队：输出 171
本章小结 172
习题 172
案例分析 173

第9章　项目沟通管理 174

9.1	识别干系人 176
	9.1.1　识别干系人：输入 177
	9.1.2　识别干系人：工具与技术 177
	9.1.3　识别干系人：输出 178
9.2	规划沟通 179

	9.2.1	规划沟通：输入 180
	9.2.2	规划沟通：工具与技术 180
	9.2.3	规划沟通：输出 184
9.3	发布信息 186
	9.3.1	发布信息：输入 187
	9.3.2	发布信息：工具与技术 187
	9.3.3	发布信息：输出 188
9.4	管理干系人期望 188
	9.4.1	管理干系人期望：输入 189
	9.4.2	管理干系人期望：工具与技术 189
	9.4.3	管理干系人期望：输出 190
9.5	报告绩效 191
	9.5.1	报告绩效：输入 192
	9.5.2	报告绩效：工具与技术 193
	9.5.3	报告绩效：输出 194
本章小结 195
习题 196
案例分析 196

第10章　项目风险管理 198

10.1	规划风险管理 200
	10.1.1　规划风险管理：输入 200
	10.1.2　规划风险管理：工具与技术 202
	10.1.3　规划风险管理：输出 202
10.2	识别风险 204
	10.2.1　识别风险：输入 204
	10.2.2　识别风险：工具与技术 206
	10.2.3　识别风险：输出 208
10.3	实施定性风险分析 209
	10.3.1　实施定性风险分析：输入 ... 210
	10.3.2　实施定性风险分析：工具与技术 210
	10.3.3　实施定性风险分析：输出 ... 212
10.4	实施定量风险分析 213
	10.4.1　实施定量风险分析：输入 ... 214
	10.4.2　实施定量风险分析：工具与技术 214

10.4.3 实施定量风险分析：输出 ... 217
10.5 规划风险应对 218
　　10.5.1 规划风险应对：输入 219
　　10.5.2 规划风险应对：工具与技术 219
　　10.5.3 规划风险应对：输出 221
10.6 监控风险 222
　　10.6.1 监控风险：输入 223
　　10.6.2 监控风险：工具与技术 223
　　10.6.3 监控风险：输出 224
10.7 识别风险 225
本章小结 225
习题 225
案例分析 226

第 11 章 项目采购管理 228
11.1 规划采购 229
　　11.1.1 规划采购：输入 231
　　11.1.2 规划采购：工具与技术 232
　　11.1.3 规划采购：输出 233
11.2 实施采购 236
　　11.2.1 实施采购：输入 237
　　11.2.2 实施采购：工具与技术 237
　　11.2.3 实施采购：输出 239
11.3 管理采购 241
　　11.3.1 管理采购：输入 242
　　11.3.2 管理采购：工具与技术 243
　　11.3.3 管理采购：输出 244
11.4 结束采购 245
　　11.4.1 结束采购：输入 245
　　11.4.2 结束采购：工具与技术 246
　　11.4.3 结束采购：输出 246
本章小结 246
习题 247
案例分析 247

第 12 章 单个项目的项目管理过程 249
12.1 项目管理过程间的作用 252
12.2 项目管理过程组 253
12.3 启动过程组 255

12.3.1 制定项目章程 257
12.3.2 识别干系人 257
12.4 规划过程组 257
　　12.4.1 制订项目管理计划 259
　　12.4.2 收集需求 259
　　12.4.3 定义范围 259
　　12.4.4 创建工作分解结构 259
　　12.4.5 定义活动 260
　　12.4.6 排列活动顺序 260
　　12.4.7 估算活动资源 260
　　12.4.8 估算活动持续时间 260
　　12.4.9 制订进度计划 261
　　12.4.10 估算成本 261
　　12.4.11 制订预算 261
　　12.4.12 规划质量 262
　　12.4.13 制订人力资源计划 262
　　12.4.14 规划沟通 262
　　12.4.15 规划风险管理 262
　　12.4.16 识别风险 263
　　12.4.17 实施定性风险分析 263
　　12.4.18 实施定量风险分析 263
　　12.4.19 规划风险应对 264
　　12.4.20 规划采购 264
12.5 执行过程组 264
　　12.5.1 指导与管理项目执行 265
　　12.5.2 实施质量保证 266
　　12.5.3 组建项目团队 266
　　12.5.4 建设项目团队 266
　　12.5.5 管理项目团队 266
　　12.5.6 发布信息 267
　　12.5.7 管理干系人期望 267
　　12.5.8 实施采购 267
12.6 监控过程组 269
　　12.6.1 监控项目工作 270
　　12.6.2 实施整体变更控制 270
　　12.6.3 核实范围 270
　　12.6.4 控制范围 270
　　12.6.5 控制进度 271
　　12.6.6 控制成本 271

|　　12.6.7　实施质量控制 271
|　　12.6.8　报告绩效 272
|　　12.6.9　监控风险 272
|　　12.6.10　管理采购 272
|　12.7　收尾过程组 273
|　　12.7.1　结束项目或阶段 273
|　　12.7.2　结束采购 273
|　本章小结 274
|　习题 274
|　案例分析 275

第13章　项目经理职业道德与专业行为规范 277

　13.1　愿景 279
　　13.1.1　愿景及目的 279
　　13.1.2　本规范的价值观 279
　　13.1.3　共识性准则和强制性准则 279
　13.2　责任规范 279
　　13.2.1　责任规范描述 279
　　13.2.2　责任规范：共识性准则 280
　　13.2.3　责任规范：强制性准则 280

　13.3　尊重规范 281
　　13.3.1　尊重规范描述 281
　　13.3.2　尊重规范：共识性准则 281
　　13.3.3　尊重规范：强制性准则 281
　13.4　公平规范 282
　　13.4.1　公平规范描述 282
　　13.4.2　公平规范：强制性准则 282
　13.5　诚实规范 284
　　13.5.1　诚实规范：共识性准则 284
　　13.5.2　诚实规范：强制性准则 284
　13.6　项目经理道德价值观 284
　　13.6.1　责任 284
　　13.6.2　尊重 285
　　13.6.3　公平 285
　　13.6.4　诚信 286
　本章小结 287
　习题 287
　案例分析 288

习题答案 290

参考文献 301

第 1 章 概 述

学习目标

通过本章学习项目及项目属性的目的性、独特性、一次性和临时性等加深对项目属性的理解。熟悉项目管理的五大过程包含哪些；项目与运营有哪些差别以及联系；项目集管理和项目组合管理又有哪些关系；项目的战略计划有哪些，项目管理办公室的工作有哪些，以及有哪些环境因素会影响到项目顺利进行。

知识结构

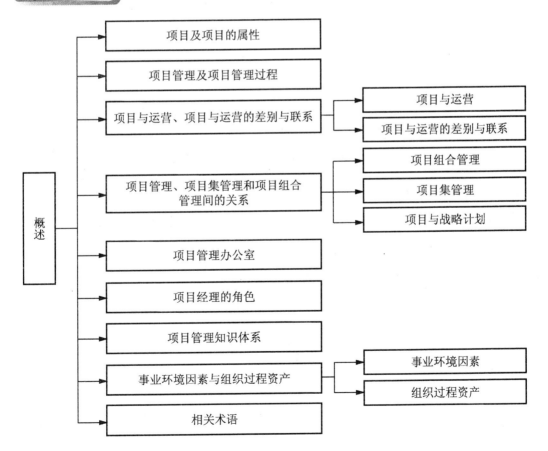

案例导入

任务失败是谁的责任

三只老鼠一同去偷油喝。找到了一个油瓶，三只老鼠商量，一只踩着另一只的肩膀，轮流上去喝油。于是三只老鼠开始叠罗汉，当最后一只老鼠刚刚爬到另外两只的肩膀上，不知什么原因，油瓶倒了，最后，惊动了人，三只老鼠逃跑了。回到老鼠窝，三只老鼠开会讨论为什么会失败。最上面的老鼠说，我没有喝到油，而且推倒了油瓶，是因为下面第二只老鼠抖动了一下，所以我推倒了油瓶；第二只老鼠说，我抖了一下，但我感觉到第三只老鼠也抽搐了一下，我才抖动了一下；第三只老鼠说：对，对，我因为好像听见门外有猫的叫声，所以抖了一下。"哦，原来如此呀！"

企业里很多人也具有老鼠的心态。例如，企业的一次季度会议。营销部门的经理 A 说："最近销售做得不好，我们有一定责任，但是最主要的责任不在我们，竞争对手纷纷推出新产品，比我们的产品好，所以我们很不好做，研发部门要认真总结。"研发部门经理 B 说："我们最近推出的新产品是少，但是我们也有困难呀，我们的预算很少，就是少得可怜的预算，也被财务削减了！"财务经理 C 说："是，我是削减了你的预算，但是你要知道，公司的成本在上升，我们当然没有多少钱。"这时，采购经理 D 跳起来："我们的采购成本是上升了 10%，为什么，你们知道吗？俄罗斯的一个生产铬的矿山爆炸了，导致不锈钢价格上升。"A、B、C："哦，原来如此呀，这样说，我们大家都没有多少责任了，哈哈哈哈！"人力资源经理 F 说："这样说来，我只好去考核俄罗斯的矿山了！"

1.1 项目及项目的属性

项目是一个组织为实现自己既定的目标，在一定的时间、人员和其他资源的约束条件下所开展的一种有一定独特性的、一次性的工作。这一定义表明，项目是人类社会中的一类特有的社会活动，它是为创造特定产品或服务而开展的一次性社会活动。因此，凡是人类为之创造特定产品或服务的一次性活动都属于项目的范畴。

虽然不同项目的形式各式各样、规模不一，但它们都具有相似的属性。

1. 目的性

每个项目都必须有明确的可度量的目标，而不是模糊的目标。当项目目标实现了，项目也就结束了。

2. 独特性

每个项目都会创造独特的产品、服务或成果。尽管某些项目可交付成果中可能存在重复的元素，但这种重复并不会改变项目工作本质上的独特性。例如，即便采用相同或相似的材料，或者由相同的团队来建设，但每一幢办公楼的位置都是独特的，连同不同的设计、不同的环境、不同的承包商等。

3. 一次性

一次性是项目和其他重复性工作最大的区别。一个项目有明确的开始时间和结束时间。

当项目目标已实现，或者因为明确预测到项目的目标无法实现而放弃项目，又或者项目的必要性已不存在时，该项目就到达了终点。

4. 临时性

项目是为创造独特的产品、服务或成果而进行的临时性工作。项目的"临时性"是指项目有明确的起点和终点。当项目目标达成时，或当项目因不会或不能达到目标而中止时，或当目标需求不复存在时，项目就结束了。临时性并不一定意味着持续时间短。项目所创造的产品、服务或成果一般不具有临时性。大多数项目都是为了创造持久性的结果。例如，国家纪念碑建设项目就是要创造一个流传百世的成果。项目所产生的社会、经济和环境影响，也往往比项目本身长久得多。

5. 不确定性

持续性的工作通常是按组织的现有程序重复进行的。相比之下，由于项目的独特性，其创造的产品、服务或成果可能存在不确定性。项目团队所面临的项目任务很可能是全新的，这就要求比其他例行工作进行更精心的规划。此外，项目可以在所有的组织层次上进行，一个项目可能涉及一个人、一个组织单元或多个组织单元。

6. 制约性

项目的制约性是指每个项目都在一定程度上受客观条件和资源的制约。例如，项目的开始日期和结束日期必须符合时间要求，完成一个项目需要多种资源，包括人员、硬件和软件等。一所房屋的建造就需要各种人力资源和物力资源。

项目可以创造：①一种产品，既可以是其他产品的组成部分，也可以本身就是终端产品；②一种能力(如支持生产或配送的业务职能)，能用来提供某种服务；③一种成果，例如结果或文件(如某研究项目所产生的知识，可据此判断某种趋势是否存在，或某个新过程是否有益于社会)。

项目的例子包括(但不限于)：①开发一种新产品或新服务；②改变一个组织的结构、人员配备或风格；③开发或购买一套新的或改良后的信息系统；④建造一幢大楼或一项基础设施；⑤实施一套新的业务流程或程序。

1.2 项目管理过程

项目管理就是将知识、技能、工具与技术应用于项目活动，以满足项目的要求。项目管理是通过合理运用与整合 42 个项目管理过程来实现的。可以根据其逻辑关系，把这 42 个过程归类成如下 5 大过程组。

1. 启动过程

启动过程包含获得授权，定义一个新项目或现有项目的一个新阶段，正式开始该项目或阶段。在启动过程中需要做的工作包括：定义一个项目阶段的工作与活动，决策一个项目或项目阶段的起始与否，以及决定是否将一个项目或项目阶段继续进行下去，等等。

2. 规划过程

规划过程包含明确项目总范围，定义和优化目标，以及为实现上述目标而制订行动方案。在规划过程中要做的工作包括：拟订、编制和修订一个项目或项目阶段的工作目标、工作计划方案、资源供应计划、成本预算、计划应急措施等。

3. 执行过程

执行过程包含完成项目管理计划中确定的工作以实现项目目标的一组过程。在执行过程中要做的工作包括：组织和协调人力资源与其他资源，组织和协调各项任务与工作，激励项目团队完成既定的工作计划、生成项目交付物等方面的工作。

4. 监控过程

监控过程包含跟踪、审查和调整项目进展与绩效，识别必要的计划变更并启动相应变更。在监控过程中要做的工作包括：制定标准，监督和测量项目工作的实际情况，分析差异和问题，采取纠偏措施等管理工作和活动。这些都是保障项目目标得以实现、防止偏差积累而造成项目失败的管理工作与活动。

5. 收尾过程

收尾过程包含为完结所有项目管理过程组的所有活动，以正式结束项目或阶段或合同责任而实施。在收尾过程中要做的工作包括：制定一个项目或项目阶段的移交与接收条件，完成项目或项目阶段成果的移交，从而使项目顺利结束。

另外，项目各过程不是相互分立的、一次性的事件。在整个项目的每个过程它们都会不同程度地相互交叠。从图 1.1 可以看出，在项目执行过程中，执行所占的比例最大，需要付出的人力、物力、财力最多，关系到项目的成败，而监控则贯穿项目始终，保证执行不偏离既定目标，同时根据内外部环境变化，适时调整计划，保证计划的有效性。

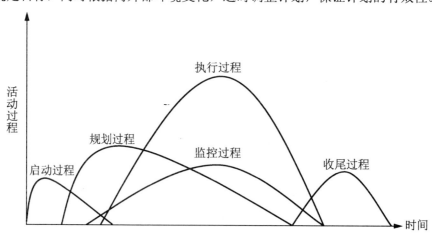

图 1.1 项目管理过程的交叠

管理一个项目通常要：①识别需求；②在规划和执行项目时，处理干系人的各种需要、关注和期望；③平衡相互竞争的项目制约因素，包括(但不限于)如图 1.2 所示。

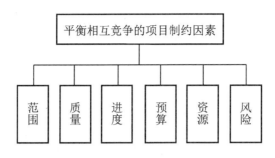

图 1.2 平衡相互竞争的项目制约因素

具体的项目会有具体的制约因素,项目经理需要加以关注。

这些因素间的关系是:任何一个因素发生变化,都会影响至少一个其他因素。例如,缩短工期通常都需要提高预算,以增加额外的资源,从而在较短时间内完成同样的工作量;如果无法提高预算,则只能缩小范围或降低质量,以便在较短时间内以同样的预算交付产品。不同的项目干系人可能对哪个因素最重要有不同的看法,从而使问题更加复杂。改变项目要求可能导致额外的风险。为了取得项目成功,项目团队必须能够正确分析项目状况以及平衡项目要求。

由于可能发生变更,项目管理计划需要在整个项目生命周期中反复修正、渐进明细。渐进明细是指随着信息越来越详细和估算越来越准确,而持续改进和细化计划。它使项目管理团队能随项目的进展而进行更加深入的管理。

1.3 项目与运营

1.3.1 项目与运营概述

组织通过开展工作来实现各种目标。很多组织所开展的工作都可分成"项目"和"运营"两大类。这两类工作具有以下共同特征:①由人来做;②受制约因素(包括资源制约因素)的限制;③需要规划、执行和监控;④为了实现组织的目标或战略计划。

项目与运营的主要区别在于,运营是持续性的,生产重复的产品、服务或成果。项目(连同团队,也经常连同机会)是临时性的,有明确的终点。反之,运营是持续性的,维持组织的长久运转。运营不会因当前目标的实现而终止,而会根据新的指令继续支持组织的战略计划。

运营为项目所处的业务环境提供支持,因此运营部门与项目团队之间通常都会发生大量互动,以便为实现项目目标而协同工作。例如,在重新设计某个产品的项目中,项目经理可能要与多名运营经理合作,共同研究消费者喜好、设计技术规格、制作与测试原型,并安排生产。项目团队需要与运营部门沟通,了解现有设备的生产能力或确定新产品投放生产线的最佳时间。

不同项目需要运营部门为之提供数量不等的资源。例如,运营部门可向项目选派全职员工。他们将与项目团队其他成员一起工作,利用其运营专业技能来协助完成项目可交付成果,并进而协助完成项目。

基于项目的性质,其可交付成果可能改变或影响既有的运营工作。运营部门将把项目的可交付成果整合进未来的经营活动中。会改变或影响运营工作的项目包括(但不限于)：①开发将投放于本组织生产线的新产品或服务；②安装需长期后续支持的产品或提供需长期后续支持的服务；③会对组织结构、人员配备水平或组织文化产生影响的内部项目；④开发、采购或升级运营部门的信息系统。

1.3.2 项目与运营的差别与联系

运营是通过开展持续的活动来生产同样的产品或提供重复服务的一种组织职能，例如生产运营、制造运营和会计业务。尽管项目具有临时性，但符合组织战略的项目能促进组织目标的实现。组织有时会通过调整战略业务计划，改变其运营、产品或系统。项目需要项目管理，而运营则需要业务流程管理或运营管理。项目与运营可以在产品生命周期的不同时点交叉，例如：①在项目收尾阶段；②在新产品开发、产品升级或提高产量时；③在改善运营或产品开发过程时；④在产品退出运行(产品生命周期终点)之前。

在每个时点，随着相关工作的完成，可交付成果和知识在项目与运营间转移。在项目接近结束时，资源从项目转移到运营；而当项目开始时，资源则从运营转移到项目。

运营是生产重复性结果的持续性工作，它根据产品生命周期中的制度化的标准，利用配给的资源，执行基本不变的作业。与运营的持续性不同，项目是临时性工作。

1.4 项目管理、项目集管理和项目组合管理间的关系

在成熟的项目管理组织中，项目管理会处于一个由项目集管理和项目组合管理所治理的更广阔的环境中。如图 1.3 所示，组织战略与优先级相关联，项目组合与项目集之间以及项目集与单个项目之间都存在联系。组织规划通过对项目的优先级排序来影响项目，而项目的优先级排序则取决于风险、资金和组织的战略计划。编制组织规划时，可以根据风险的类型、具体的业务范围或项目的一般分类(如基础设施项目和内部流程改进项目)来决定对各个项目的资金投入和支持力度。

项目、项目集与项目组合有不同的管理和运行模式。表 1-1 从若干角度(包括变更、领导、管理及其他)对这三者进行比较。

表 1-1 项目、项目集与项目组合之比较

	项 目	项目集	项目组合
范围	项目有明确的目标。其范围在整个项目生命周期中渐进明细	项目集的范围更大，并能提供更显著的利益	项目组合的业务范围随组织战略目标的变化而变化
变更	项目经理预期变更、并执行一定的过程来确保变更处于管理和控制中	项目集经理必须预期来自项目集内外的变更，并为管理变更做好准备	项目组合经理在广泛的环境中持续监督变更
规划	项目经理在整个项目生命周期中逐步将宏观信息细化成详细的计划	项目集经理制订项目集整体计划，并制订项目宏观计划来指导下一层次的详细规划	项目组合经理针对整个项目组合，建立与维护必要的过程和沟通

续表

	项　　目	项目集	项目组合
管理	项目经理管理项目团队来实现项目目标	项目集经理管理项目集人员和项目经理，建立愿景并统领全局	项目组合经理管理或协调项目组合管理人员
成功	以产品与项目的质量、进度和预算达成度以及客户满意度来测量成功	以项目集满足预定需求和利益的程度来测量成功	以项目组合所组成部分的综合绩效来测量成功
监督	项目经理对创造预定产品、服务或成果的工作进行监控	项目集经理监督项目集所有组成部分的进展、确保实现项目集的整体目标、进度、预算和利益	项目组合经理监督综合绩效和价值指标

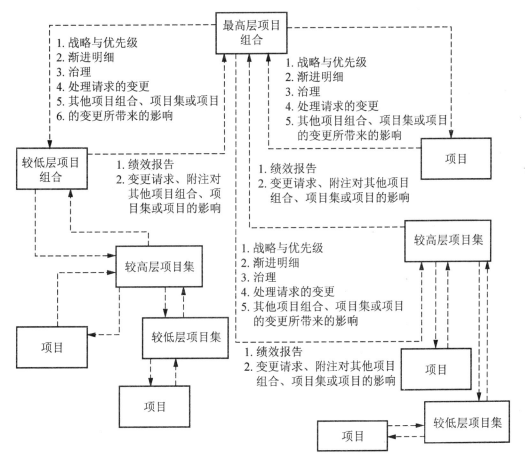

图1.3　项目、项目集与项目组合间的关系

1.4.1　项目组合管理

项目组合是指为便于有效管理、实现战略业务目标而组合在一起的项目、项目集和其他工作。项目组合中的项目或项目集不一定彼此依赖或有直接关系。例如，以投资回报最

大化为战略目标的某基础设施公司,可能将油和气、电力、供水、公路、铁路和机场等项目混合成一个项目组合。在这些项目中,该公司可能选择相关项目,把它们作为一个项目集来管理。例如,所有电力项目可以组成一个电力项目集。同样地,所有供水项目可以组成一个供水项目集。

项目组合管理是指为了实现特定的战略业务目标,对一个或多个项目组合进行的集中管理,包括识别、排序、授权、管理和控制项目、项目集和其他有关工作。项目组合管理重点关注:通过审核项目和项目集来确定资源分配的优先顺序,并确保对项目组合的管理与组织战略协调一致。

1.4.2 项目集管理

项目集是一组相互关联且被协调管理的项目。协调管理是为了获得对单个项目分别管理所无法实现的利益和控制。项目集中可能包括各单个项目范围之外的相关工作。一个项目可能属于某个项目集,也可能不属于任何一个项目集,但任何一个项目集中都一定包含项目。

项目集管理是指对项目集进行统一协调管理,以实现项目集的战略目标和利益。项目集中的项目通过产生共同的结果或整体能力而相互联系。如果项目间的联系仅限于共享顾主、供应商、技术或资源,那么这些项目就应作为一个项目组合而非项目集来管理。

项目集管理重点关注项目间的依赖关系,并有助于找到管理这些依赖关系的最佳方法。具体管理措施可包括:①解决系统中影响多个项目的资源制约或冲突;②调整对项目和项目集的目的与目标有影响的组织方向或战略方向;③处理同一个治理结构内的相关问题和变更管理。

建立一个新的通信卫星系统就是项目集的一个实例,其所辖项目包括卫星与地面站的设计、卫星与地面站的建造、系统整合和卫星发射。

1.4.3 项目与战略计划

项目经常被作为实现组织战略计划的一种手段。通常出于以下一项或多项战略考虑而批准项目启动:①市场需求(如为应对汽油紧缺,某汽车公司批准一个低油耗车研发项目);②战略机会/业务需求(如为提高收入,某培训公司批准一个新课程开发项目);③客户要求(如为了给新工业园区供电,某电力公司批准一个新变电站建设项目);④技术进步(如在电脑存储和电子技术取得进步之后,某电子公司批准一个项目来开发更快速、更便宜、更小巧的笔记本电脑);⑤法律要求(如某化学制品厂批准一个项目,来编写关于新型有毒物质的处理指南)。

项目集或项目组合中的项目作为一种实现组织目的与目标的手段,通常处于战略计划的大环境之中。尽管项目集中的单个项目都有各自的利益,但它们也能为项目集的整体利益、项目组合的整体目标和组织的战略目标做出贡献。

各组织根据其战略计划来管理项目组合,这就可能需要对项目组合、项目集或相关项目划分层级。项目组合管理的一个目的是:通过深入审查项目组合的所有组成部分(项目集、项目和其他相关工作),来实现项目组合的价值最大化。可以从项目组合中剔除那些对项目组合战略目标贡献最小的组成部分。用这种方式,组织的战略计划就成为决定项目投资的主要因素。同时，项目则通过状态报告和变更请求(可能对其他项目、项目集或项目组合产生影响)来向项目集和项目组合提供反馈。应该逐层汇集项目需求(包括资源需求)，并上报给项目组合层，用于指导组织规划工作。

1.5 项目管理办公室

项目管理办公室(Project Management Office，PMO)是负责对所管辖各项目进行集中协调管理的一个组织部门。PMO 的职责可涵盖从提供项目管理支持到直接管理项目。

除了被集中管理之外，PMO 所支持或管理的项目不一定彼此关联。PMO 的具体形式、职能和结构取决于其所在组织的需要。

在项目开始阶段，PMO 可能有权起到核心干系人和关键决策者的作用。为确保项目符合组织业务目标，PMO 可能有权提出建议、提前中止项目或采取其他必要措施。此外，PMO 还可参与对共享资源或专用资源的选择、管理和调动。

PMO 的一个主要职能是通过各种方式支持项目经理，包括(但不限于)：①管理 PMO 所管辖全部项目的共享资源；②识别和开发项目管理方法、最佳实践和标准；③指导、辅导、培训和监督；④通过项目审计，监督对项目管理标准、政策、程序和模板的遵守程度；⑤开发和管理项目政策、程序、模板和其他共享文件(组织过程资产)；⑥协调项目之间的沟通。

项目经理与 PMO 的目标不同，所需遵守的要求也就不同，但他们的所有努力都必须符合组织的战略需求。项目经理与 PMO 之间的角色差异可能包括：①项目经理关注特定的项目目标，而 PMO 管理主要的项目集范围变更，这些变更可被视为能促进业务目标实现的潜在机会；②项目经理控制分配给本项目的资源，以更好地实现项目目标，而 PMO 负责优化利用全部项目所共享的组织资源；③项目经理管理单个项目的制约因素(范围、进度、成本和质量等)，而 PMO 从企业层面管理方法论、标准、整体风险/机会和项目间的依赖关系。

1.6 项目经理的角色

项目经理是执行组织委派其实现项目目标的个人。项目经理是项目负责人，负责整个项目的计划、实施和控制，是项目管理的核心。项目经理的角色不同于职能经理或运营经理。一般而言，职能经理专注于监管某个行政领域，而运营经理则负责某个核心业务。

基于组织结构，项目经理可能要向职能经理报告。在其他情况下，项目经理可能要与其他项目经理一起向项目组合或项目集经理报告，而这些项目组合或项目集经理则要对全部项目负最终责任。在这类组织结构中，项目经理与项目组合或项目集经理密切合作，以实现项目目标，并确保项目计划符合所在项目集的整体计划。

管理项目所需的很多工具和技术都是项目管理特有的。然而，仅理解和使用那些被公认为良好做法的知识、工具和技术，还不足以实现有效的项目管理。要有效地管理项目，除了应具备特定应用领域的技能和通用管理方面的能力外，项目经理还需具备如下几种能力。

(1) 知识。对项目管理,项目经理知道什么。
(2) 实践能力。项目经理能够应用项目管理知识来做什么或实现什么。
(3) 个人素质。在执行项目或相关活动时,项目经理如何行动。个人素质包括态度、主要人格特征和领导力——指导项目团队实现项目目标和平衡项目制约因素的能力。

1.7 项目管理知识体系

项目管理的知识领域是指作为项目经理必须具备与掌握的重要知识与关键能力,用来帮助项目经理与项目团队成员完成项目的管理。按照美国项目管理协会提出的现代项目管理知识体系的划分方法,项目管理中有 9 大知识领域,分别从不同的管理职能和领域描述了现代项目管理所需要的知识、方法、工具和技能。其中,4 个是核心的项目管理知识领域,包括:项目范围管理、项目时间管理、项目成本管理和项目质量管理。

1. 项目范围管理

项目范围管理是为了成功完成项目,对项目的工作内容进行控制的管理过程。它包括启动过程、范围计划、范围界定、范围核实和范围变更控制等。

2. 项目时间管理

项目时间管理是为了保证完成项目所实施的一系列时间管理过程。它包括具体活动界定、活动排序、时间估计、进度安排及时间控制等工作。

3. 项目成本管理

项目成本管理是为了保证完成项目的实际成本,使费用不超过预算成本所实施的管理过程。它包括资源的配置、成本和费用的预算和费用的控制等工作。

4. 项目质量管理

项目质量管理是为了确保项目达到客户所规定的质量要求所实施的一系列管理过程。它包括质量规划、控制和保障等工作。

5. 项目人力资源管理

项目人力资源管理是为了保证所有项目利益相关者的能力和积极性都得到最有效地发挥和利用所实施的一系列管理措施。它包括组织的规划、团队的建设、人员的选聘和项目的班子建设等工作。

6. 项目沟通管理

项目沟通管理是为了确保项目信息的合理收集和传输所实施的一系列措施。它包括沟通规划、信息传输和进度报告等工作。

7. 项目风险管理

项目风险管理涉及项目可能遇到的各种不确定因素。它包括风险的识别、量化、控制和制定对策等工作。

8. 项目采购管理

项目采购管理是为了从项目实施组织之外获得所需资源或服务所实施的一系列管理措施。它包括采购计划、采购与征购、资源的选择和合同的管理等工作。

9. 项目整合管理

项目整合管理是指为确保项目的各项工作能够有机地协调和配合所展开的综合性和全局性的项目管理工作和过程。它包括项目集成计划的制定、项目集成计划的实施和项目变动的总体控制等工作。

在项目管理过程中,首先要严格控制项目的进度,保证项目在规定的时间内完成;其次要合理利用资源,并将项目的费用尽量控制在计划的预算之内;同时,要跟踪项目执行的情况,保证项目按照规定的质量标准执行。

1.8 事业环境因素与组织过程资产

1.8.1 事业环境因素

事业环境因素是指围绕项目或能影响项目成败的任何内外部环境因素。这些因素来自任何或所有项目参与单位。事业环境因素可能提高或限制项目管理的灵活性,并可能对项目结果产生积极或消极影响。它们是大多数规划过程的输入。

事业环境因素包括(但不限于):①组织文化、结构和流程;②政府或行业标准(如监管机构条例、行为准则、产品标准、质量标准和工艺标准);③基础设施(如现有的设施和固定资产);④现有人力资源状况(如人员在设计、开发、法律、合同和采购等方面的技能、素养与知识);⑤人事管理制度(如人员招聘和留用指南、员工绩效评价与培训记录、加班政策和时间记录);⑥公司的工作授权系统;⑦市场条件;⑧干系人风险承受力;⑨政治氛围;⑩组织已有的沟通渠道;⑪商业数据库(如标准化的成本估算数据、行业风险研究资料和风险数据库);⑫项目管理信息系统(如自动化工具,包括进度计划软件、配置管理系统、信息收集与发布系统或进入其他在线自动系统的网络界面)。

1.8.2 组织过程资产

组织过程资产包括任何或全部与过程相关的资产,可来自任一或所有参与项目的组织,用于帮助项目成功。这些过程资产包括正式和非正式的计划、政策、程序和指南。过程资产还包括组织的知识库,如经验教训和历史信息。组织过程资产可能包括完整的进度计划、风险数据和挣值数据。项目团队成员通常有责任在项目全过程中对组织过程资产进行必要的更新和补充。组织过程资产可分成以下两大类。

1. 流程与程序

组织的工作流程与程序,包括(但不限于):①组织的标准流程,例如,标准、政策(如安全与健康政策、伦理政策和项目管理政策)、标准的产品与项目生命周期,以及质量政策与程序(如过程审计、改进目标、核对表和组织所使用的标准化的流程定义)；②标准化的指南、工作指示、建议书评价准则和绩效测量准则；③模板(如风险模板、工作分解结构模板、项目进度网络图模板以及合同模板)；④根据项目的具体需要，"剪裁"组织标准流程的指南与准则；⑤组织对沟通的规定(如具体可用的沟通技术、许可的沟通媒介、记录保存政策以及安全要求)；⑥项目收尾指南或要求(如项目终期审计、项目评价、产品确认以及验收标准)；⑦财务控制程序(如定期报告、费用与支付审查、会计编码以及标准合同条款)；⑧问题与缺陷管理程序，包括对问题与缺陷的控制、识别与处理，以及对相关行动的跟踪；⑨变更控制程序，包括修改公司标准、政策、计划和程序(或任何项目文件)所需遵循的步骤，以及如何批准和确认变更；⑩风险控制程序，包括风险的类别、概率的定义和风险的后果，以及概率影响矩阵；⑪排序、批准与签发工作授权的程序。

2. 共享知识库

组织用来存取信息的共享知识库，包括(但不限于)：①过程测量数据库，用来收集与提供过程和产品的测量数据；②项目档案(如范围、成本、进度与质量基准，绩效测量基准，项目日历，项目进度网络图，风险登记册，风险应对计划和风险影响评价)；③历史信息与经验教训知识库(如项目记录与文件、完整的项目收尾信息与文件、关于以往项目选择决策与绩效的信息，以及关于风险管理工作的信息)；④问题与缺陷管理数据库，包括问题与缺陷的状态、控制情况、解决方案，以及相关行动的结果；⑤配置管理知识库，包括公司标准、政策、程序和项目文件的各种版本与基准；⑥财务数据库，包括工时、实际成本、预算和任何成本超支等信息。

1.9 相关术语

1. 输入

开始一个过程所必需的任何来自项目内外的东西。可以是前一过程的输出。

2. 输出

由某个过程产生的产品、成果或服务，可能成为后续过程的输入。

3. 更新

项目在实施过程中会不断地发生变化，要及时更新与项目有关的各种信息库，尽量避免信息的滞后对项目造成严重的影响。

4. 变更

项目干系人常常由于各种原因要求对项目计划进行修改，甚至重新规划，这一类修改或变化就称为变更，变更需要遵循一定的流程。

5. 工具与技术

项目各阶段在实施过程中，所涉及的各种工具与技术，辅助项目顺利地进行。

本 章 小 结

通过学习了解项目管理基本概念，以及在管理过程中应该注意的事项，熟悉项目与运营的差别与联系。现代项目管理使用的范围非常广泛，如房地产开发项目、软件开发项目。项目办公室是负责对所管辖各项目进行集中协调管理的一个组织部门。而项目经理是项目负责人，负责整个项目的计划、实施和控制，是项目管理的核心。清楚项目管理九大知识体系，其中4个是核心的项目管理知识领域，包括：项目范围管理、项目时间管理、项目成本管理和项目质量管理。充分学习和掌握现代项目管理的理论、方法和技能，才能更加有利于自身的发展，才能为企业和社会创造更多的财富。

第 2 章 项目生命周期与组织

学习目标

本章将介绍项目的基本结构和其他重要的宏观事项，包括项目如何影响持续性的运营，直接项目团队以外的干系人如何影响项目，以及组织结构如何影响项目的人员配备、管理和执行。本章分为三部分进行阐述，项目与运营、项目干系人、组织对项目管理的影响。

知识结构

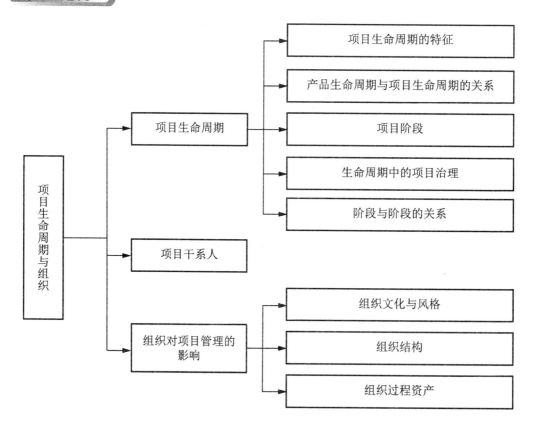

第 2 章 项目生命周期与组织

 **案例导入**

小李是一个称职的项目经理吗

A 公司是一家生产电子设备的中型公司，该公司目前同时开展着 10 个项目，并且这些项目处于不同阶段。该公司拥有很多项目经理，他们全都面向总经理负责，项目队员既要受职能部门经理的领导，也要受项目经理的领导。例如，电气工程师既要归电气工程部经理领导，又要由所在项目的项目经理安排工作。有些人只为一个项目工作，有些人则分时间段在不同的项目中工作着。

小李于某大学电气工程专业硕士毕业后的 6 年间一直在该公司工作，目前级别是高级电气工程师，向电气工程部经理负责。前不久，公司任命小李为项目经理负责一个大项目。小李被提升为项目经理后，高级电气工程师这一职位空缺，于是公司招聘了一位新员工小王。小王与小李的专业相同，并已获得了博士学位，而且已经有 8 年的工作经验，专业能力很强。小王进入公司后被分配到小李的项目团队中。由于小李不了解小王的工作方式，因此他经常找小王谈话，建议他怎样进行方案设计等，但是小王根本不理会他的看法。有一次，小王告诉小李，他有一个可以使系统成本降低的创新设计方案。小李听了以后说："尽管我没有博士头衔，我也知道这个方案毫无意义，不要这样故作高深，要踏实地做好基本的工程设计工作。"这使得小王很不高兴，他觉得小李的做法根本就不像一个项目经理所为，认为小李还是比较适合从事技术工作。

 思考题

1. 通过学习产品生命周期，结合所学知识谈谈对项目生命周期的理解？
2. 项目经理应该如何针对项目团队生命周期的 4 个阶段开展项目团队建设？
3. 项目组织与一般日常运营组织在组织结构上有哪些不同？形成这些不同的原因是什么？

项目与项目管理都是在比项目本身更大的环境中进行的。理解这个大环境，有助于确保项目的执行符合企业目标，项目的管理符合组织既有的实践方法论。本章将介绍项目的基本结构和其他重要的宏观事项，包括项目如何影响持续性的运营，直接项目团队以外的干系人如何影响项目，以及组织结构如何影响项目的人员配备、管理和执行。

2.1 项目生命周期

项目生命周期是通常按顺序排列而有时又相互交叉的各项目阶段的集合。阶段的名称和数量取决于参与项目的一个或多个组织的管理与控制需要，项目本身的特征及其所在的应用领域。生命周期可以用某种方法加以确定和记录。可以根据所在组织或行业的特性，或者所用技术的特性，来确定或调整项目生命周期。虽然每个项目都有明确的起点和终点，但其具体的可交付成果以及项目期间的活动会因项目的不同而有很大差异。无论项目涉及什么具体工作，生命周期都能为管理项目提供基本框架。

2.1.1 项目生命周期的特征

项目的规模和复杂性各不相同，但不论其大小繁简，所有项目都呈现下列生命周期结构(图 2.1)。

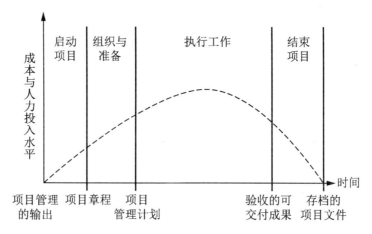

图 2.1 项目生命周期中典型的成本与人力投入水平

这个通用的生命周期结构常被用来与高级管理层或其他不太熟悉项目细节的人员进行沟通。它从宏观视觉角度为项目间的比较提供了通用参照系,即使项目的性质完全不同。

通用的生命周期结构通常具有以下特征。

(1) 成本与人力投入。在开始时较低,在工作执行期间达到最高,并在项目快要结束时迅速回落。这种典型的走势如图 2.1 中的虚线所示。

(2) 干系人的影响力、项目的风险与不确定性。在项目开始时最大,并在项目的整个生命周期中随时间推移而递减(图 2.2)。

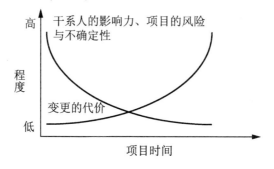

图 2.2 随项目时间而变化的变量影响

在不显著影响成本的前提下,改变项目产品最终特性的能力在项目开始时最大,并随项目进展而减弱。图 2.2 表明,变更和纠正错误的代价在项目接近完成时通常会显著增高。

在通用生命周期结构的指导下,项目经理可以决定对某些可交付成果施加更有力的控制。大型复杂项目尤其需要这种特别的控制。在这种情况下,最好能把项目工作正式分解为若干阶段。

2.1.2 产品生命周期与项目生命周期的关系

产品生命周期包含通常顺序排列且不相互交叉的一系列产品阶段。产品阶段由组织的制造和控制要求决定。产品生命周期的最后阶段通常是产品的退出。一般而言,项目生命周期包含在一个或多个产品生命周期中。要注意区分项目生命周期与产品生命周期。任何项目都有自己的目的或目标。如果项目的目标是创造一项服务或成果,则其生命周期应为服务或成果的生命周期,而非产品生命周期。

第2章 项目生命周期与组织

如果项目产出的是一种产品，那产品与项目之间就有许多种可能的关系。例如，新产品的开发，其本身就可以是一个项目。或者，现有的产品可能得益于某个为之增添新功能或新特性的项目，或可以通过某个项目来开发产品的新型号。产品生命周期中的很多活动都可以作为项目来实施，例如，进行可行性研究、开展市场调研、开展广告宣传、安装产品、召集焦点小组会议、试销产品等。在这些例子中，项目生命周期都不同于产品生命周期。

由于一个产品可能包含多个相关项目，所以可通过对这些项目的统一管理来提高效率。例如，新车的开发可能涉及许多单独的项目。虽然每个项目都是不同的，但最终都是为了将这款新车推向市场。由一位高级负责人监管所有项目，能显著提高成功的可能性。

2.1.3 项目阶段

为有效完成某些重要的可交付成果，而在需要特别控制的位置将项目分解，就形成项目阶段。项目阶段大多是按顺序完成的，但在某些情况下也可重叠。项目阶段具有的这种宏观特性使之成为项目生命周期的组成部分。项目阶段不同于项目管理过程组。

采用项目阶段结构，把项目划分成合乎逻辑的子集，有助于项目的管理、规划和控制。阶段划分的数量和必要性以及每个阶段所需的控制程度，取决于项目的规模、复杂程度和潜在影响。但不论项目被划分成几个阶段，所有的项目阶段都具有以下共同特征。

(1) 当各阶段为顺序排列时，阶段的结束就以作为阶段性可交付成果的工作产品的转移或移交为标志。阶段结束点是对项目进行重新评估，并在必要时变更或终止项目的一个当然时点。这些时点可称为阶段出口、里程碑、阶段关卡、决策关卡、时段关卡或关键决策点。

(2) 各阶段的工作重点不同，通常涉及不同的组织，需要不同的技能。

(3) 需要施加额外的控制，以成功实现各阶段的主要可交付成果或目标。重复实施全部五大过程组中的过程，就能提供所需的额外控制，并定义各阶段的边界。尽管很多项目可能有相似的阶段名称和相似的可交付成果，但很少有完全相同的阶段划分。有些项目仅有一个阶段，如图2.3所示。有些项目则有多个阶段。图2.4是一个三阶段项目的例子。不同的阶段通常有不同的持续时间或长度。

尚没有统一的方法来定义项目的最佳结构。尽管行业惯例常常引导项目优先采用某种结构，但同一个行业内甚至同一个组织中的项目仍然可能大不相同。有些组织已经为所有项目制定了标准化的结构，而有些组织则允许项目管理团队自行选择最适合其项目的结构。

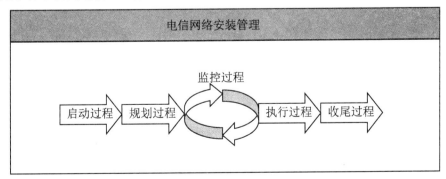

图2.3 单阶段项目的例子

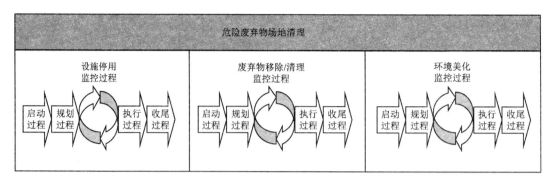

图 2.4 三阶段项目的例子

例如，某个组织可能将可行性研究作为常规的项目前工作，某个组织将其作为项目的第一个阶段，而另一个组织则可能视其为一个独立的项目。同样地，某个项目团队可能把一个项目划分成两个阶段，而另一个项目团队则可能把所有工作作为一个阶段进行管理。这些都在很大程度上取决于具体项目的特性以及项目团队或组织的风格。

2.1.4 生命周期中的项目治理

项目治理为控制项目和确保项目成功提供全面、统一的方法。该方法应记录于项目管理计划中，而且必须适应项目集或项目发起组织的大环境。

项目经理和项目管理团队应在考虑上述制约因素和时间、预算等其他限制条件的基础上，确定最合适的项目实施方法。决策时必须考虑项目将涉及哪些人、需要哪些资源，以及完成工作的一般方法。另一个需要考虑的重要问题是，是否要把项目划分成一个以上的阶段。如果是，则还应决定具体的阶段结构。

阶段结构为项目控制提供了正式的基础。每个阶段都需正式启动，来指明该阶段准许什么、期望什么。经常需要由管理层来审查和决定能否开始某阶段的活动。尤其在前一阶段尚未完成(例如组织所采用的生命周期允许若干阶段并行)的情况下，这种审查就更为必要。每个阶段的起点也是一个重新验证先前的假设和评估风险的机会，并可借机进一步明确为实现阶段性可交付成果所需的过程。例如，如果某个阶段不需要采购任何新材料或新设备，那么该阶段就无须开展与采购有关的任何活动或过程。

项目阶段终止或正式收尾时，通常要对可交付成果进行审查，以决定其完整性和可接受性。通过阶段末评审，可以获准结束当前阶段和开始下一个阶段。阶段结束点是对项目进行重新评估，并在必要时变更或终止项目的一个当然时点。同时对关键可交付成果和累计项目绩效进行评审，是一种良好的做法，可据此：①决定项目能否进入下一个阶段；②经济有效地发现和纠正错误。正式结束一个阶段时，并不一定要批准下一个阶段。例如，如果项目继续下去的风险太大，或项目目标已变得毫无意义，那么就可以只结束当前阶段，而不启动任何其他阶段。

2.1.5 阶段与阶段的关系

当项目被划分为多个阶段时，这些阶段通常按顺序排列，用来保证对项目的适当控制，并产出所需的产品、服务或成果。然而在某些情况下，项目也能从交叠或并行的阶段中受益。

阶段与阶段的关系有如下 3 种基本类型。

(1) 顺序关系，即一个阶段只能在前一阶段完成后开始。图 2.4 就是一个所有阶段均按顺序排列的项目的例子。其按部就班的特点减少了项目的不确定性，但也排除了缩短进度的可能性。

(2) 交叠关系，即一个阶段在前一阶段完成前就开始(图 2.5)。这有时可作为进度压缩的一种技术，被称为"快速跟进"。如果在获得来自前一阶段的准确信息之前，就开始后一阶段，那么阶段的交叠就可能增加风险或导致返工。

(3) 迭代关系，即一次只规划一个阶段，且下一阶段的规划取决于当前阶段及其阶段成果的进展情况。迭代关系适合在很不明确、很不确定或快速变化的环境中使用，如科研项目；但是不利于进行长期规划。在管理这类项目的范围时，必须通过不断实现产品增量以及排列需求优先级，来最小化项目的风险、最大化产品的商业价值。这种模式还要求所有项目团队成员(如设计者、开发者等)在整个项目生命周期或至少连续两个阶段中可供使用。

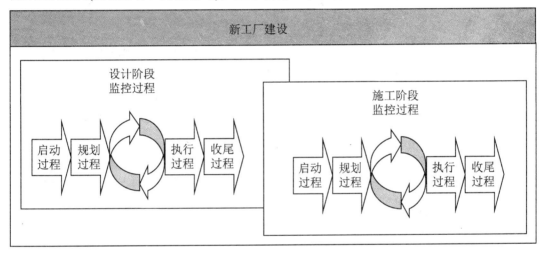

图 2.5　阶段交叠项目的例子

对多阶段项目而言，整个项目生命周期中可能发生不止一种阶段与阶段的关系。所需达到的控制水平和效果，以及所存在的不确定性程度，决定着应该采用何种阶段与阶段的关系。基于这些因素，上述 3 种关系可能在同一个项目的不同阶段间发生。

思考题

1. 项目生命周期能为管理和控制项目提供基本框架。大多数项目生命周期都有共同点。以下选项在项目开始阶段都处于最低水平，除了(　　)。

　　A. 成本和人力投入　　　　　　　　B. 项目成功概率
　　C. 改变项目产品最终特性的能力　　D. 变更的代价

2. 大多数项目的项目生命周期都具有的特点是(　　)。

　　A. 项目开始阶段，项目对资源的需求急剧增加；项目结束阶段，项目对资源的需求缓慢下降
　　B. 项目大部分的预算都花费在启动和规划阶段
　　C. 项目开始阶段，项目对资源的需求缓慢增加；项目结束阶段，项目对资源的需求急剧下降
　　D. 项目干系人对项目的影响力随项目的实施而逐渐提高

3. 下列关于项目阶段的说法，正确的是( )。
   A. 项目阶段就是项目管理过程组
   B. 一个项目阶段的结束通常包括核准开始下一个阶段
   C. 在可交付成果被确认符合技术要求后，就可以结束该项目阶段
   D. 项目阶段的结束涉及可交付成果的交接

答案解释：

1. C。项目产品属于项目的可交付成果，在项目执行阶段的末期才产生。
2. C。在项目的开始阶段需要投入大量的资源来保证项目的进行，在项目的结束阶段，项目已基本完成，不需要投入太多的资源。
3. D。辨别每个阶段的具体内容。

2.2 项目干系人

项目干系人是积极参与项目或其利益可能受项目实施或完成的积极或消极影响的个人或组织(如客户、发起人、执行组织或公众)。干系人也可能对项目及其可交付成果和项目团队成员施加影响。为了明确项目的要求和所有相关方的期望，项目管理团队必须识别所有的内部和外部干系人。此外，为了确保项目成功，项目经理必须针对项目要求来管理各种干系人对项目的影响。图2.6显示了项目、项目团队和其他常见干系人之间的关系。

不同干系人在项目中的责任和职权各不相同，并且可随项目生命周期的进展而变化。有些只偶尔参与项目调查或焦点小组的活动，有些则为项目提供全力支持，包括资金和行政支持。干系人也可能对项目目标有负面影响。

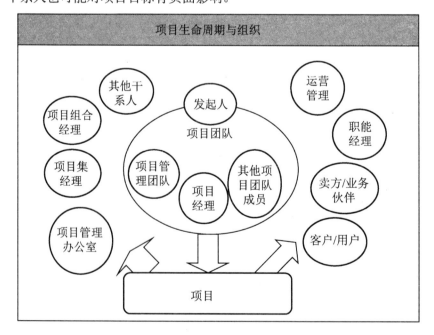

图2.6 项目、项目团队和其他常见干系人的关系

识别干系人是一个持续性的过程，可能有一定的难度。例如，某位装配线工人的未来就业取决于一个新产品设计项目的结果，是否应将其视为干系人，这就可能存在争议。识别干系人，并理解他们对项目的影响力，这是至关重要的。如果这项工作没有做好，将可能导致项目工期延长或成本显著提高。例如，没有及时将法律部门作为重要的干系人，就会导致因重新考虑法律要求而造成工期延误或费用增加。

干系人既要看到项目的积极结果，也要看到项目的消极结果。有些干系人受益于一个成功的项目，而另一些干系人则看到项目成功给他们带来的负面影响。例如，某工业扩建项目将给某个社区带来积极的经济利益，那么该社区的商业领导人就会看到该项目的积极结果。对项目抱有积极期望的干系人，可通过帮助项目取得成功，来最好地实现自己的利益；而消极干系人则会通过阻碍项目的进展，来保护自己的利益。忽视消极干系人，会提高项目失败的可能性。项目经理的重要职责之一就是管理干系人的期望。但由于干系人的期望往往差异很大，甚至相互冲突，所以这项工作困难重重。项目经理的另一项职责就是平衡干系人之间的不同利益，并确保项目团队以专业和合作的方式与干系人打交道。项目干系人之间的关系如图 2.7 所示。

图 2.7 项目干系人关系图

以下是项目干系人的一些例子。

1. 客户/用户

客户/用户是将使用项目产品、服务或成果的个人或组织，可能来自项目执行组织的内部或外部。客户也可能是多层次的。例如，某种新药的客户可以包括：开处方的医生、用药的病人以及为之付款的保险公司。在某些应用领域，客户与用户是同义词；而在另一些领域，客户是指购买项目产品的个人或组织，而用户则是指直接使用项目产品的个人或组织。

2. 发起人

发起人是指以现金或其他形式，为项目提供财务资源的个人或团体。早在项目刚开始构思时，发起人即为项目提供支持，包括游说更高层的管理人员，以获得组织的支持，并宣传项目将给组织带来的利益。在整个项目选择过程中，发起人始终领导着项目，直到项目得到正式批准。发起人对制定项目初步范围与章程也起着重要的作用。对于那些超出项目经理控制范围的事项，将向上汇报给发起人。发起人可能还参与其他重要事项，如范围变更审批、阶段末评审，以及当风险很大时的继续/不继续的决定。

3. 项目组合经理/项目组合评审委员会

项目组合经理负责对一组项目或项目集进行宏观治理，这些项目或项目集可能相关或不相关。项目组合评审委员会通常由组织中负责项目选择的高层管理人员组成。他们对每个项目的投资回报、价值、风险和其他属性进行评审。

4. 项目集经理

项目集经理负责统筹管理一组相关的项目，从而取得对单个项目分别管理所无法实现的利益。项目集经理通过与各项目经理的合作，为各项目提供支持和指导。

5. 项目管理办公室

项目管理办公室(PMO)是负责对所管辖各项目进行集中协调管理的一个组织部门，其职责可以涵盖从提供项目管理支持到直接管理项目。如果 PMO 对项目结果负有直接或间接的责任，那么它就是项目的一个干系人。PMO 所提供的服务包括(但不限于)：①行政支持，如提供政策、方法和模板；②培训、辅导和指导项目经理；③关于如何管理项目和使用工具的支持、指导和培训；④项目间的人员协调；⑤项目经理、项目发起人、职能经理和其他干系人之间的集中沟通。

6. 项目经理

项目经理是执行组织委派其实现项目目标的个人。这是一个富有挑战且备受瞩目的角色，具有重要的职责和不同的权力。项目经理要有较强的适应能力、良好的判断能力、优秀的领导能力和谈判技能，并熟练掌握项目管理知识。项目经理必须能理解项目的细节，但又能从项目全局的角度进行管理。作为对项目成功负责的个人，项目经理需要掌管项目的所有方面，包括(但不限于)：①制定项目管理计划和所有相关的子计划；②使项目始终符合进度和预算要求；③识别、监测和应对风险；④准确、及时地报告项目指标。

项目经理在与干系人的沟通中负主要责任，尤其是与项目发起人、项目团队和其他关键干系人的沟通。项目经理对促进干系人与项目之间的互动起核心作用。

7. 项目团队

项目团队由项目经理、项目管理团队和其他执行项目工作但无须参与项目管理的团队成员组成。团队中的个人来自不同的团体，分别掌握某些具体的专业知识或技能，并执行项目工作。任何项目团队的建设和发展都要经历 4 个阶段，如图 2.8 所示。

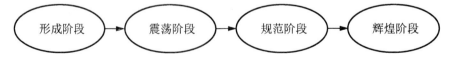

图 2.8 项目团队的建设和发展阶段

1) 形成阶段

形成阶段是项目团队的初创和组建阶段。在这个阶段中,团队成员由个体而归属于一个团队,总体上有一种积极向上的愿望,并急于开始工作和展示自己。整个项目团队也要努力去建立团队形象,并试图对要完成的工作进行分工和制定计划。此阶段团队成员的情绪特点包括激动、希望、怀疑、焦急和犹豫,在心理上处于一种极不稳定的阶段,项目经理要为整个团队明确方向、目标和任务,为每个人确定职责和角色,以创建一个良好的项目团队。

2) 震荡阶段

这是项目团队发展的第二阶段。在这个阶段中,团队成员按照分工开始初步合作,有些成员会发现项目的工作与个人当初的设想不一致,有些成员会发现项目团队成员之间的关系与自己期望的不同,有些团队成员与项目管理人员和项目经理发生矛盾和抵触。团队成员情绪的特点是紧张、挫折、不满、对立和抵制。在震荡阶段中,项目经理要应付和解决出现的各种问题和矛盾,要容忍不满的出现,要解决冲突、协调关系,消除团队中的各种震荡因素。项目经理还必须对项目团队中每个成员的职责、团队成员相互间的关系、行为规范等进行明确的规定和分类,使每个成员明白无误地了解自己的职责、自己与他人的关系。

3) 规范阶段

经受震荡阶段的考验后,项目团队就进入了正常发展的规范阶段。在这一阶段中项目团队的矛盾要低于震荡阶段,项目团队成员接受并熟悉了工作环境,项目管理的各规程得以改进和规范,项目经理和管理人员逐渐掌握了对项目团队的管理和控制,项目经理开始逐步向下层团队成员授权,项目团队的凝聚力开始形成,项目团队全体成员产生了归属感和集体感。这一阶段团队成员的情绪特点是信任、合作、忠诚、友谊和满意。项目经理在这一阶段应该对项目团队成员所取得的进步予以表扬,应积极支持项目团队成员的各种建议和参与,应该努力规范整个团队的行为和全体团队成员的行为,从而使项目团队不断发展和进步。

4) 辉煌阶段

辉煌阶段是项目团队不断取得成就的阶段。在这个阶段中,项目团队成员积极工作,团队成员间的相互依赖度提高,他们经常合作并尽力相互帮助。项目经理此时要给项目团队成员以足够的授权,在工作出现问题时多数由适当的团队成员组成临时小组去自行解决问题。团队成员在做出正确决策和取得成绩时能够获得相应的表彰,所以团队成员有了很高的满意度。这一阶段成员的情绪特点是开放、坦诚、依赖、团队的集体感和荣誉感。项目经理在这一阶段应该积极放权,以使项目团队成员更多地进行自我管理和自我激励。同时,项目经理应该及时公告项目的进程,表彰先进的团队成员,努力帮助项目团队完成项目计划,实现项目目标。

8. 职能经理

职能经理是在企业的行政或职能领域(如人力资源、财务、会计或采购)承担管理角色的重要人物。他们配有固定员工，以开展持续性工作，并能全权管理所管辖职能领域中的所有任务。职能经理可为项目提供相关领域的专业技术或服务。

9. 运营经理

运营经理是在核心业务领域(如研发、设计、制造、供应、测试或维护)承担管理角色的个人。不同于职能经理，运营经理直接管理提供销售的产品或服务的生产和维护。基于项目的类型，在项目完成时，需要把项目的技术文件和其他永久性记录正式移交给相关的运营管理人员。然后，运营管理人员再把所移交的项目纳入日常运营中，并为之提供长期支持。

10. 卖方/业务伙伴

卖方，又称为供应商、供方或承包方，是根据合同协议为项目提供组件或服务的外部公司。业务伙伴也是外部公司，但它们与本企业间存在特殊的关系。这种特殊关系可能是通过某个认证过程建立的。业务伙伴为项目提供专业技术，或提供安装、定制、培训或支持等特定服务。

 案例分析

《西游记》是家喻户晓的神话故事，各路人物围绕着西天取经这个项目展开一系列的活动，《西游记》中天上诸神、唐僧团队中的成员、唐太宗等，都是不同的项目干系人，在唐僧取得真经的过程中发挥着不同的作用。

【问题】

简要分析案例中所涉及的项目干系人以及他们所扮演的角色和作用。

答案解释：

① 天上诸神是职能部门经理，其中又以观世音菩萨为代表(她的职能类似于人力资源部经理或项目管理办公室主任)。这些部门经理为项目提供资源、规范项目的运行并记录项目的过程。当取经团队碰到困难时，他们总是及时施以援手，必要时会亲自出马。在西天取经项目中，职能部门的经理从不与项目经理争夺资源。

② 唐僧是项目经理，虽不杰出，但无疑是称职的。第一，他懂得业务(会念经，也知道真经、假经)；第二，他熟悉佛家规则，能够坚持原则，十分明了项目的使命而且信念坚定；第三，他与项目发起人、客户、职能部门经理们有良好的关系；第四，他对项目团队的管理颇有艺术。唐僧手无缚鸡之力，因此，他必须能调动项目团队成员的积极性，又能规范项目团队成员的行为，使他们的能力向着项目成功需要的地方发挥。一方面，他满足了几个徒弟在专业方面的虚荣心，让他们勤奋工作；另一方面，他用紧箍咒控制孙悟空，用孙悟空控制八戒等，真正做到了"放手与放心"的管理。

③ 在项目团队成员中，孙悟空无疑是技术人员的代表，他爱好自己的专业(降妖除魔)并且水准高超。但也正因如此，他有着技术人员的"通病"：做事往往从专业角度出发，而忽视项目目标。沙僧是一个最好的项目秘书，勤劳但能力一般。八戒是团队的凝聚剂，当悟空想"辞职"时他是最大的思想工作者。

④ 唐太宗是取经项目成果的项目客户。客户并不都是行家，他们不能用规范的术语定义客户需求。但是，唐太宗的作用却非同小可：由东土大唐的威望，使项目团队一路获得了诸多方便，唐僧很容易获得关文。换句话说，他们容易得到批准进入项目的下一个阶段。

2.3 组织对项目管理的影响

组织文化、风格和结构会对项目实施产生影响。组织的项目管理成熟度及其项目管理系统也会影响项目。与外部企业合资或合伙的项目，会受到不止一家企业的影响。本节将介绍可能对项目产生影响的组织特征和结构。

2.3.1 组织文化与风格

文化与风格可能对项目实现目标的能力产生强烈影响。文化与风格通常被称为"文化规范"。这里的"规范"包括一些共同的认识。例如，如何完成工作、哪些工作方式是可接受的，以及谁能有力推动工作的完成。

大多数组织都形成了自己独特的文化，其表现形式包括(但不限于)：①共同的愿景、价值观、行为规范、信念和期望；②政策、方法和程序；③对职权的看法；④工作伦理和工作时间。

组织文化是一种事业环境因素。因此，项目经理应该了解可能对项目造成影响的不同的组织风格和文化。例如，在某些情况下，位于组织结构图顶层的那个人其实并不掌握实权。项目经理必须了解谁才是组织真正的决策者，并通过与其合作来争取项目成功。

2.3.2 组织结构

组织结构是一种事业环境因素，它可能影响资源的可用性，并影响项目的管理模式。组织结构的类型包括职能型、项目型以及位于这两者之间的各种矩阵型结构。表 2-1 列出了几种主要组织结构及其与项目有关的重要特征。

表 2-1 组织结构对项目的影响

组织结构 项目特征	职能型	矩阵型			项目型
		弱矩阵	平衡矩阵	强矩阵	
项目经理的职能	很少或没有	有限	小到中	中到大	大到几乎全权
可用的资源	很少或没有	有限	小到中	中到多	多到几乎全部
项目预算控制者	职能经理	职能经理	职能经理与项目经理	项目经理	项目经理
项目经理的角色	兼职	兼职	全职	全职	全职
项目管理行政人员	兼职	兼职	兼职	全职	全职

如图 2.9 所示，典型的职能型组织是一种层级结构，每名雇员都有一位明确的上级。人员按专业分组，例如，最高层可分为生产、营销、工程和会计。各专业还可进一步分成职能部门，例如，将工程专业进一步分为机械工程和电力工程。在职能型组织中，各个部门相互独立地开展各自的项目工作。

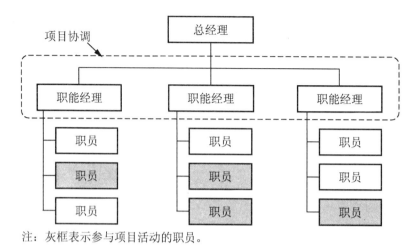

图 2.9　职能型组织

如图 2.10 至图 2.12 所示,矩阵型组织兼具职能型组织和项目型组织的特征。弱矩阵型组织保留了职能型组织的大部分特征,其项目经理的角色更像是协调员或联络员,而非真正的项目经理。强矩阵型组织则具有项目型组织的许多特征,拥有掌握较大职权的全职项目经理和全职的项目行政人员。平衡矩阵型组织虽然承认全职项目经理的必要性,但并未授权其全权管理项目和项目资金。表 2-1 介绍了各种矩阵型组织结构的更多细节。

与职能型组织相反的是项目型组织,如图 2.13 所示。在项目型组织中,团队成员通常集中办公,组织的大部分资源都用于项目工作,项目经理拥有很大的自主性和职权。项目型组织中也有被称为"部门"的组织单元,但这些部门或者直接向项目经理报告,或者为各个项目提供支持服务。

很多组织都会在不同层次用到上述所有结构,如图 2.14 所示(复合型组织)。例如,即使那些典型的职能型组织,也有可能建立专门的项目团队,来实施重要的项目。该团队可能具备项目型组织中项目团队的许多特征。它可能拥有来自各职能部门的全职人员,可以制定自己的办事流程,甚至可以不按标准或正式的汇报结构运作。

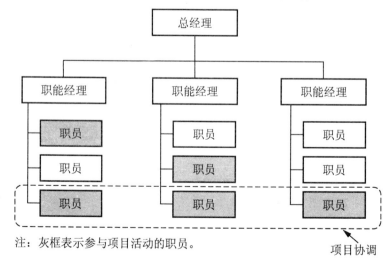

图 2.10　弱矩阵型组织

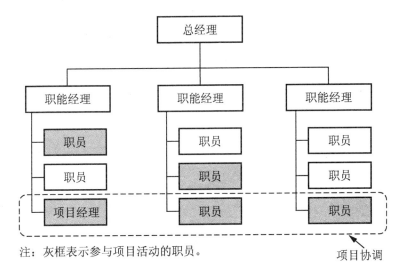

注：灰框表示参与项目活动的职员。

图 2.11　平衡矩阵型组织

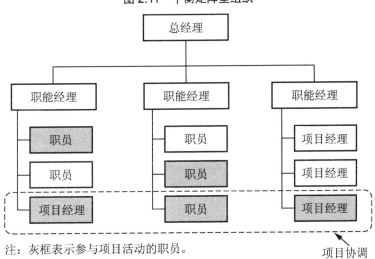

注：灰框表示参与项目活动的职员。

图 2.12　强矩阵型组织

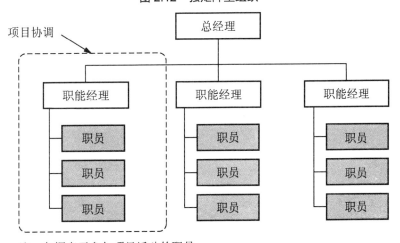

注：灰框表示参与项目活动的职员。

图 2.13　项目型组织

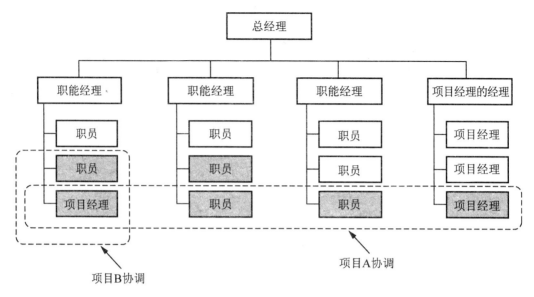

注：灰框表示参与项目活动的职员。

图 2.14 复合型组织

2.3.3 组织过程资产

组织过程资产包括任何或全部与过程相关的资产，可来自任意一个或所有参与项目的组织，用于帮助项目成功。这些过程资产包括正式和非正式的计划、政策、程序和指南。过程资产还包括组织的知识库，如经验教训和历史信息。组织过程资产可能包括完整的进度计划、风险数据和挣值数据。项目团队成员通常有责任在项目全过程中对组织过程资产进行必要的更新和补充。

思考题

1. 下列关于项目管理组织模式的说法中，正确的有(   )。
    A. 职能组织结构中每一个工作部门只有一个指令源
    B. 矩阵组织系统中有两个指令源
    C. 大型线性组织系统中的指令路径太长
    D. 矩阵组织适用于大型组织系统
2. 在以下哪种项目组织中，项目经理将可能对项目资源进行最严格的控制？(   )
    A. 紧密式矩阵组织   B. 项目型组织
    C. 平衡式矩阵组织   D. 强矩阵组织
3. 适用于大型复杂项目、对人工利用率要求高的项目，或公司同时承担多个项目的组织结构形式是(   )。
    A. 线性组织结构   B. 职能式组织结构
    C. 项目式组织结构   D. 矩阵式组织结构

答案解释：

1. BCD。职能组织结构每一个职能部门可根据其管理职能对其直接和非直接的下属下达工作指令，线性组织结构每一个工作部门只能对其直接的下属部门下达工作指令，每一个工作部门也只能有一个直接的上级部门。

2. B。考察矩阵式组织的特点。

3. D。矩阵组织结构适用于大的组织系统。每一项纵向和横向交汇的工作,指令来自于纵向和横向两个工作部门,其指令源为两个。为避免纵向和横向工作部门指令矛盾对工作的影响,可以采用以纵向工作部门指令为主或以横向部门指令为主的矩阵组织结构模式,这样也可减轻该组织系统的最高指挥者的协调工作量。

本 章 小 结

项目生命周期是通常按顺序排列而有时又相互交叉的各项目阶段的集合,而项目要顺利开展,必须先进行组织管理。一方面是对项目识别并管理项目的利益相关者,另一方面是建立相应的项目组织机构,对项目组织的各种资源进行有效配置。项目组织设计出来后,还要组建项目团队。由于项目的临时性、独特性特点,项目的组织、团队建设和管理与企业组织、团队管理有着明显的区别,本章主要阐述了项目组织和团队管理的相关问题,包括项目利益相关者管理、不同项目组织的特点和选择、项目团队的创建与发展过程、项目团队精神与团队绩效、项目经理的职责、权力和要求等。

习 题

1. 下列关于项目生命周期、项目管理生命周期和产品生命周期的说法,正确的是(   )。
   A. 项目变化和发展时,项目生命周期通常随之变化和发展
   B. 项目管理生命周期对于每个项目都是独特的
   C. 项目管理生命周期就是项目生命周期
   D. 典型的产品生命周期包括多个项目生命周期
2. 在下列哪一种组织结构中,项目成员在收尾阶段最感到忧心忡忡?(   )
   A. 职能型   B. 矩阵型   C. 项目型   D. 弱矩阵型
3. 在项目阶段结束时,要对该阶段的可交付成果和绩效进行审查,其目的在于(   )。
   A. 做出项目变更(包括纠正)、项目继续或不继续的决策
   B. 获得客户对可交付成果的认可
   C. 调整项目目标
   D. 根据资源情况来决定是否需要补充资源
4. 客户是指(   )。
   A. 付钱购买项目产品的个人或组织
   B. 将要使用项目产品的任何个人或组织
   C. 直接使用项目产品的个人或组织
   D. 项目发起人
5. 项目治理是指(   )。
   A. 把权力集中在项目经理手中
   B. 加大高级管理层对项目的控制力度
   C. 在不划分项目阶段的前提下,把项目作为一个整体加以控制
   D. 明确规定项目的决策点、决策人、决策过程和决策时间

案 例 分 析

这个项目团队怎么了

希赛公司 2012 年 5 月中标某单位(甲方)的电子政务系统开发项目，该单位要求电子政务系统必须在 2012 年 12 月之前投入使用。王某是公司的项目经理，并且刚成功地领导一个 6 人的项目团队完成了一个类似的项目，因此公司派王某带领原来的团队负责该项目。

王某带领原来的项目团队结合以往经验顺利完成了需求分析、项目范围说明书等前期工作，并通过了审查，得到甲方的确认。由于进度紧张，王某又从公司申请调来了两个开发人员进入项目团队。项目开始实施后，项目团队原成员和新加入的成员之间经常发生争执，对发生的错误相互推诿。项目团队原成员认为新加入的成员效率低下，延误项目进度；王某认为这是正常的项目团队磨合过程，没有过多的干预。同时，批评新加入的成员效率低下，认为项目团队原成员更有经验，要求新加入成员要多向原成员虚心请教。

最后，项目实施两个月之后，王某发现大家汇报的进度言过其实，进度没有达到计划目标。

【问题】
1. 请简要分析造成该项目问题的可能原因。
2. 结合所学知识，建议采用哪种方式来进行团队建设。

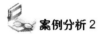

M 公司组织结构的选择

M 公司是一个以国防装备设计及科研开发为主的大型国有企业，其前身为某研究所。该公司的主要业务是对国际上尖端的及国防事业需求的高科技武器装备进行科研开发，同时还负责一些国家重点科研项目。

由于这些高科技武器装备的生产工艺要求高，所以相应的成本也较高，且各种产品之间没有什么共同点。公司拥有自己的生产部门。公司副总裁和各项目部门经理负责确认哪些项目是有较大需求和开发价值的，然后由总裁做出决策，是否投入开发设计。如果投入，就把它分到项目组中去。产品开发出来后，自行生产制造。该企业开发人员的工资和开发设备的费用都来自国家拨款，其项目的经费预算主要是研发人员的奖金和硬件设备的使用费。

该公司的各机构职能如下所述。

总裁：协调公司与上级领导部门的关系，以及公司的日常行政工作，受信息产业部领导并对其负责。

副总裁：统筹和协调各项目组工作，接受国家指派的项目和根据市场热点自行立项的项目，并把各项目分派到项目组，同时协调公共资源的使用(主要是人力资源)。他实际上是领导各项目组进行开发工作的核心人物。

项目经理：实际领导各项目组进行项目开发，分配和协调各项工作，对项目工作进行控制，行政上对副总裁负责。

研究开发部门：负责实际的产品开发。
工程设计部门：负责产品的工程设计。
生产制造部门：负责产品的实际生产制造。
人事行政部门：负责公司内的人员调动。

【问题】
该公司最适于采用何种组织结构类型？是基于文中哪些要点下结论的？

第3章　项目整合管理

学习目标

本章所阐述的项目整合管理是项目管理中的一项综合性和全局性的阶段，为了协调项目的各个要素，达到最佳平衡而开展的一系列工作。其中以制定项目章程、制定项目管理计划、指导与管理项目执行、监控项目工作、实施整体变更控制、结束项目或阶段这几部分来对项目整合管理进行讨论。

知识结构

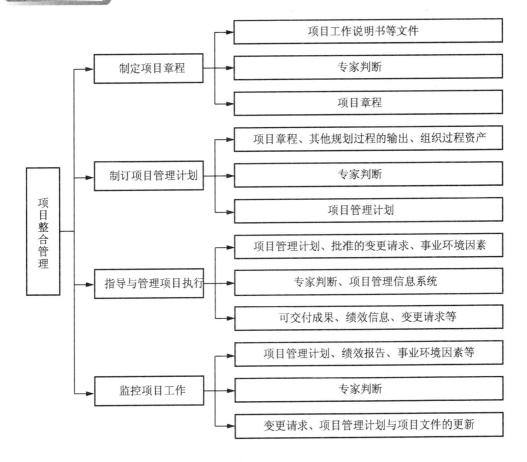

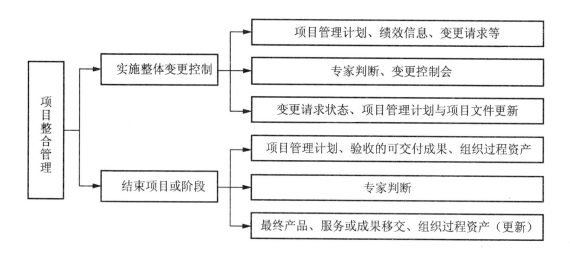

案例导入

A 公司的管理合理吗

A 公司是一家中小型系统集成公司，在 2014 年 3 月份正在准备对某证券公司数据集成系统项目的投标工作，A 公司副总裁张某授权销售部的林某为本次投标的负责人来组织和管理整个投标过程。林某接到任务后，召集了由公司商务部、销售部、服务部和质管部等相关部门参加的启动说明会，并把各自的分工和进度计划进行了部署。随后，在投标前 3 天进行投标文件评审时，发现技术方案中所配置的设备在以前的项目使用中是存在问题的，必须更换，随后修改了技术方案。最终 A 公司中标了。

根据公司的项目管理流程，林某把项目移交到了实施部门，由他们具体负责项目的执行与验收。鲍某为实施项目经理，负责项目的实施和验收工作，鲍某由于没有介入项目前期的工作，很多前期的事情都不清楚，导致后续跟进速度缓慢。同时鲍某还发现设计方案中存在一些问题，方案遗漏一项基本需求，有多项无效需求，没有书面的需求调研报告，对客户承诺过度等等，于是项目组重新调研用户需求，编制设计方案，这就增加了实施难度和成本。可是后来又发现采购部仍是按照最初的方案采购设备，导致设备中的模块配置功能不符合要求的情况。而在 A 公司中，类似现象已多次发生。

思考题

1. 项目整合管理与项目其他专项管理是什么关系？为什么会有这些关系？
2. 项目整合管理有哪些基本特征？
3. 项目整合管理程序的步骤有哪些？

项目整合管理包括为识别、定义、组合、统一与协调项目管理过程组的各过程及项目管理活动而进行的各种过程和活动。在项目管理中，"整合"兼具统一、合并、连接和一体化的性质，对完成项目、成功管理干系人期望和满足项目要求都至关重要。项目整合管理需要选择资源分配方案、平衡相互竞争的目标和方案，以及管理项目管理知识领域之间的依赖关系。虽然各项目管理过程通常以界限分明、相互独立的形式出现，但在实践中它们会以各种方式相互交叠、相互作用。

第3章 项目整合管理

当各过程相互作用时,对项目整合管理的需要就显而易见了。管理项目并无统一的方法,为了取得预期的项目绩效,项目管理工作者会以不同的顺序和严格程度来应用项目管理知识、技能和所需的过程。项目经理和项目团队必须考虑每一个过程,以决定在具体项目中实施各过程的程度。如果项目有不止一个阶段,那么应该在每个阶段内以同样严格的程度实施各个过程。图 3.1 概述了项目整体管理的内容和工作。

通过考虑为完成项目而开展的其他类型的活动,可以更好地理解项目与项目管理的整合性质。以下是项目管理团队所开展的活动的例子。

(1) 分析并理解范围,包括了解项目与产品要求、准则、假设条件、制约因素和其他可能影响项目的因素,并决定如何在项目中管理和处理这些方面。

(2) 了解如何借助结构化的方法,来利用已有的信息,并将其转化为项目管理计划。

(3) 开展活动,以产生项目的可交付成果。

(4) 测量和监督项目各方面的进展,并采取适当措施来实现项目目标。

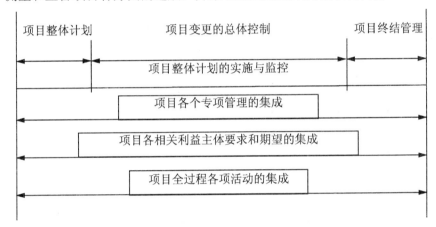

图 3.1 项目整体管理的内容和工作示意图

在项目管理过程组的各过程间,经常反复发生联系。规划过程组在项目早期即为执行过程组提供书面的项目管理计划;然后随着项目的进展,规划过程组还将根据变更情况,不断推动项目管理计划的更新。

项目整合管理的技术方法至今仍然是现代项目管理研究的一个重要领域,所以至今尚未建立起适合项目整合管理所有应用领域的全套解决方案和有效的技术方法。下面将介绍最常用的项目整合管理技术方法:项目三角形法。

项目三角形法是一种多要素的项目整合管理技术方法。这种方法的主要做法即首先固定其他项目要素而变动项目的某一个要素,然后分析这一要素变动造成的影响,并随之调整其他要素使之逐步优化和实现整合管理。这种方法可以用于对项目范围、时间、成本和质量进行有效的集成计划与控制。所谓项目三角形是指由项目范围、时间、成本、质量等4 个要素所构成的三角形,如图 3.2 所示。

该模型中"项目范围"最为重要,所以由内切圆来代表,而其他 3 个要素由项目三角形的各个边来代表。当项目时间、成本、范围和质量中的任何一个要素做出调整时,另外的要素都会受到影响而发生变化。不管这种影响和变化是好的还是不好的,我们都需要使用项目三角形法去对项目的变更和调整方案做出优化分析和进行管理。

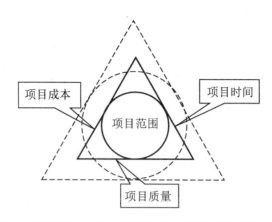

图 3.2　项目范围、时间、质量和成本四要素的集成方法模型

例如某建筑企业在一次招投标中中标了，负责一个小区的建设。2014 年 5 月双方签署了《建筑工程施工合同》，合同约定施工总工期为 5 个月。有一天，该建筑公司接到项目投资人的电话，项目投资人要求要提前一个月完工，因为投资人听信风水大师的谗言，如果楼盘在 9 月份开盘销售，该楼盘将会大卖，所以项目投资方一定要赶在这一天前完成，甚至不惜一切代价，就为了赶上所谓的好时辰。建筑公司只好按照项目投资人的要求缩短工期，结果诞生了一个豆腐渣工程，消费者纷纷投诉，企业形象也一落千丈。通过"项目管理三角形"来看该工程可以得出这样一个结论：不相信科学，盲目提前计划完成工期的工程是不足的、不科学的，甚至是荒唐的，该建筑企业应该对这种荒唐的理由坚决说："不"。下面将结合三角形法阐述"豆腐渣工程"的几种方式。

第一种，时间缩短、质量下降、缩小范围，成本下降，如图 3.3 所示。

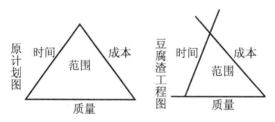

图 3.3　第一种方式的工程前后对比图

这样的工程相信是没有人可以接受的，因为它一无是处。时间缩短我们先不看，我们先看成本下降，这意味着利润上升，如果能保证质量和范围不变，就是投资方多赚点好像也可以接受的。但问题是工期缩短是以范围管理与质量管理下降，成本降低为代价的。这样的工程一定是"豆腐渣工程"。消费者的选择一定是要安全的工程，不要什么豆腐渣工程。

第二种，时间缩短、质量不变、缩小范围、成本下降，如图 3.4 所示。

这样做工期是缩短了，关键的质量也没有变，甚至成本还下降了，消费者还可以接受，又达到了投资者的要求，何乐而不为。但是大家应该注意到项目的范围管理大大地缩小了。时间缩短、成本下降、范围缩小，这些对项目投资方可能是好事，可是对广大消费者、社会公众甚至对全社会来说绝对不是一件好事。比如该房地产公司把原本计划的绿地去掉了，或者把游泳池也去掉了，这还是你所期望房子吗？

第三种，时间缩短、质量不变、缩小范围、成本不变，如图 3.5 所示。

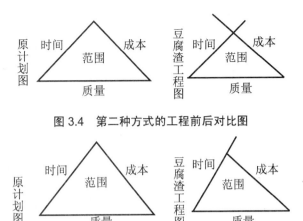

图 3.4　第二种方式的工程前后对比图

图 3.5　第三种方式的工程前后对比图

这种情况对于消费者而言好像比前面两种情况都好，至少项目投资方成本没有减少、质量也没有下降。但是损害同样体现在范围缩小上，已经在第二种方式时详细阐明了，这里就不过多解释。这里主要谈谈对企业的损害。因为要抢工程进度，结果时间缩短了，范围也缩小了，就是减少了计划中要建设的子项目，这本身就是没有完成计划的行为，可以说是失败的项目。就更不用说承诺不兑现带来的企业信用缺失的危害了。再看成本的问题，表面上看成本没有变，但是工期和范围却缩小了，实际上单位成本增加了，也就是说花了同样多的钱却办少了事。

3.1　制定项目章程

制定项目章程是制定一份正式批准项目或阶段的文件，并记录能反映干系人需要和期望的初步要求的过程。它在项目执行组织与发起组织(或客户，如果是外部项目的话)之间建立起伙伴关系。项目章程的批准，标志着项目的正式启动。在项目中，应尽早确认并任命项目经理，最好在制定项目章程时就任命，最晚也必须在规划开始之前。项目经理应该参与制定项目章程，因为该章程将授权项目经理在项目活动中使用组织资源。

项目由项目以外的人员批准，如发起人、PMO 或项目组合指导委员会。项目启动者或发起人应该具有一定的职权，能为项目提供资金。他们亲自编制项目章程，或授权项目经理代为编制。项目章程经启动者签字，即标志着项目获得批准。可能因内部经营需要或外部影响而批准项目，故通常需要编制需求分析、商业论证或情况描述。通过编制项目章程，就可以把项目与组织的战略及日常运营工作联系起来。图 3.6 显示了本过程的输入、工具与技术和输出，图 3.7 则是本过程的数据流向图。

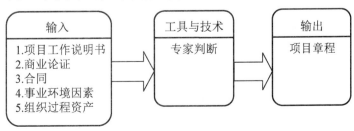

图 3.6　制定项目章程：输入、工具与技术和输出

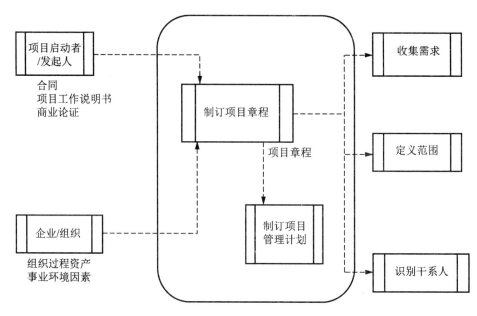

图 3.7 制定项目章程的数据流向图

3.1.1 制定项目章程：输入

1. 项目工作说明书

工作说明书(SOW)是对项目所需交付的产品或服务的叙述性说明。对于内部项目，项目启动者或发起人根据业务需要及对产品或服务的需求，来提供工作说明书。对于外部项目，工作说明书则由客户提供，可以是招标文件(例如：建议邀请书、信息邀请书、投标邀请书)的一部分，或合同的一部分。SOW 须涉及如下内容：

(1) 业务需要。组织的业务需要可基于市场需求、技术进步、法律要求或政府法规。

(2) 产品范围描述。记录项目所需产出的产品的特征，以及这些产品或服务与项目所对应的业务需求之间的关系。

(3) 战略计划。所有项目都应支持组织的战略目标。进行项目选择和排序时，应该考虑执行组织的战略计划。

2. 商业论证

商业论证或类似文件能从商业角度提供必要的信息，决定项目是否值得投资。为证实项目的价值，在商业论证中通常要包含业务需求和成本效益分析等内容。对于外部项目，可以由项目发起组织或客户撰写商业论证。可基于以下一个或多个原因而编制商业论证，如图 3.8 所示。

在多阶段项目中，可通过对商业论证的定期审核，来确保项目能实现其商业利益。在项目生命周期的早期，项目发起组织对商业论证的定期审核，也有助于确认项目是否仍然有必要。

3. 合同

4. 事业环境因素

5. 组织过程资产

第 3 章 项目整合管理

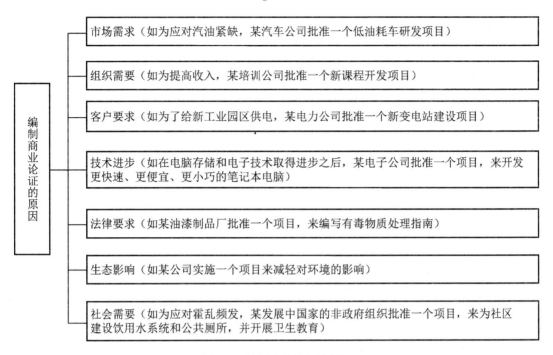

图 3.8 编制商业论证的原因

3.1.2 制定项目章程：工具与技术

专家判断常用于评估制定项目章程的输入。在本过程中，可以借助专家判断和专业知识来处理各种技术和管理问题。专家判断可来自具有专业知识或专业培训经历的任何小组或个人，并可通过许多渠道获取，如图 3.9 所示。

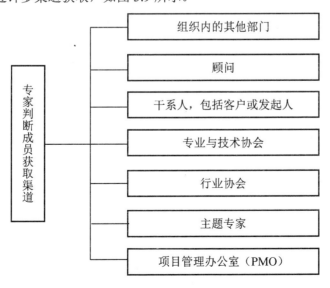

图 3.9 专家判断成员获取的渠道

3.1.3 制定项目章程：输出

项目章程记录业务需要、对客户需求的理解，以及需要交付的新产品、服务或成果，如图 3.10 所示。

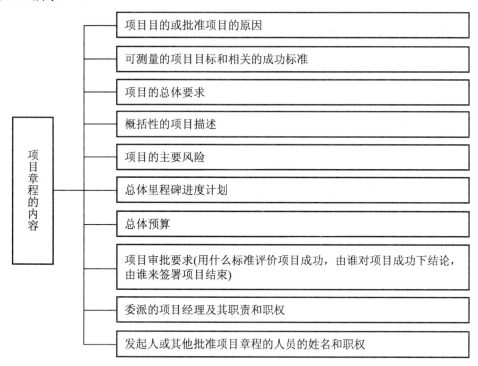

图 3.10 项目章程的内容

3.2 制订项目管理计划

制订项目管理计划是对定义、编制、整合和协调所有子计划所必需的行动进行记录的过程。项目管理计划确定项目的执行、监控和收尾方式，其内容会因项目的复杂性和所在应用领域而异。编制项目管理计划，需要整合一系列相关过程，而且要持续到项目收尾。本过程将产生一份项目管理计划。该计划需要通过不断更新来渐进明细。这些更新需要由实施整体变更控制过程进行控制和批准。图 3.11 显示了本过程的输入、工具与技术和输出，图 3.12 则是本过程的数据流向图。

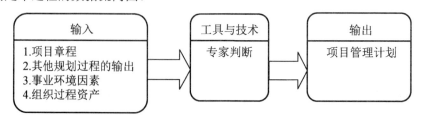

图 3.11 制订项目管理计划：输入、工具与技术和输出

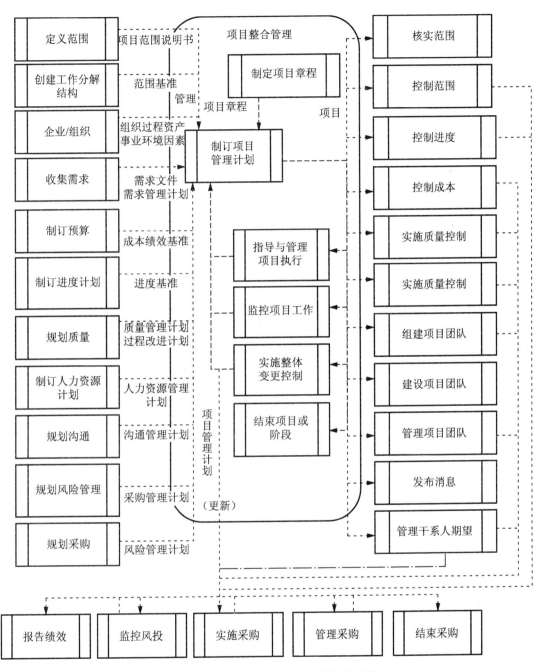

图 3.12 制订项目管理计划的数据流向图

3.2.1 制订项目管理计划：输入

1. 项目章程
2. 其他规划过程的输出

编制项目管理计划需要整合诸多规划过程的输出。其他规划过程所输出的任何基准和子管理计划,都是本过程的输入。此外,对这些文件的更新都会导致对项目管理计划的相应更新。

3. 事业环境因素

4. 组织过程资产

3.2.2 制订项目管理计划:工具与技术

在制订项目管理计划时,专家判断可用于:①根据项目需要而"剪裁"项目管理过程;②编制应包括在项目管理计划中的技术与管理细节;③确定项目所需的资源与技能水平;④定义项目的配置管理级别;⑤确定哪些项目文件需要经过正式的变更控制过程。

3.2.3 制订项目管理计划:输出

项目管理计划合并与整合了其他各规划过程所输出的所有子管理计划和基准。项目管理计划包括(但不限于)如图 3.13 所示。

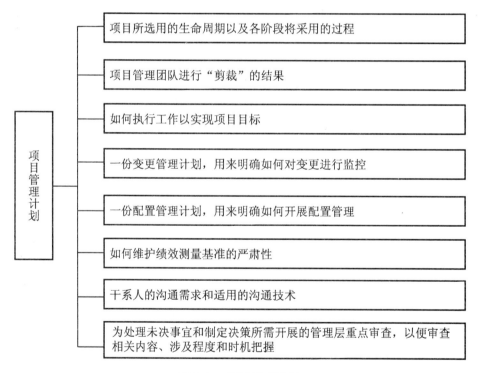

图 3.13 项目管理计划

其中项目管理团队进行"剪裁"的结果,包括:①项目管理团队所选择的项目管理过程;②每个所选过程的执行水平;③对这些过程所需的工具与技术的描述;④将如何利用所选过程来管理具体项目,包括这些过程间的依赖关系和相互影响,以及这些过程的主要输入和输出。

项目管理计划可以是概括或详细的,也可以包括一个或多个子管理计划。每个子计划的详细程度取决于具体项目的要求。项目管理计划一旦被确定下来，成为基准，就只有在提出变更请求并经实施整体变更控制过程批准后，才能变更。

项目基准包括(但不限于)：①进度基准；②成本绩效基准；③范围基准。

子计划包括(但不限于)如图3.14所示。

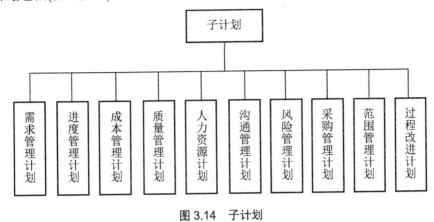

图3.14 子计划

通常将范围、进度和成本基准合并为一个绩效测量基准，作为项目的整体基准，以便据此测量项目的整体绩效。绩效测量基准用于挣值测量中。

3.3 指导与管理项目执行

指导与管理项目执行的具体活动如图3.15所示。

指导与管理项目执行是为实现项目目标而执行项目管理计划中所确定的工作过程。具体活动包括(但不限于)：①项目经理与项目管理团队一起指导实施已计划好的项目活动，并管理项目内的各种技术接口和组织接口；②指导与管理项目执行过程会受项目所在应用领域的直接影响；③通过实施相关过程来完成项目管理计划中的项目工作，产出相应的可交付成果；④项目执行时还需收集绩效信息，并提交给绩效报告过程；⑤绩效信息说明可交付成果的完成情况以及哪些工作已经完成；⑥绩效信息也是监控过程组的输入。

指导与管理项目执行还需实施已批准的变更，包括如下内容。

(1) 纠正措施。为使项目工作的未来期望绩效与项目管理计划保持一致，而对项目执行工作下达的书面指令。

(2) 预防措施。通过实施某项活动，来降低项目风险消极后果发生概率的书面指令。

(3) 缺陷补救。识别项目组成部分的某一缺陷之后所形成的正式文件，用于就如何修补该缺陷或彻底替换该部分提出建议。

图3.16显示了本过程的输入、工具与技术和输出，图3.17则是本过程的数据流向图，图3.18为项目整体计划实施的管理与控制循环。

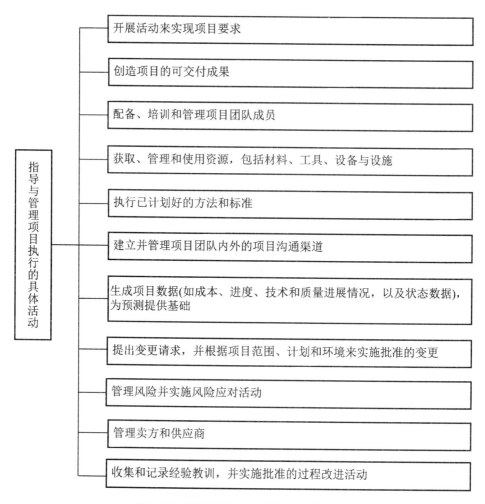

图 3.15 指导与管理项目执行的具体活动

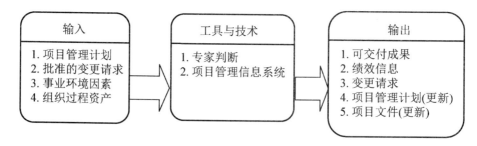

图 3.16 指导与管理项目执行：输入、工具与技术和输出

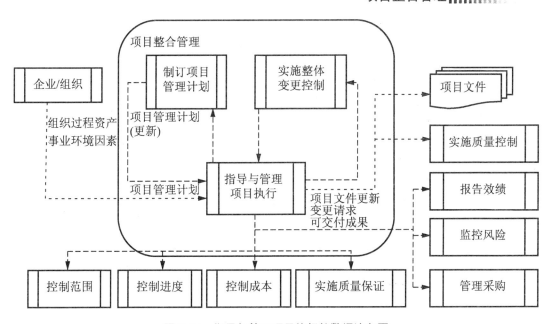

图 3.17 指导与管理项目执行的数据流向图

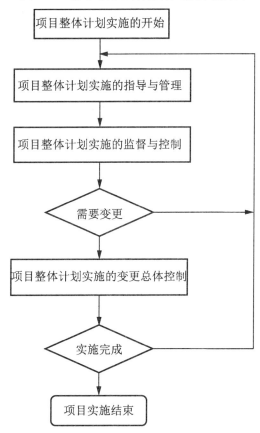

图 3.18 项目整体计划实施的管理与控制循环

3.3.1 指导与管理项目执行：输入

1. 项目管理计划
2. 批准的变更请求

在实施整体变更控制过程中，通过更新变更控制状态，来显示哪些变更已得到批准，哪些变更没有得到批准。批准的变更请求应列入计划，以便由项目团队加以实施，如图3.19批准的变更请求流程图所示。

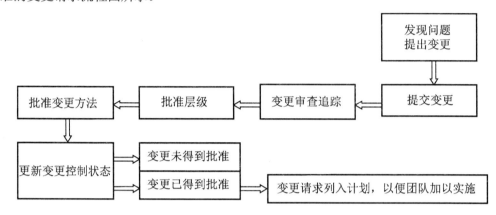

图 3.19 批准的变更请求流程图

批准的变更请求的作用：①批准的变更请求书面记录了经过批准的变更，用来扩大或缩小项目范围；②批准的变更请求也可用来修改政策、项目管理计划、程序、成本、预算或进度计划；③批准的变更请求可能要求采取预防或纠正措施。

3. 事业环境因素
4. 组织过程资产

3.3.2 指导与管理项目执行：工具与技术

1. 专家判断

专家判断用于评估"指导与管理项目管理计划执行"所需的输入。在本过程中，可以使用专家判断和专业知识来处理各种技术和管理问题。

2. 项目管理信息系统

作为事业环境因素的一部分，项目管理信息系统(PMIS)为指导与管理项目执行提供自动化工具，如进度计划软件、配置管理系统、信息收集与发布系统，或进入其他在线自动化系统的网络界面。

3.3.3 指导与管理项目执行：输出

1. 可交付成果

批准的可交付成果是在某一过程、阶段或项目完成时，必须产出的任何独特并可验证的产品、成果或服务能力。

2. 绩效信息

收集绩效信息是项目进展过程中的一项常规工作。此类信息可涉及各种绩效情况，包括(但不限于)：①可交付成果的状态；②进度进展情况；③已发生的成本。

3. 变更请求

如果在实施项目工作中发现问题，就需要提出变更请求，来修改项目政策或程序、项目范围、项目成本或预算、项目进度计划或项目质量。其他方面的变更请求包括必要的预防或纠正措施，用来预防未来的不利情况。变更请求可以是直接或间接的，可以由外部或内部提出，可以是自选的或由法律/合同强制的。变更请求可包括：①纠正措施；②预防措施；③缺陷补救；④更新。

4. 项目管理计划(更新)

项目管理计划中可能需要更新(但不限于)的内容如图3.20所示。

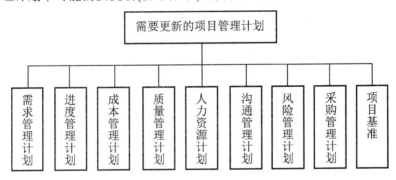

图3.20 需要更新的项目管理计划

5. 项目文件(更新)

可能需要更新的项目文件包括(但不限于)：①需求文件；②项目日志(用于记录问题、假设条件等)；③风险登记册；④干系人登记册。

思考题

1. 你是一个系统集成项目的经理，该项目将使人们能在各地书报零售店购买到彩票。你的公司开发适用的软件，但需要向其他公司购买硬件设备。你的外包管理员告知你要准备一份产品描述，该文件应被称为(   )。
   A. 工作说明书   B. 合同范围说明
   C. 项目章程   D. 合同

2. 工作包是什么？(   )
   A. 工作分解结构中最底层的可交付物
   B. 有特定标志符的工作
   C. 属于报告的需求层次
   D. 可以分配到多于一个组织单元的工作

3. 你被安排负责项目，首先必须检查评审客户提供的工作说明书，尽管不同的产业会有不同的答案，你最可能忽略下列哪项？(   )
   A. 工作成果数字化   B. 客户提供的设施
   C. 长期重要的采购内容   D. 客户要求的工作里程碑

答案解释:
1. A。工作说明书(SOW)是对项目所需交付的产品或服务的叙述性说明。
2. A。理解工作包的概念。
3. A。明确你需要完成的任务,不做多余的工作。

3.4 监控项目工作

监控项目工作是跟踪、审查和调整项目进展,以实现项目管理计划中确定的绩效目标的过程。监督是贯穿于整个项目周期的项目管理活动之一,它包括收集、测量和发布绩效信息,分析测量结果和预测趋势,以便推动过程改进。持续的监督使项目管理团队能洞察项目的健康状况,并识别需特别关注的方面。控制包括制定纠正或预防措施或进行重新规划,并跟踪行动计划的实施过程,以确保它们能有效解决问题。监控项目工作过程涉及的内容,如图 3.21 所示。

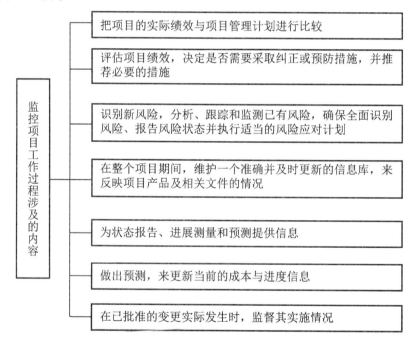

图 3.21 监控项目工作过程涉及的内容

图 3.22 显示了本过程的输入、工具与技术和输出,图 3.23 则是本过程的数据流向图。

图 3.22 监控项目工作:输入、工具与技术和输出

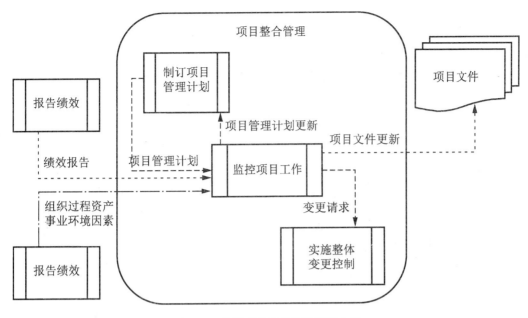

图 3.23 监控项目工作的数据流向图

3.4.1 监控项目工作：输入

1. 项目管理计划

2. 绩效报告

报告应由项目团队编制，详细描述各项活动、已完成工作、里程碑和已识别的问题。绩效报告可用来报告各种关键信息，包括(但不限于)：①当前状态；②报告期内完成的重要工作；③已列入计划的活动；④预测；⑤问题。

3. 变更请求

4. 事业环境因素

5. 组织过程资产

3.4.2 监控项目工作：工具与技术

1. 专家判断

项目管理团队借助专家判断，来解读由各监控过程提供的信息。项目经理与项目管理团队一起制定所需措施，确保项目绩效达到预期要求。

2. 变更控制委员会

3.4.3 监控项目工作：输出

1. 变更请求状态(更新)

通过对实际情况与计划要求的比较，可能需要提出扩大、调整或缩小项目范围或产品范围的变更请求。变更可能会影响项目管理计划、项目文件或可交付产品。变更可包括(但不限于)：①纠正措施；②预防措施；③缺陷补救。

2. 项目管理计划(更新)

3. 项目文件(更新)

可能需要更新的项目文件包括(但不限于)：①预测；②绩效报告；③问题日志。

3.5 实施整体变更控制

实施整体变更控制是审查所有变更请求，批准变更，并管理对可交付成果、组织过程资产、项目文件和项目管理计划的变更的过程。该过程贯穿项目始终。需要通过谨慎、持续地管理变更，来维护项目管理计划、项目范围说明书和其他可交付成果。应该通过否决或批准变更，来确保只有经批准的变更才能纳入修改后的基准中。实施整体变更控制过程包括以下变更管理活动(这些活动的细致程度取决于项目进展情况)，如图 3.24 所示。

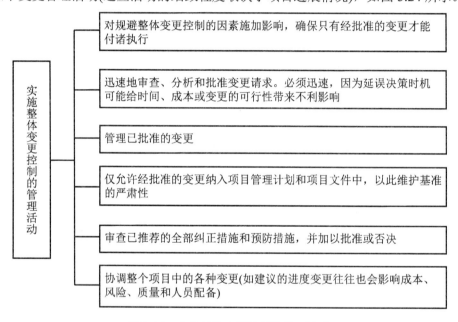

图 3.24 实施整体变更控制的管理活动

项目的任何干系人都可以提出变更请求。尽管也可以口头提出，但所有变更请求都必须以书面形式记录，并纳入变更管理或配置管理系统中。变更请求由变更控制系统和配置控制系统中所列的过程进行处理。可能需要向这些过程说明变更对时间和成本的影响。

每一项记录在案的变更请求都必须由项目管理团队或外部组织加以批准或否决。在很多项目中，根据项目角色与职责文件的规定，项目经理有权批准某些种类的变更请求。必要时，需由变更控制委员会(Change Control Board，CCB)负责批准或否决变更请求。变更控制委员会的角色与职责，应该在配置控制程序与变更控制程序中明确规定，并经相关干系人一致同意。很多大型组织会建立多层次的变更控制委员会来分别承担相关职责。如果项目是按合同来实施的，那么按照合同要求，某些变更请求还需要经过客户的批准。

变更请求得到批准后，可能需要编制新的(或修订的)成本估算、活动排序、进度日期、资源需求和风险应对方案分析。这些变更可能要求调整项目管理计划或项目的其他管理计划/文件。变更控制的实施水平，取决于项目所在应用领域、项目复杂程度、合同要求，以及项目所处的背景与环境。附带整体变更控制功能的配置管理系统可以提供标准化、效果好和效率高的方式,来集中管理已批准的变更与基准。图 3.25 显示了本过程的输入、工具与技术和输出,图 3.26 则是本过程的数据流向图。

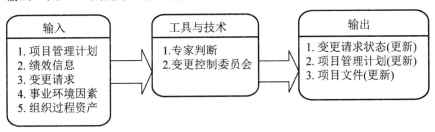

图 3.25　实施整体变更控制:输入、工具与技术和输出

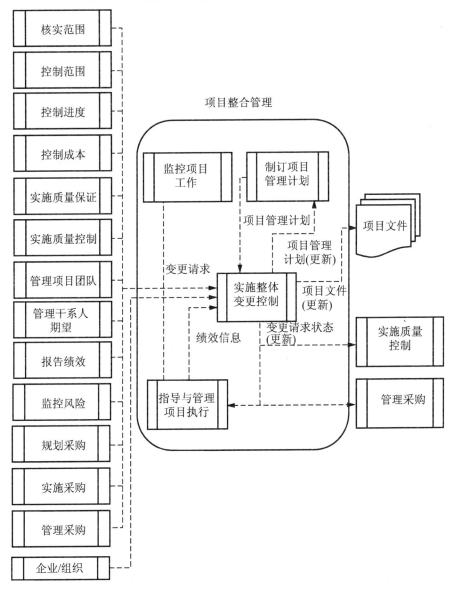

图 3.26　实施整体变更控制的数据流向图

3.5.1 实施整体变更控制：输入

1. 项目管理计划

2. 绩效信息

3. 变更请求

所有监控过程和很多执行过程都会产生"变更请求"这个输出。变更请求可以包括纠正措施、预防措施和缺陷补救。但是，纠正和预防措施通常不会影响项目基准，而只对基于基准的具体实施工作产生影响。

4. 事业环境因素

下列事业环境因素可能影响整体变更控制过程：项目管理信息系统(如自动化工具，包括进度计划软件、配置管理系统、信息收集与发布系统，或进入其他在线自动化系统的网络界面)。这不是一个完整的清单，但大部分项目都需要考虑这些因素。

5. 组织过程资产

可能影响实施整体变更控制过程的组织过程资产包括(但不限于)：①变更控制程序，包括修改公司标准、政策、计划和其他项目文件所需遵循的步骤，以及如何批准、确认和实施变更；②批准与签发变更的程序；③过程测量数据库，用来收集与提供过程和产品的测量数据；④项目档案(如范围、成本、进度基准、绩效测量基准、项目日历、项目进度网络图、风险登记册、风险应对计划和风险影响评价)；⑤配置管理知识库，包括公司标准、政策、程序和项目文件的各种版本以及基准。

3.5.2 实施整体变更控制：工具与技术

1. 专家判断

除了项目管理团队自己的专家判断外，也可以邀请干系人贡献专业知识和加入变更控制委员会。在本过程中，专家判断和专业知识可用于处理各种技术和管理问题。

2. 变更控制委员会

变更控制委员会负责接收与审查变更请求，并批准或否决这些变更请求。应该明确规定这些委员会的角色和职责，并经相关干系人一致同意。变更控制委员会的所有决策都应记录在案，并传递给干系人，以便采取后续措施。

3.5.3 实施整体变更控制：输出

如果认为变更请求可行，但超出了项目范围，那么批准该项变更就需要进行相应的基准变更。如果认为变更请求不可行，则否决该项变更请求，并可将其退回请求方，以便请求方补充信息。

1. 变更请求状态(更新)

项目经理或指定的团队成员应该根据变更控制系统处理变更请求。批准的变更请求应由指导与管理项目执行过程加以实施。全部变更的状态，无论批准与否，都要在变更请求日志中更新。这种更新是项目文件更新的一部分。

2. 项目管理计划(更新)

项目管理计划中可能需要更新的内容包括(但不限于)：①各个子管理计划；②有待正式变更控制过程审查的基准。

对基准的变更，只能针对今后的情况，而不能变更以往的绩效，这有助于保护基准和历史绩效数据的严肃性。

3. 项目文件(更新)

作为实施整体变更控制过程的结果，可能需要更新的项目文件包括变更请求日志，以及受正式变更控制过程影响的其他文件。

3.6 结束项目或阶段

结束项目或阶段是完结所有项目管理过程组的所有活动以正式结束项目或阶段的过程。在结束项目时，项目经理需要审查以前各阶段的收尾信息，确保所有项目工作都已完成，确保项目目标已经实现。由于项目范围是依据项目管理计划来考核的，项目经理就需要审查该文件，确保在项目工作全部完成后才宣布项目结束。如果项目在完工前就提前终止，结束项目或阶段过程还需要制定程序，来调查和记录提前终止的原因。本过程涵盖进行项目或阶段行政收尾所需的全部活动。在本过程中，应该逐步实施：①为达到阶段或项目的完工或退出标准所必需的行动和活动；②为向下一个阶段或向生产和运营部门移交项目的产品、服务或成果所必需的行动和活动；③为收集项目或阶段记录、审核项目成败、收集经验教训和存档项目信息(供组织未来使用)所必需的活动。

图 3.27 显示了本过程的输入、工具与技术和输出，图 3.28 则是本过程的数据流向图。

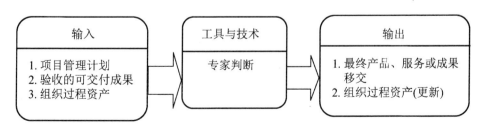

图 3.27　结束项目或阶段：输入、工具与技术和输出

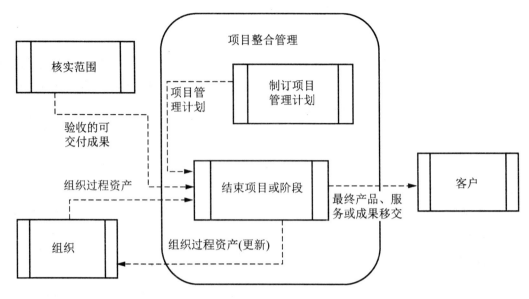

图 3.28　结束项目或阶段的数据流向图

3.6.1　结束项目或阶段：输入

1. 项目管理计划
2. 验收的可交付成果

已在核实范围过程中通过验收的那些可交付成果。

3. 组织过程资产

可能影响结束项目或阶段过程的组织过程资产包括(但不限于)：①对结束项目或阶段的指南或要求(如项目审计、项目评价和移交准则)；②历史信息与经验教训知识库(如项目记录与文件、完整的项目收尾信息与文件、关于以往项目选择决策与绩效的信息，以及关于风险管理工作的信息)。

3.6.2　结束项目或阶段：工具与技术

专家判断用于开展行政收尾活动。依靠专家来确保项目或阶段收尾符合适用标准。

3.6.3　结束项目或阶段：输出

1. 最终产品、服务或成果移交

移交项目所产出的最终产品、服务或成果(在阶段收尾中，则是移交该阶段所产出的中间产品、服务或成果)。

2. 组织过程资产(更新)

作为结束项目或阶段过程的结果，需要更新的组织过程资产包括(但不限于)如下内容。

(1) 项目档案。在项目活动中产生的各种文件，例如，项目管理计划、范围计划、成本计划、进度计划、项目日历、风险登记册、变更管理文件、风险应对计划和风险影响评价。

(2) 项目或阶段收尾文件。项目或阶段收尾文件包括表明项目或阶段完工的正式文件，以及用来把完成的项目或阶段可交付成果移交给他人(如运营部门或下一阶段)的正式文件。在项目收尾期间，项目经理应该审查以往的阶段文件、范围核实过程所产生的客户验收文件以及合同(如果有的话)，以确保在达到全部项目要求之后才正式结束项目。如果项目在完工前提前终止，则需要在正式的收尾文件中说明项目终止的原因，并规定正式程序，来把该项目已完成和未完成的可交付成果移交他人。

(3) 历史信息。把历史信息和经验教训信息存入经验教训知识库，供未来项目或阶段使用。可包括问题与风险的信息，以及适用于未来项目的有效技术信息。

本 章 小 结

项目整体管理是为完成项目，满足顾客与其他干系人的要求，管理他们的期望而必须采取的贯穿项目整体的至关重要的行动，包括制定项目章程、制定初步项目范围说明书、制订项目管理计划、指导和管理项目执行、监控项目执行、整体变更控制和项目收尾等7个过程。在一个项目的实现过程中，各种要素都会直接或间接地影响一个项目的成功，因此，必须充分、有效地开展项目的整体管理，协调影响项目的各要素，促使项目的顺利进行。

习 题

1. 项目整合管理包括( )。
   A. 项目与日常运营之间的整合　　　　B. 项目管理计划与项目文件之间的整合
   C. 协调与统一各种项目管理过程　　　D. 以上全部
2. 关于实施整体变更控制，以下哪个说法是正确的？( )
   A. 整体变更控制只针对较大的变更，而不必针对较小的变更
   B. 整体变更控制要针对所有变更，无论大小
   C. 整体变更控制通常由变更控制委员会进行
   D. 整体变更控制针对关于项目计划的变更请求，而不针对各种纠正措施建议
3. 项目绩效测量基准通常是下列各种基准的综合，以便用于考核项目执行情况( )。
   A. 范围、进度、成本和质量基准　　　B. 范围、进度和成本基准
   C. 进度、成本和质量基准　　　　　　D. 范围、进度、风险和成本基准
4. 为了使项目收尾，除了下述哪项外，其余各项都需要具备？( )
   A. 与团队成员交流项目情况　　　　　B. 获得客户对项目成果的接受
   C. 审核项目文档的完整性　　　　　　D. 更新项目计划
5. 变更控制委员会(CCB)是什么职能的组织？( )
   A. 由负责批准或否决项目基准变更的主要干系人的代表所组成
   B. 由负责批准或否决项目基准变更的主要项目团队成员所组成
   C. 由负责批准或否决项目基准变更的主要行政人员所组成
   D. 由负责批准或否决项目基准变更的高级管理人员所组成

案 例 分 析

项目需求变更较多如何控制？

2013年10月张经理接手了一个已经开发接近尾声的项目，项目不大，前期需求、开发、测试做得也比较好、比较规范，接手的时候感觉问题不大。项目前期的整个过程也和客户进行了详细的讨论和分析确认，但在安排实施人员现场实施的过程中，客户在业务流程环节却有着许多细微的变化。

刚开始第一次实施时，客户针对演示讲解后的系统进行了讨论和分析，同时提出了许多变更的细节，问题都不大，系统修改后很快进行了第二次实施。第二次，客户又对系统提出了改进的需求，也是一些细节的内容，导致第二次实施后又回去修改系统，接着第三次，整个过程导致我们实施人员很恼火，说是需求变更吧，也不完全是，有些细节的东西是无法一次性满足客户的……直到2014年6月，这个小项目才算达到试运行，从第一次拿到客户现场的系统和最后一次试运行的系统的功能对比来看，系统功能需求的确发生了很大变化，但是从第一次和第二次的功能比较来看，只是一些细节性的变化。

【问题】

对于这些细节性的变更，张经理应该如何处理和控制？

租约公司的计划管理

"我们的每个项目都从同一个问题开始：我们怎样创造前所未有的事物？"这就是澳大利亚租约公司的经营哲学。公司也的确做出了前所未有的创举：建设悉尼歌剧院地基，为2000年夏季奥运会建造纽因顿奥林匹克村，以及为黑客帝国II建造音乐台。但是，建造并非公司的唯一业务，它还是全球一体化房地产业务的市场领导者，在房地产投资基金管理、建设项目管理及财产开发方面具有独特的专长。

租约公司是澳大利亚成功企业的典范，被看作最令人鼓舞的公司之一。租约公司是怎么获得持久的成功和坚持其特色的？其中，有效的计划扮演了重要角色。该公司实施的项目之一——英格兰肯特郡蓝水购物广场，说明了计划工作在租约公司是怎么进行的。

20世纪90年代中期，租约公司的执行总裁买下一块距离伦敦20英里的荒地，准备在这里建起一座与众不同的大型综合社区活动场所，项目名称是"蓝水"。从此，租约公司自己的计划过程开始了。

在此后不到三周的时间，租约公司的专家团在伦敦会见了美国一位享有盛名的建筑师——库恩，团队的目标是给蓝水项目注入活力，他们最终开发出一个创新性的、打破传统模式的计划，简称"蓝水因子"。该计划勾画了购物广场的特征：色彩鲜明的白色立柱；160平方英尺的零售场地(欧洲最大的购物广场之一)；可停放13 000辆轿车的停车场；方圆50英亩的公园，7个湖泊，以及100万株树木和灌木。项目的规模意味着巨大的工作量，但是，公司有效的计划工作再次证明它完全能胜任如此复杂的任务。

租约公司成立项目控制小组PCG，每个主要项目都设有一个PCG，扮演着类似公司董事会的角色。PCG成员无须每天都参与项目工作，但对项目负责，PCG由具有多样化技能、直觉和专业知识的人员组成。PCG的人数一般为3～15人，他们每6～7周开一次会议，会议的气氛很认真。会议设有精确的日程、备忘录、财务评审，以及关于项目关键领域的报告。但是，这样的会议并非只是为了确保项目按预定的工期和预算进展，还有利于对完成项目的更好想法进行有益的争论和探讨。这样的会议实现了新颖的想法与严格的纪律相结合。正如一位项目经理所言："我们必须一开始就证明为什么要这样做，这意味着我们不怕将事情停下来，我们会毫不留情地把插销拔下来，谁让我们在这个项目上投了那么多钱呢！"

第3章 项目整合管理

蓝水项目的最高 PCG 包括首席执行官、投资部主任、建筑师、工程师、制造商、社区协调员、地方计划当局、建筑专家、零售商、金融家,以及顾客组成的小组。每 5~6 周 PCG 召开一次会议,讨论预算、日程以及创新提案。这种组织安排和承诺有助于有效的计划工作。

从最初的设想到项目合同的最后阶段只用了 1 628 天。项目提前两周时间完成,支出未超过预算,并且全部出租给全世界 320 多家零售商。蓝水购物广场像一个伸展的三角形,由三个两层结构的购物中心组成,每个购物中心都像一个"休闲村",那里将购物区与附近的娱乐区结合在一起。蓝水广场的独特之处还在于它的健康俱乐部、餐馆和电影院,甚至还有欢迎大厅,装饰得像豪华酒店,并有全日制的女管理员值班。自从 2000 年 3 月盛大的开业典礼以来,每天平均有超过 75 000 人光顾蓝水购物中心。

【问题】
1. 目标在租约公司中的作用是什么?
2. 租约公司的例子从哪些方面说明了动态环境中有效的计划工作?
3. 租约公司遵循的是什么计划方式?
4. 租约公司的计划方式适用于其他企业吗?为什么?

第 4 章　项目范围管理

学习目标

项目范围是包括实现项目成果所做的工作和完成项目仅需的工作内容的总和，本章所阐述的范围包括：产品范围和项目范围。收集需求、定义范围、创建工作分解结构、核实范围、控制范围，本章会以这几部分的分述，将项目范围管理的各项过程展现出来，其中项目范围管理的内容涉及了很多其他知识领域所需的过程，所以在本章将是其他章节的基础。

知识结构

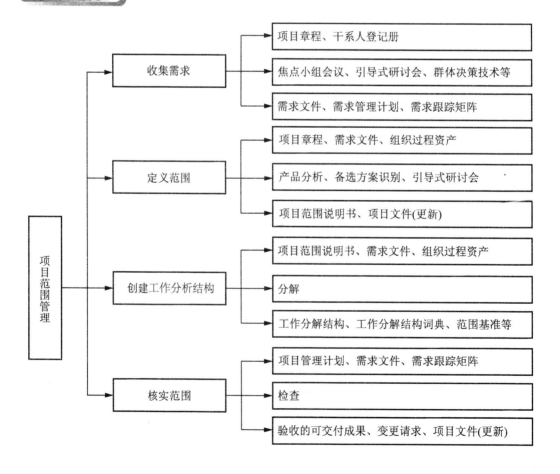

第4章 项目范围管理

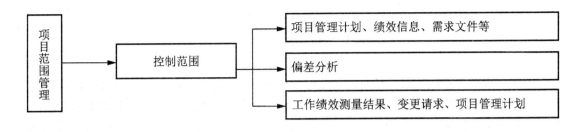

项目范围不明确

小李是国内某知名 IT 企业的项目经理,负责西南某省的一个企业管理信息系统建设项目的管理。在该项目合同中,简单地列出了几条项目承建方应完成的工作,据此小李自己制订了项目的范围说明书。甲方的有关工作由其信息中心组织和领导,信息中心主任兼任该项目的甲方经理。可是在项目实施过程中,有时是甲方的财务部直接向小李提出变更要求,有时是甲方的销售部直接向小李提出变更要求,而且有时这些要求是相互矛盾的。面对这些变更要求,小李试图用范围说明书来说服甲方,甲方却引用合同的相应条款作为依据,而这些条款要么太粗、不够明确,要么小李跟他们有不同的理解。因此小李对这些变更要求不能简单地接受或拒绝而左右为难,他感到很沮丧。如果不改变这种状况,项目完成看来要遥遥无期。

1. 如何理解项目范围管理?
2. 项目范围管理有哪些主要工作?
3. 产品范围和项目范围的区别与联系是什么?

项目范围管理包括确保项目做且只做成功完成项目所需的全部工作的各过程。管理项目范围主要在于定义和控制哪些工作应包括在项目内,哪些不应包括在项目内。在项目的环境中"范围"这一术语有两种含义:①产品范围——某项产品、服务或成果所具有的特性和功能;②项目范围——为交付具有规定特性与功能的产品、服务或成果而必须完成的工作。

管理项目范围所需的各个过程及其工具与技术,因应用领域而异,并通常作为项目生命周期的一部分加以确定。经批准的详细项目范围说明书以及相应的工作分解结构、工作分解结构词典,构成项目的范围基准。然后,在整个项目生命周期中,对这个基准范围进行监督、核实和控制。

在进行项目范围管理的 5 个过程之前,项目管理团队应先进行规划工作,尽管本章未把该规划工作单独列为一个过程。该规划工作是制定项目管理计划过程的一部分,会产生一份范围管理计划,用来指导项目范围的定义、记录、核实、管理和控制。基于项目的需要,范围管理计划可以是正式或非正式的、非常详细或高度概括的。根据项目管理计划来衡量项目范围是否完成,根据产品需求来衡量产品范围是否完成。项目范围管理各过程需要与其他知识领域中的过程整合起来,以确保项目工作实现规定的产品范围。

4.1 收集需求

收集需求是为实现项目目标而定义并记录干系人的需求的过程。仔细掌握和管理项目需求与产品需求,对促进项目成功有重要作用。需求是指发起人、客户和其他干系人的已量化且记录下来的需要与期望。项目一旦开始,就应该足够详细地探明、分析和记录这些需求,以便日后进行测量。收集需求旨在定义和管理客户期望。需求是工作分解结构的基础。成本、进度和质量规划也都要在这些需求的基础上进行。需求开发始于对项目章程和干系人登记册中相关信息的分析。

许多组织把需求分为项目需求和产品需求。项目需求包括商业需求、项目管理需求和交付需求等。产品需求则包括技术需求、安全需求和性能需求等。

图 4.1 显示了收集需求过程的输入、工具与技术和输出,图 4.2 概述了本过程的基本数据流向。

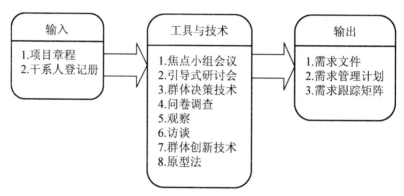

图 4.1 收集需求:输入、工具与技术和输出

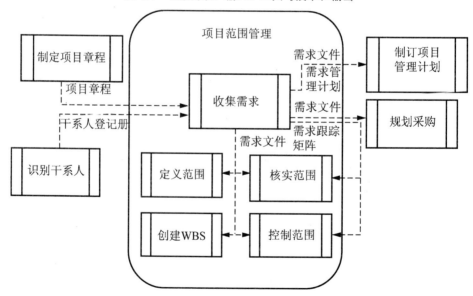

图 4.2 收集需求的基本数据流向图

4.1.1 收集需求：输入

1. 项目章程

可从项目章程中了解总体项目需求以及关于项目产品的总体描述，并据此制定详细的产品需求。

2. 干系人登记册

干系人登记册可用来识别那些能提供详细的项目和产品需求信息的干系人。

4.1.2 收集需求：工具与技术

1. 焦点小组会议

焦点小组会议是把预先选定的干系人和主题专家集中在一起，了解他们对所提议产品、服务或成果的期望和态度。由一位受过训练的主持人引导大家进行互动式讨论。焦点小组会议往往比"一对一"的访谈更热烈。

焦点小组会议的基本内容包括如下几个部分：

(1) 明确需求主题。主题明确是焦点小组会议成功的基本要求。

(2) 主持人要事先做好充分的准备，了解本次会议讨论的主题及需要问的问题。

(3) 控制好会议的时间和进程。主持人应掌控好会议时间和进程，何时应该鼓励大家进行讨论，何时应结束相关话题。

(4) 全场录像，形成会议记录。全过程录像焦点小组会议，并由训练有素的人进行会议记录。

(5) 撰写报告。说明所调查的主要问题，描述小组参与者的个人情况，总结调研发现，并提出建议。

2. 引导式研讨会

通过邀请主要的跨职能干系人一起参加会议，引导式研讨会对产品需求进行集中讨论与定义。研讨会是快速定义跨职能需求和协调干系人差异的重要技术。由于群体互动的特点，被有效引导的研讨会有助于建立信任、促进关系和改善沟通，从而有利于参加者达成一致意见。该技术的另一好处是能够比单项会议更快地发现和解决问题。

例如，在软件开发行业，就有一种被称为"联合应用开发(或设计)(Joint Application Development，JAD)"的引导式研讨会。这种研讨会注重把用户和开发团队集中在一起，来改进软件开发过程。在制造行业，则使用"质量功能展开(Quality Function Deployment，QFD)"这种引导式研讨会，来帮助确定新产品的关键特征。QFD从收集客户需求(又称"顾客声音")开始，然后客观地对这些需求进行分类和排序，并为实现这些需求而设置目标。

3. 群体决策技术

群体决策就是为达成某种期望结果而对多个未来行动方案进行评估。群体决策技术可用来开发产品需求，以及对产品需求进行归类和优先排序。

达成群体决策的方法很多，例如下面所述情况。

(1) 一致同意原则。每个人都同意某个行动方案。

(2) 大多数原则。获得群体中 50%以上的人的支持。

(3) 相对多数原则。根据群体中相对多数者的意见做出决定，即便未能获得大部分人的支持。

(4) 独裁原则。某一个人为群体做出决策。在需求收集过程中，几乎可采用上述任何一种决策方法进行群体决策。

4. 问卷调查

问卷调查是指通过设计书面问题，向为数众多的受访者快速收集信息的一种方法。可以通过发放纸质问卷或运用网络途径发放问卷的方式，来进行问卷调查。如果受众众多、需要快速完成调查，并想要使用统计分析法，就适宜采用问卷。

问卷调查的基本内容包括如下几个方面：

(1) 针对调查的主题设计问卷，问该问的问题。

(2) 设计的题目不要太多，要富有意义，表述要简单、明确、通俗易懂。设计的答案必须具体，最好要使用判断、选择和填空等形式。

(3) 最好采用不记名的方式，消除填写者的心理负担，更容易被填写者所接受，从而使得到的结论比较客观、真实。

(4) 注意问卷的回收。收集并整理数据，为进一步的分析做好准备。

(5) 分析数据、撰写调查报告。

5. 观察

观察是指直接观察个人在各自的环境中如何开展工作和实施流程。当产品使用者难以或不愿说明他们的需求时，就特别需要通过观察来了解细节。观察，也称为"工作跟踪"，通常由观察者从外部来观察使用者的工作。观察也可以由"参与观察者(participant observer)"进行。"参与观察者"需要实际执行一个流程或程序，体验该流程或程序是如何实施的，以便挖掘出隐藏的需求。

6. 访谈

访谈是一种通过与干系人直接交谈，来获得信息的正式或非正式方法。访谈的典型做法是向被访者提出预设和即兴的问题，并记录他们的回答。通常采取"一对一"的形式，但也可以有多个被访者或多个访问者共同参与。访谈有经验的项目参与者、干系人和主题专家，有助于识别和定义项目可交付成果的特征和功能。

7. 群体创新技术

可以组织一些群体活动来识别项目和产品需求。下面是一些常用的群体创新技术。

(1) 头脑风暴法。用来产生和收集对项目需求与产品需求的多种创意的一种技术。

(2) 名义小组技术。通过投票来排列最有用的创意，以便进行进一步的头脑风暴或优先排序。名义小组技术是头脑风暴法的深化应用。

(3) 德尔菲技术。由一组选定的专家回答问卷，并对每一轮需求收集的结果再给出反馈。专家的答复只能交给主持人，以保持匿名状态。

(4) 概念/思维导图。把从头脑风暴中获得的创意，用一张简单的图联系起来，以反映这些创意之间的共性与差异，从而引导出新的创意。

(5) 亲和图。这种技术可以将大量创意分类，以便审查和分析。

8. 原型法

原型法是指在实际制造产品之前,先造出该产品的实用模型,并据此征求对需求的反馈意见。原型是有形的实物,它使干系人有机会体验最终产品的模型,而不是只讨论抽象的需求陈述。原型法符合渐进明细的理念,因为原型需要重复经过制作、试用、反馈、修改等过程。在经过足够的重复之后,就可以从原型中获得足够完整的需求,并进而进入设计或制造阶段。

4.1.3 收集需求:输出

1. 需求文件

需求文件描述各种单一的需求将如何满足与项目相关的业务需求。一开始,可能只有概括性的需求,然后随着信息的增加而逐步细化。只有明确的(可测量和可测试的)、可跟踪的、完整的、相互协调的,且主要干系人愿意认可的需求,才能作为基准。需求文件的格式多种多样,既可以是一份按干系人和优先级分类列出全部需求的简单文件,也可以是一份包括内容提要、细节描述和附件等的详细文件。

需求文件的组成部分如图4.3所示(但不限于)。

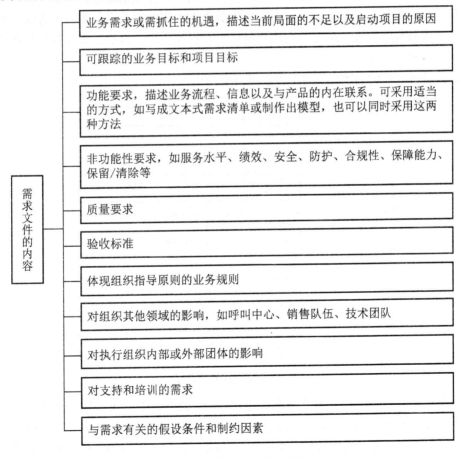

图4.3 需求文件的组成部分

2. 需求管理计划

需求管理计划描述在整个项目生命周期内如何分析、记录和管理需求。生命周期各阶段间的关系对如何管理需求有很大影响。项目经理必须为项目选择最有效的各阶段间关系，并记录在需求管理计划中。需求管理计划的许多内容都是基于该种关系的。

需求管理计划的内容包括(但不限于)以下几个方面：

(1) 如何规划、跟踪和汇报各种需求活动。

(2) 配置管理活动，例如，如何启动产品、服务或成果的变更，如何分析其影响，如何进行跟踪和汇报，以及谁有权批准变更。

(3) 需求排序过程。

(4) 产品测量指标及使用这些指标的理由。

(5) 需求跟踪结构，即：哪些需求属性将列入跟踪矩阵，并可在其他哪些项目文件中追踪到这些需求。

3. 需求跟踪矩阵

需求跟踪矩阵是一张连接需求与需求源的表格，以便在整个项目生命周期中对需求进行跟踪。需求跟踪矩阵把每一个需求与业务目标或项目目标联系起来，有助于确保每一个需求都具有商业价值。它为人们在整个项目生命周期中跟踪需求提供了一种方法，有助于确保需求文件所批准的每一项需求在项目结束时都得到实现。最后，需求跟踪矩阵为管理产品范围变更提供了框架。

跟踪需求的过程的内容如图4.4所示(但不限于)。

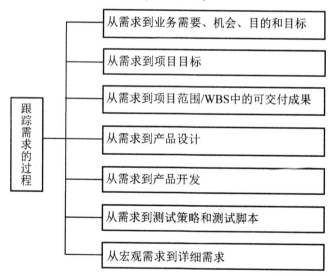

图4.4 跟踪需要的过程

应在需求跟踪矩阵中记录各项需求的相关属性。这些属性有助于明确各项需求的关键信息。需求跟踪矩阵中的典型属性包括：独特的识别标志、需求的文字描述、收录该需求的理由、所有者、来源、优先级别、版本、现状(如活跃中、已取消、已推迟、新增加、已批准)和实现日期。为确保干系人满意，可能需增加的补充属性包括：稳定性、复杂程度和验收标准。

4.2 定义范围

定义范围是制定项目和产品详细描述的过程。详细项目范围说明书的编制，对项目成功至关重要。应该根据项目启动过程中记载的主要可交付成果、假设条件和制约因素，来编制项目范围说明书。在规划过程中，由于对项目有了更多的了解，所以应该更具体地定义与描述项目范围。应该分析现有风险、假设条件和制约因素的完整性，并在必要时补充其他的风险、假设条件和制约因素。图 4.5 显示了定义范围过程的输入、工具与技术和输出，图 4.6 概述了本过程的基本数据流向。

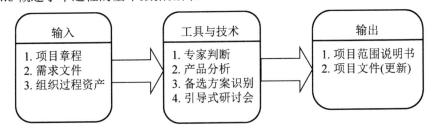

图 4.5　定义范围：输入、工具与技术和输出

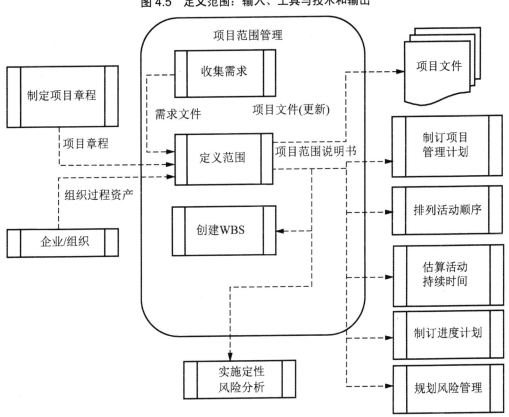

图 4.6　定义范围的基本数据流向图

4.2.1 定义范围：输入

1. 项目章程

项目章程中包含对项目和产品特征的概括性描述，以及项目审批要求。如果执行组织不使用项目章程，则应取得或编制类似的信息，并作为制定详细范围说明书的基础。

2. 需求文件

3. 组织过程资产

4.2.2 定义范围：工具与技术

1. 专家判断

2. 产品分析

对于那些以产品为可交付成果的项目(区别于提供服务或成果的项目)，产品分析是一种有效的工具。每个应用领域都有一种或几种普遍公认的把概括性的产品描述转变为有形的可交付成果的方法。产品分析技术包括产品分解、系统分析、需求分析、系统工程、价值工程和价值分析等。

3. 备选方案识别

备选方案识别是用来为项目工作提出不同执行方法的一种技术。许多通用管理技术都可用于备选方案识别，如头脑风暴、横向思维和配对比较等。

4. 引导式研讨会

4.2.3 定义范围：输出

1. 项目范围说明书

项目范围说明书详细描述项目的可交付成果，以及为提交这些可交付成果而必须开展的工作。项目范围说明书也表明项目干系人之间就项目范围所达成的共识。为了便于管理干系人的期望，项目范围说明书可明确指出哪些工作不属于本项目范围。项目范围说明书使项目团队能开展更详细的规划，并可在执行过程中指导项目团队的工作；它还为评价变更请求或额外工作是否超出项目边界提供基准。

项目范围说明书描述要做和不要做的工作的详细程度，决定着项目管理团队控制整个项目范围的有效程度。详细的项目范围说明书包括以下内容。

(1) 产品范围描述。逐步细化在项目章程和需求文件中所述的产品、服务或成果的特征。

(2) 产品验收标准。定义已完成的产品、服务或成果的验收过程和标准。

(3) 项目可交付成果。可交付成果既包括组成项目产品或服务的各种结果，也包括各种辅助成果，如项目管理报告和文件。对可交付成果的描述可详可简。

(4) 项目的除外责任。通常需要识别出什么是被排除在项目之外的。明确说明哪些内容不属于项目范围，有助于管理干系人的期望。

(5) 项目制约因素。列出并说明与项目范围有关、且限制项目团队选择的具体项目制约因素，例如，客户或执行组织事先确定的预算、强制性日期或强制性进度里程碑。如果项目是根据合同实施的,那么合同条款通常也是制约因素。有关制约因素的信息可以列入项目范围说明书,也可以独立成册。

(6) 项目假设条件。列出并说明与项目范围有关的具体项目假设条件,以及万一不成立而可能造成的后果。在项目规划过程中,项目团队应该经常识别、记录并验证假设条件。有关假设条件的信息可以列入项目范围说明书,也可以独立成册。

2. 项目文件(更新)

可能需要更新的项目文件包括(但不限于):①干系人登记册;②需求文件;③需求跟踪矩阵。

案例分析

火腿多少钱?

一个犹太商人移民到了澳洲,在墨尔本街上做起老本行生意,开了一家食品店。对街正好有一家意大利人开的食品店,免不了相互竞争。意大利人先沉不住气,在店门口黑板上写几个大字:火腿,每磅只卖五角。对街犹太人看了立即响应,竖个牌子:一磅四角。意大利人看到赶紧降价:火腿,一磅三角五分钱。犹太人也跟着换招牌:一磅三角钱。意大利人忍无可忍,冲到犹太人店里,说哪有你这样做生意的?这样下去我们都会破产。犹太人说:我看只有你才会破产,不是"我们"。我的店里根本不卖火腿,连我也不知道一磅三角卖的是什么东西。

答案解释:

范围管理。谁才是你的竞争对手,不要随意出击,浪费时间和资源。商业竞争是残酷的,但绝不能"杀红眼"。竞争与赌博的区别,便是理性和基于理性的竞争战略。否则,任何方式的竞争杀手锏都是盲目的,甚至是自杀。

4.3　创建工作分解结构

创建工作分解结构(WBS)是把项目可交付成果和项目工作分解成较小的、更易于管理的组成部分的过程。工作分解结构是以可交付成果为导向的工作层级分解,其分解的对象是项目团队为实现项目目标、提交所需可交付成果而实施的工作。工作分解结构每下降一个层次就意味着对项目工作更详尽的定义。工作分解结构组织并定义项目的总范围,代表着现行项目范围说明书所规定的工作。在"工作分解结构"这个词中,"工作"是指经过努力所取得的成果,如工作产品或可交付成果,而非"努力"本身。图 4.7 显示了创建工作分解结构过程的输入、工具与技术和输出,图 4.8 概述了创建 WBS 的数据流向。

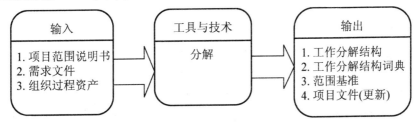

图 4.7　创建 WBS:输入、工具与技术和输出

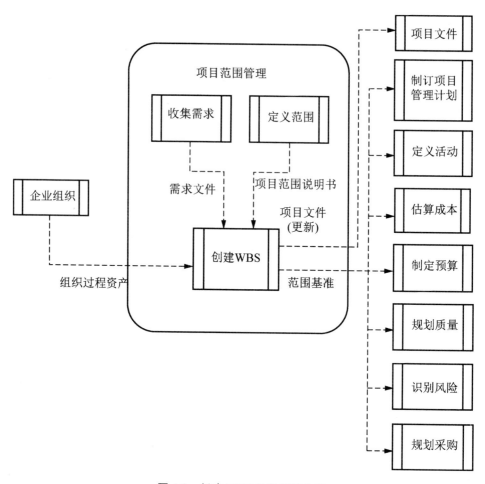

图 4.8 创建 WBS 的数据流向图

计划要完成的工作包含在工作分解结构底层的组成部分中,这些组成部分被称为"工作包"。可以针对工作包安排进度、估算成本和实施监控。常见的工作包说明表的格式见表 4-1。

表 4-1 常见工作包说明表的格式

项目名:		工作包编码:		日期:	
子项目名:				版次:	
工作包名称:					
结果:					
前提条件:					
工程活动(或事件):					
负责人:					
费用:		其他参加者:		工期:	
计划:				计划:	
实际:				实际:	

4.3.1 创建工作分解结构：输入

1. 项目范围说明书
2. 需求文件
3. 组织过程资产

4.3.2 创建工作分解结构：工具与技术

分解就是把项目可交付成果划分为更小的、更便于管理的组成部分，直到工作和可交付成果被定义到工作包的层次。工作包是工作分解结构的底层，是能够可靠地估算和管理工作成本和活动持续时间的位置。工作包的详细程度因项目大小与复杂程度而异。要把整个项目工作分解成工作包，一般需开展下列活动：①识别和分析可交付成果及相关工作；②确定工作分解结构的结构与编排方法；③自上而下逐层细化分解；④为工作分解结构组成部分制定和分配标志编码；⑤核实工作分解的程度是必要且充分的。

图4.9显示了某工作分解结构的一部分，其中若干分支已经向下分解到工作包层次。工作分解结构可以采用多种形式，例如：把项目生命周期的各阶段作为分解的第一层，把产品和项目可交付成果放在第二层，如图4.10所示。把主要可交付成果作为分解的第一层，如图4.11所示。按子项目进行第一层分解，子项目(如外包工作)可能由项目团队之外的组织实施。然后，作为外包工作的一部分，卖方需编制相应的合同工作分解结构。

对工作分解结构上层的组成部分进行分解，就是要把每个可交付成果或子项目都分解为基本的组成部分，即可核实的产品、服务或成果。工作分解结构可以采用列表式、组织结构图式、鱼骨图式或其他方式。通过确认工作分解结构下层的组成部分是完成上层相应可交付成果的必要且充分的工作，来核实分解的正确性。不同的可交付成果可以分解到不同的层次。某些可交付成果只需分解一层，即可到达工作包的层次，而另一些则需分解更多层。工作分解得越细致，对工作的规划、管理和控制就越有力。但是，过细的分解会造成管理努力的无效耗费、资源使用效率低下以及工作实施效率降低。

要在未来远期才完成的可交付成果或子项目，当前可能无法分解。项目管理团队通常要等到这些可交付成果或子项目的信息足够明确后，才能制定出工作分解结构中的相应细节。这种技术有时称作滚动式规划。

工作分解结构包含了全部的产品和项目工作，包括项目管理工作。通过把工作分解结构底层的所有工作逐层向上汇总，来确保没有遗漏工作，也没有增加多余的工作。这有时被称为100%规则。

WBS的步骤主要包括如下几方面：

(1) 确定项目的主要组成部分，即主要可交付成果。确定贯穿项目始终的工作被主要列在第二级。

(2) 确定可交付成果详细且可以编制成本和估算。

(3) 确定工作包。工作包应根据项目工作的实际完成来确定如何组织和进行。对于组成部分中更小的部分，应该说明需要取得的核实结果和先后顺序。

(4) 核实分解的正确性。确定底层对项目分解是否必要,每项定义是否完整,每项编制预算是否恰当,每项职责分配是否恰当,等等。

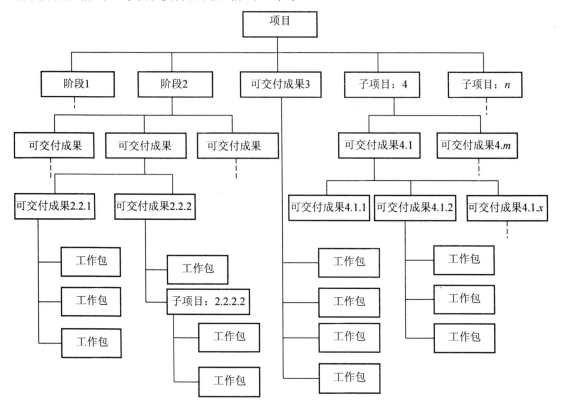

图 4.9 工作分解结构示例:若干分支已向下分解到工作包层次

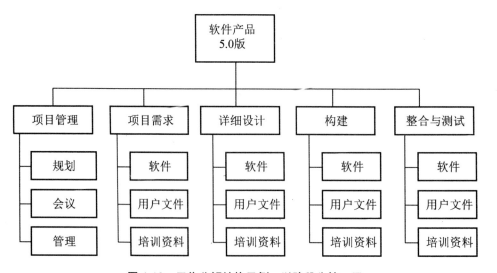

图 4.10 工作分解结构示例:以阶段为第一层

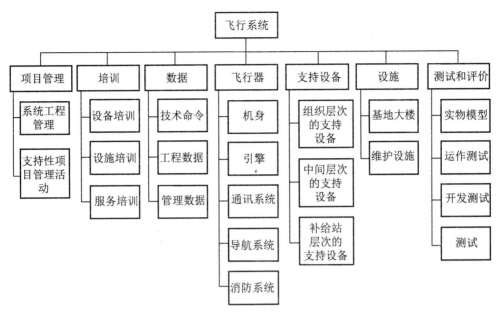

图 4.11 工作分解结构示例：以主要可交付成果为第一层

4.3.3 创建工作分解结构：输出

1. 工作分解结构

工作分解结构是以可交付成果为导向的工作层级分解。其分解的对象是项目团队为实现项目目标、提交所需可交付成果而实施的工作。工作分解结构每向下分解一层，代表着对项目工作更详细的定义。为工作包建立控制账户，并根据"账户编码"分配标志号是创建工作分解结构的最后步骤。这些标志号为汇总成本、进度与资源信息建立了层级结构。控制账户是一种管理控制点。在该控制点上，把范围、成本和进度加以整合，并把它们与挣值相比较，以测量绩效。控制账户设置在工作分解结构中的特定管理节点上。每一个控制账户都可以包括一个或多个工作包，但是每一个工作包只能属于一个控制账户。

2. 工作分解结构词典

工作分解结构词典是在创建工作分解结构过程中产生并用于支持工作分解结构的文件。工作分解结构词典对工作分解结构组成部分(包括工作包和控制账户)进行更详细的描述。工作分解结构词典的内容如图 4.12 所示(但不限于)。

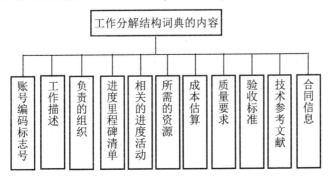

图 4.12 工作分解结构词典的内容

3. 范围基准

范围基准是项目管理计划的组成部分。范围基准包括以下几方面内容。

(1) 项目范围说明书。项目范围说明书包括产品范围描述和项目可交付成果，并定义了用户对产品的验收标准。

(2) 工作分解结构。工作分解结构定义每一项可交付成果，并把可交付成果分解为工作包。

(3) 工作分解结构词典。工作分解结构词典对每一个工作分解结构要素的工作和技术文件做详细说明。

4. 项目文件(更新)

可能需要更新的项目文件包括(但不限于)需求文件。如果在创建工作分解结构过程中提交了变更请求并获得了批准，那么应当更新需求文件，以反映经批准后的变更情况。

案例分析

结婚典礼的范围管理

经过8年漫长的交往，你的恋人终于决定与你结为连理，而且她的心愿是希望你能为她举办一个非常隆重、奇特且有纪念意义的结婚典礼。此刻，你意识到这是一个较为棘手的项目，你感到很有压力，面对结婚典礼这个项目的许多计划和工作，有点无所适从。看到你的这种情况，你的朋友和家人纷纷前来安慰你，他们甚至答应帮助你来安排婚礼的一些工作。但无论怎样，现在首要的前提是你必须清楚地回答以下问题。幸好你刚刚学过项目管理课程。

【问题】
1. 列出该结婚典礼项目条件假设。
2. 给出该结婚典礼项目的范围说明书。
3. 设计该结婚典礼项目的工作分解结构。

答案解释：
1. 条件假设包括：在农历六月初六在四合院举办一场中式古典婚礼。大家也可以自行设定假设条件。
2. 项目的范围说明书如下：项目的目标是在农历六月初六在四合院里举办一场中式婚礼；可交付成果应该包括婚礼的仪式和婚宴。要达到新郎新娘、参加婚礼者满意的标准。项目制约因素包括：婚礼当天是否会下雨；参加婚礼的人是否能按时到达；费用是否会超过预算。
3. 项目的分解结构大家可以充分发挥想象力来编制。

4.4 核实范围

核实范围是正式验收项目时已完成的可交付成果的过程。核实范围包括与客户或发起人一起审查可交付成果，确保可交付成果已圆满完成，并获得客户或发起人的正式验收。范围核实与质量控制的不同之处在于，范围核实主要关注对可交付成果的验收，而质量控制则主要关注可交付成果是否正确以及是否满足质量要求。质量控制通常先于范围核实进行，但二者也可同时进行。图4.13显示了本过程的输入、工具与技术和输出，图4.14概述了本过程的基本数据流向。

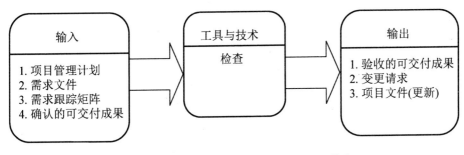

图 4.13 核实范围：输入、工作与技术和输出

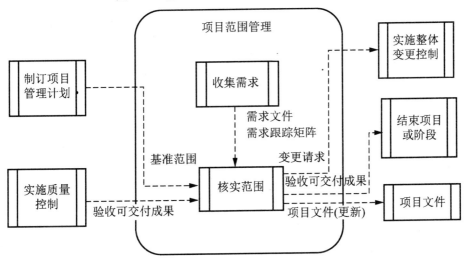

图 4.14 核实范围的数据流向图

4.4.1 核实范围：输入

1. 项目管理计划

项目管理计划中包含范围基准。范围基准的组成部分包括如下几个方面：

(1) 项目范围说明书。项目范围说明书包括产品范围描述和项目可交付成果，并定义用户对产品的验收标准。

(2) 工作分解结构。工作分解结构定义每一项可交付成果，并把可交付成果分解为工作包。

(3) 工作分解结构词典。工作分解结构词典对每一个工作分解结构要素的工作和技术文件做详细说明。

2. 需求文件

需求文件列明了全部项目、产品和技术需求，以及项目和产品必须满足的其他需求，连同相应的验收标准。

3. 需求跟踪矩阵

需求跟踪矩阵连接需求和需求源，用于在整个项目生命周期中对需求进行跟踪。

4. 确认的可交付成果

确认的可交付成果是指已经完成并经实施质量控制过程检验合格的可交付成果。

4.4.2 核实范围：工具与技术

检查是指开展测量、审查与核实等活动，来判断工作和可交付成果是否符合要求及产品验收标准。检查有时也被称为审查、产品审查、审计和巡检等。在某些应用领域，这些术语的含义比较狭隘和具体。

4.4.3 核实范围：输出

1. 验收的可交付成果

符合验收标准的可交付成果应该由客户或发起人正式签字批准。应该从客户或发起人那里获得正式文件，证明干系人对项目可交付成果的正式验收。这些文件将提交给结束项目或阶段过程。

2. 变更请求

对已经完成但未通过正式验收的可交付成果及其未通过验收的原因，应该记录在案，并提出适当的变更请求，以便进行缺陷补救。变更请求应该由实施整体变更控制过程审查与处理。

3. 项目文件(更新)

作为核实范围过程的结果，可能需要更新的项目文件包括定义产品或报告产品完成情况的任何文件。

4.5 控制范围

控制范围是监督项目和产品的范围状态、管理范围基准变更的过程。对项目范围进行控制，就必须确保所有请求的变更、推荐的纠正措施或预防措施都经过实施整体变更控制过程的处理。在变更实际发生时，也要采用范围控制过程来管理这些变更。控制范围过程需要与其他控制过程整合在一起。未得到控制的变更通常被称为项目范围蔓延。变更不可避免，因而必须强制实施某种形式的变更控制。图 4.15 显示了本过程的输入、工具与技术和输出，图 4.16 概述了本过程的基本数据流向。

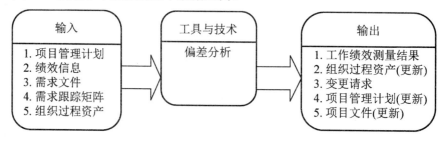

图 4.15 控制范围：输入、工作与技术和输出

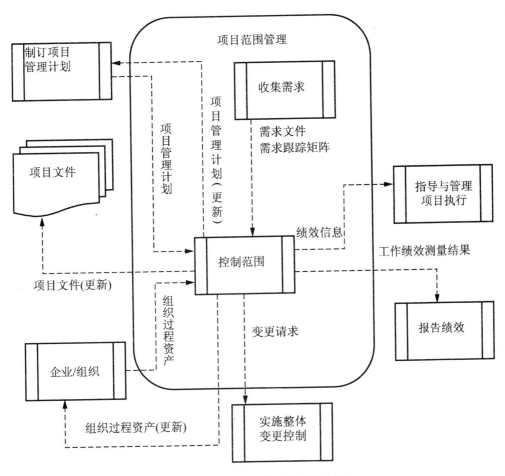

图 4.16 控制范围基本数据流向图

4.5.1 控制范围：输入

1. 项目管理计划

项目管理计划中包含以下可用来控制范围的信息。

(1) 范围基准。用范围基准与实际结果比较，以决定是否有必要进行变更、采取纠正措施或采取预防措施。

(2) 范围管理计划。范围管理计划描述将如何管理和控制项目范围。

(3) 变更管理计划。变更管理计划定义管理项目变更的过程。

(4) 配置管理计划。配置管理计划定义配置项，定义需要正式变更控制的内容，并为这些配置项和内容规定变更控制过程。

(5) 需求管理计划。需求管理计划说明如何规划、跟踪和报告需求活动，以及如何启动对产品、服务或成果需求的变更。需求管理计划还会说明将如何分析变更的影响以及谁有权批准这些变更。

2. 绩效信息

绩效信息是关于项目进展情况的信息，如哪些可交付成果已开始，其进展如何，哪些可交付成果已完成等。

3. 需求文件

4. 需求跟踪矩阵

5. 组织过程资产

4.5.2 控制范围：工具与技术

偏差分析。可利用项目绩效测量结果，来评估偏离范围基准的程度。确定偏离范围基准的原因和程度，并决定是否需要采取纠正或预防措施，是项目范围控制的重要工作。

4.5.3 控制范围：输出

1. 工作绩效测量结果

工作绩效测量结果包括计划与实际技术性能的对比，或其他的范围绩效测量结果。这些信息需要记录下来并传递给相关干系人。

2. 组织过程资产(更新)

可能需要更新的组织过程资产包括(但不限于)：①造成偏差的原因；②所选的纠正措施及其理由；③从项目范围控制中得到的其他经验教训。

3. 变更请求

通过范围绩效分析，可能会提出对范围基准或项目管理计划其他组成部分的变更请求。变更请求可包括预防措施、纠正措施或缺陷补救。变更请求需要由实施整体变更控制过程来审查和处理。

4. 项目管理计划(更新)

(1) 范围基准(更新)。如果批准的变更请求会对项目范围产生影响，那么范围说明书、工作分解结构及工作分解结构词典都需要重新修订和发布，以反映这些批准的变更。

(2) 其他基准(更新)。如果批准的变更请求会对项目范围产生影响，那么相应的成本基准和进度基准也需要重新修订和发布，以反映这些批准的变更。

5. 项目文件(更新)

可能需要更新的项目文件包括(但不限于)：①需求文件；②需求跟踪矩阵。

本 章 小 结

项目范围是指为了成功达到项目的目标，项目所规定要做的事项。范围管理保证项目包含了所有要做的工作而且只包含要求的工作，确定了项目范围，也就确定了项目工作边界，明确项目目标和项目主要可交付成果。它主要涉及定义并控制哪些是项目范畴内的，哪些不是，并对项目其他管理工作起到指导作用，以保证顺利完成项目的所有过程。本章主要阐述了用以保证项目能按要求的范围完成所涉及的所有过程，包括：确定项目的需求、定义规划项目的范围、范围管理的实施、范围核实以及范围的变更控制管理等。

习 题

1. 一位团队成员告知项目经理说：他们的任务将要推迟4个星期才能完工。项目经理调查后确定，这次延误将影响项目的完成日期。据此：谁应该批准该项变更？（ ）
   A．管理部门　　　B．项目经理　　　C．团队成员　　　D．职能经理
2. 下列哪一项不包括在进度变更控制系统当中？（ ）
   A．授权变更必需的认可层次　　　B．追踪系统
   C．进行变更时所必需的文书工作　　　D．对变更范围的限制
3. 一位项目经理决定使所期望的未来进度绩效与项目计划相符合，请问：这是下列哪项的定义？（ ）
   A．措施　　　B．所得经验　　　C．范围核实　　　D．范围规划
4. 项目的某利害关系者联络项目经理商量他们想增加到项目中的额外的范围。项目经理要了解书面的细节，然后进入范围控制过程。当对要求的范围完成评估后，项目经理下一步应该做什么？（ ）
   A．询问利害关系者是否还有其他期望的变更
   B．完成整体变更控制
   C．确保利害关系者理解了变更的影响
   D．找出范围为什么没有在项目规划过程发现的根本原因
5. 在项目的执行阶段，你发现客户已经改变了他以前已认可了的工作范围。但也没有人反对此项变更所带来的费用变更。据此：你首先应该做什么？（ ）
   A．遵循变更控制程序
   B．与客户讨论变更
   C．与团队开会，规划解决方案
   D．对该项变更所带来的风险进行评估，并将风险文件化

案 例 分 析

案例分析1

伟业公司的公路大桥建设项目为何延迟？

伟业公司两年前承建了一个公路大桥项目，合同规定工期为3年，工期若有延迟，则每延迟一个月需要支付约为客户付款额2%的罚金。该项目的记录表明，目前项目进度计划只完成了50%，而且存在很多问题。该公司的上级部门鉴于可能发生的损失，对该项目进行了深入调查，调查结果发现：该项目工程设计的变更次数太多；项目专业技术人员不足；工作不合格的比率非常高。

【问题】
1. 作为项目经理，说明导致该项目延迟的原因是什么？
2. 该项目在范围管理方面存在哪些问题？症结何在？
3. 该项目现在是否还需要做出范围变更？如果需要，应该在哪些方面做出变更？
4. 该项目的前景如何？

案例分析2

项目经理小张负责整个项目的管理工作。小张根据合同和项目章程对 K 企业的负责人和他的领导进行了访谈，了解了 K 企业负责人和领导对项目的期望和项目的初始范围。通过这些调研，小张认为整个项目可以明确地划分为两个子项目：网络环境建设和系统软件开发。于是，小张分解出了初始项目 WBS，如图 4.17 所示。

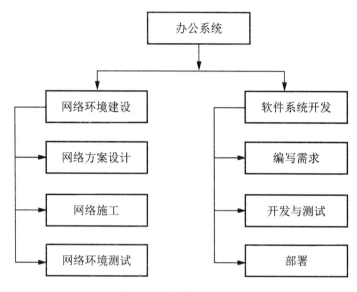

图 4.17　初始项目 WBS

项目团队中的王工负责软件系统需求的工作，所以小张让王工根据经验继续分解需求工作，得到需求工作的 WBS。同样，小张让负责设计的李工和负责网络建设的陈工也分解对应的工作包。在王工、李工和陈工提交了分解结果后，小张认为王工分解的 WBS 存在问题，一些工作包缺乏清晰的定义，工作包缺少交付物，且不能判断是否完成了该工作，故让王工修改后重新提交。

针对第三方评测的事情，小张认为合同中规定的范围不明确，没有指定第三方评测工作由谁来承担。因此，小张就此问题同 K 企业的负责人进行了沟通。通过沟通，双方确定在项目提交工作产品 3 天内，K 企业负责组织第三方机构来对交付的软硬件系统进行评测。项目团队需要配合第三方机构完成整个评测工作。小张整理了《关于×××系统第三方系统评测计划备忘录》的文档，并发给 K 企业的负责人确认，同时将配合第三方机构进行评测的工作加入到项目的 WBS 中。

【问题】

1. 请描述创建项目的 WBS 的一般过程。
2. 小张认为王工分解的 WBS 存在一些问题，请描述创建项目 WBS 时应注意的事项。
3. 请从项目范围管理的角度评价小张对于"第三方评测工作"所做的工作。

第 5 章 项目时间管理

学习目标

本章将全面讨论有关项目时间(工期)管理的内容、方法和理论。项目时间管理目的是保证按时完成项目、合理分配资源、发挥最佳工作效率。按照实际项目工作的流程,项目时间管理主要包括定义活动、排列活动顺序、估算活动资源、估算活动持续时间、制订进度计划、控制进度等几部分。这几部分将项目时间管理中的工具与技术都有详细的阐述,在学习的过程可结合其他章节进行思考。

知识结构

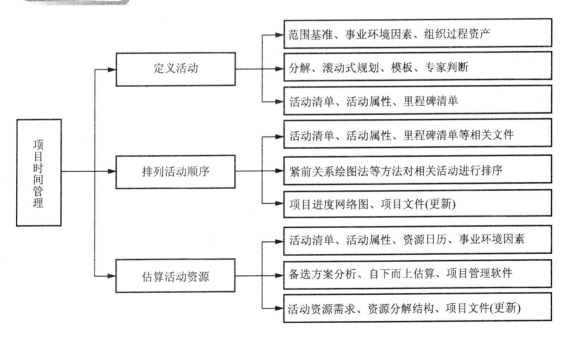

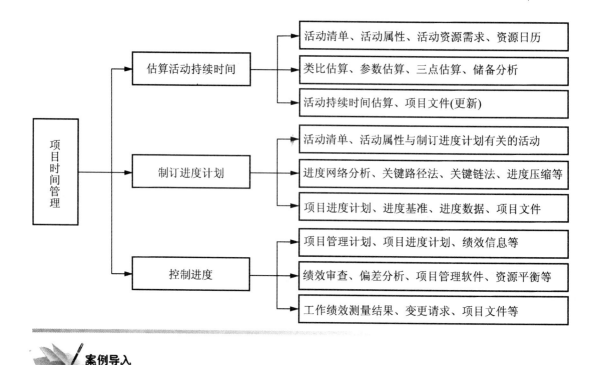

案例导入

小李应如何做好项目进度控制

B 市是北方的一个超大型城市，最近市政府有关部门提出需要加强对全市交通的管理与控制。2012年9月19日B市政府决定实施职能交通管理系统项目，对路面人流和车流实现实时的、量化的监控和管理。项目要求于2013年2月1日完成。

该项目由某公司承建，小李作为该公司项目经理，在2012年10月20日接到项目任务后，立即以曾经管理过的道路监控项目为参考，估算出项目历时大致为100天，并把该项目分成五大模块分别分配给各项目小组，同时要求：项目小组在2013年1月20日前完成任务，1月21日至28日各模块联调，1月29日至31日机动。小李随后在原道路监控项目解决方案的基础上组织制定了智能交通管理系统项目的技术方案。可是到了2013年1月20日，小李发现有两个模块的进度落后于计划，而且即使这五个模块全部按时完成，在预定的1月21日至28日期间因春节假期也无法组织人员安排模块联调，项目进度拖后已成定局。

思考题

1. 你如何理解项目时间管理？
2. 项目时间管理的内容包括什么？
3. 项目进度计划的变更控制与项目变更总控制是什么关系？

项目时间管理包括保证项目按时完成的各过程。各过程不仅彼此相互作用，而且还与其他知识领域中的过程相互作用。基于项目的具体需要，每个过程都需要一人或多人的努力，或者一个或多个小组的努力。每个过程在每个项目中至少进行一次，并可在项目的一个或多个阶段中进行。虽然在本章中，各过程以界限分明、相互独立的形式出现，但在实践中它们可能以本章未详述的方式相互交叠、相互作用。

一些高级项目管理工作者会把已编制完成的项目进度信息(进度计划)与产生进度计划的进度数据和计算工具区分开来，把填有项目数据的"进度计划引擎"单独称为"进度模型"。不过，在一般的实践中，进度计划和进度模型都被称为"进度计划"。因此，本指南使用"进度计划"这个术语。在某些项目(特别是小项目)中，定义活动、排列活动顺序、估算活动资源、估算活动持续时间以及制订进度计划等过程之间的联系非常密切，以致于可视为一个过程，由一个人在较短时间内完成。但本章仍然把这些过程分开来介绍，因为每个过程所用的工具和技术各不相同。

在开始项目时间管理的 6 个过程之前，项目管理团队需要先开展规划工作，尽管本章未把这项工作列为一个单独的过程。该规划工作是制订项目管理计划过程的一部分，编制出进度管理计划。在进度管理计划中，确定进度计划的编制方法和工具，并为编制进度计划、控制项目进度设定格式和准则。进度计划的编制方法旨在对进度计划编制过程中所用的规则和方法进行定义。一些耳熟能详的方法包括关键路径法(CPM)和关键链法。

在进度管理计划中，记录项目时间管理所需的各个过程及其工具与技术。进度管理计划是项目管理计划的一部分或子计划，可以是正式或非正式的，也可以是非常详细或高度概括的，具体视项目需要而定。进度管理计划中应包括合适的控制临界值。

需要根据定义活动、排列活动顺序、估算活动资源、估算活动持续时间等过程的输出，应用进度计划编制工具，来制订项目进度计划。已编就并获批准的进度计划，将作为基准用于控制进度过程。随着项目活动开始执行，项目时间管理的大部分工作都发生在控制进度过程中，以确保项目工作按时完成。图 5.1 概述了进度计划编制工作，展示了如何结合进度计划的编制方法、编制工具以及项目时间管理各过程的输出来制订项目进度计划。

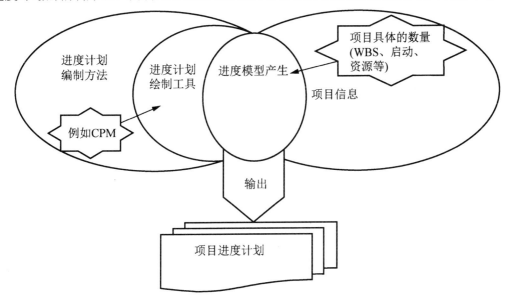

图 5.1　进度计划编制工作概述

5.1 定义活动

定义活动是识别为完成项目可交付成果而需采取的具体行动的过程。创建工作分解结构过程已经识别出工作分解结构(WBS)中底层的可交付成果，即工作包。项目工作包通常还应进一步细分为更小的组成部分，即活动——为完成工作包而必须开展的工作。活动是开展估算、编制进度计划以及执行和监控项目工作的基础。本过程意味着对进度活动进行定义和规划，以便实现项目目标。定义活动的输入、工具与技术和输出以及定义活动的数据流向图如图5.2和图5.3所示。

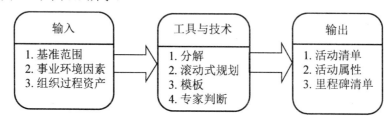

图 5.2 定义活动：输入、工具与技术和输出

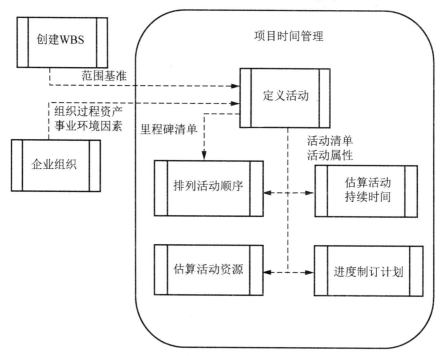

图 5.3 定义活动的数据流向图

5.1.1 定义活动：输入

1. 范围基准
2. 事业环境因素
3. 组织过程资产

5.1.2 定义活动：工具与技术

1. 分解

采用分解技术来定义活动，就是要把项目工作包分解成更小的、更易于管理的组成部分，即活动。定义活动过程最终输出的是活动，而非可交付成果。可交付成果是创建工作分解结构过程的输出。

WBS、WBS 词典与活动清单，既可依次编制，也可同时编制。WBS 和 WBS 词典是制定最终活动清单的依据。WBS 中的每个工作包都需分解成活动，以便通过这些活动来完成相应的可交付成果。让团队成员参与分解，有助于得到更好、更准确的结果。

2. 滚动式规划

滚动式规划是一种渐进明细的规划方式，即对近期要完成的工作进行详细规划，而对远期工作则暂时只在 WBS 的较高层次上进行粗略规划。因此，在项目生命周期的不同阶段，工作分解的详细程度会有所不同。例如，在早期的战略规划阶段，信息尚不够明确，工作包也许只能分解到里程碑的水平；而后，随着了解到更多的信息，随后即将实施的工作包分解成具体的活动。

例如，某企业在 2009 年年底制订了 2010—2014 年的 5 年计划，如采用滚动计划法，到 2010 年年底，根据当年计划完成的实际情况和客观条件的变化，对原订的 5 年计划进行必要的调整，在此基础上再编制 2011—2015 年的 5 年计划。其后依次类推，如图 5.4 所示。滚动式计划法能够根据变化了的组织环境及时调整和修正组织计划，体现了计划的动态适应性。而且，它可使中长期计划与年度计划紧紧地衔接起来。

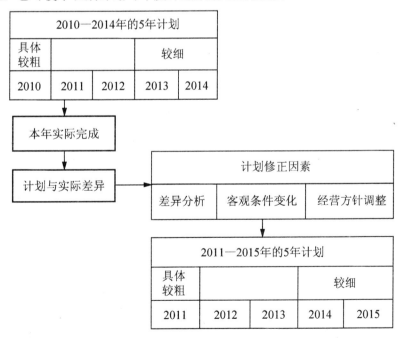

图 5.4 滚动计划流程图

3. 模板

标准活动清单或以往项目的部分活动清单，经常可作为新项目的模板。模板中的活动属性信息也有助于定义活动。模板还可用来识别典型的进度里程碑。

4. 专家判断

富有经验并擅长制定详细项目范围说明书、工作分解结构和项目进度计划的项目团队成员或其他专家，可以为定义活动提供专业知识。

5.1.3 定义活动：输出

1. 活动清单

活动清单是一份包含项目所需的全部进度活动的清单。活动清单中应该包括每个活动的标志和足够详细的工作描述，使项目团队成员知道应当完成哪些工作。

2. 活动属性

活动属性是指每项活动所具有的多种属性，用来扩展对该活动的描述。活动属性随时间演进。在项目初始阶段，活动属性包括活动标志、WBS 标志和活动名称；当活动完成时，活动属性则可能还包括活动编码、活动描述、紧前活动、紧后活动、逻辑关系、时间提前量或带后量、资源需求、强制日期、制约因素和假设条件。活动属性还可用于识别工作执行负责人、实施工作的地区或地点，以及活动类型，如人力投入量、分立型投入与分摊型投入。活动属性可用于编制进度计划。还可基于活动属性，在项目报告中以各种方式对进度活动进行选择、排序和分类。活动属性的数量因应用领域而异。

3. 里程碑清单

里程碑是项目中的重要时点或事件。里程碑清单列出了所有里程碑，并指明每个里程碑是强制性的(如合同要求的)还是选择性的(如根据历史信息确定的)。

5.2 排列活动顺序

排列活动顺序是识别和记录项目活动间逻辑关系的过程。活动按逻辑关系排序，除了首尾两项，每项活动和每个里程碑都至少有一项紧前活动和一项紧后活动。为了使项目进度计划现实、可行，可能需要在活动间加入时间提前量或滞后量。排序可使用项目管理软件，也可通过手工或自动化技术来实现。排列活动顺序的输入、工具与技术和输出及其数据流向量分别如图 5.5 和图 5.6 所示。

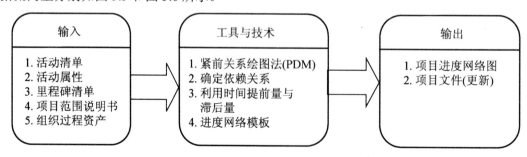

图 5.5 排列活动顺序：输入、工具与技术和输出

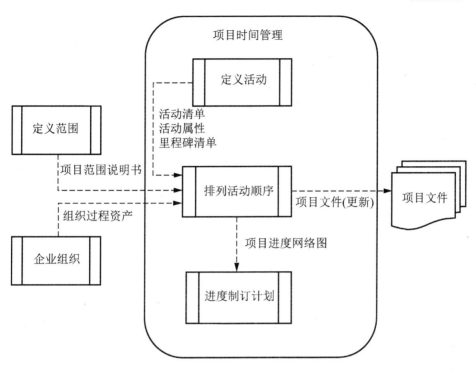

图 5.6　排列活动顺序的数据流向图

5.2.1　排列活动顺序：输入

1. 活动清单
2. 活动属性
3. 里程碑清单
4. 项目范围说明书
5. 组织过程资产

5.2.2　排列活动顺序：工具与技术

1. 紧前关系绘图法(PDM)

PDM 用于关键路径法(CPM)，是一种用方框或矩形(称为节点)表示活动，用箭线(表示活动之间的逻辑关系)连接活动的项目进度网络图绘制法。图 5-7 就是一张用 PDM 绘制的、简单的项目进度网络图。这种技术又称为节点法，是大多数项目管理软件所使用的方法。

在 PDM 图中，"完成到开始"是最常用的逻辑关系类型，"开始到完成"关系则很少用到。为了保持 PDM 中 4 种逻辑关系类型的完整性，这里也将"开始到完成"列出。

PDM 还包括如下 4 种依赖关系或逻辑关系。

(1) 完成到开始(FS)。紧后活动的开始依赖于紧前活动的完成。
(2) 完成到完成(FF)。紧后活动的完成依赖于紧前活动的完成。
(3) 开始到开始(SS)。紧后活动的开始依赖于紧前活动的开始。
(4) 开始到完成(SF)。紧后活动的完成依赖于紧前活动的开始。

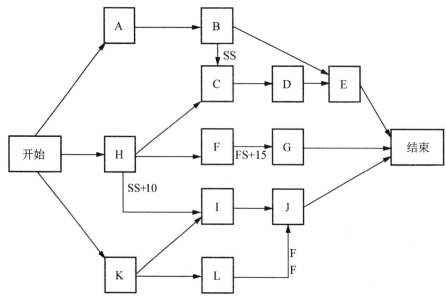

图 5.7 紧前关系绘图法

2. 确定依赖关系

在定义活动之间的顺序时，需用到如图 5.8 所示的 3 种依赖关系。

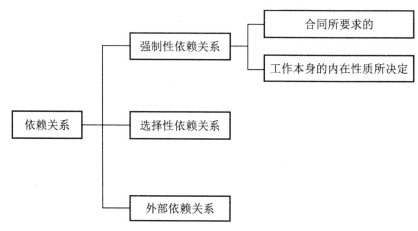

图 5.8 依赖关系

(1) 强制性依赖关系。强制性依赖关系是合同所要求的或工作本身的内在性质所决定的依赖关系。在排列活动顺序过程中，项目团队应明确哪些依赖关系属于强制性的。强制性依赖关系往往与客观限制条件有关。例如，在建筑项目中，只有在地基建成后，才能进行上部结构的施工；在电子项目中，必须先制造原型机，然后才能进行测试。强制性依赖关系又称硬逻辑关系。

(2) 选择性依赖关系。在排列活动顺序过程中，项目团队应明确哪些依赖关系属于选择性的。应该基于具体应用领域的最佳实践，来确定选择性依赖关系；项目的某种特殊性也可能决定最好采用某种顺序，即便还有其他顺序可用。应该对选择性依赖关系进行全面记录，因为它们会影响总浮动时间，并限制后续的进度安排。如果打算进行快速跟进，则应当审查相应的选择性依赖关系，并考虑是否需要加以更改或消除。

(3) 外部依赖关系。在排列活动顺序过程中，项目管理团队应明确哪些依赖关系属于外部依赖关系。外部依赖关系是项目活动与非项目活动之间的依赖关系。这些依赖关系往往不在项目团队的控制范围内。例如，软件项目的测试活动取决于外部硬件的到货；建筑项目的现场准备工作，可能要在政府的环境听证会之后才能开始。

3. 利用时间提前量与滞后量

项目管理团队应该明确哪些依赖关系中需要加入时间提前量或滞后量，以便准确地表示活动之间的逻辑关系。时间提前量与滞后量的使用，不能取代进度逻辑关系。应该对各种活动及其相关假设条件加以记录。

利用时间提前量，可以提前开始紧后活动。例如，在新办公楼建设项目中，绿化施工可以在尾工清单编制的两周前开始。这就是带两周时间提前量的"完成到开始"关系。

利用时间滞后量，可以推迟开始紧后活动。例如，技术文件编写小组可以在编写工作开始15天后，开始编辑文件草稿。这就是带15天时间滞后量的"开始到开始"关系。

4. 进度网络模板

可以利用标准化的进度网络图模板，来加快项目活动网络图的编制速度。模板可以涵盖整个项目，也可以只包含项目的一部分。项目进度网络图中的某些部分常被称为子网络或网络片段。子网络在项目包含若干相同或相似的可交付成果时尤其有用，例如，高层办公楼的各层楼面、药品研发项目的各次临床试验、软件项目的各编程模块，或者开发项目的各启动阶段。

5.2.3 排列活动顺序：输出

1. 项目进度网络图

项目进度网络图是展示项目各进度活动及其相互之间逻辑关系(也叫依赖关系)的图形。项目进度网络图可手工或借助项目管理软件来绘制。进度网络图可包括项目的全部细节，也可只列出概括性活动。项目进度网络图应附有简要的文字，说明活动排序中所使用的基本方法。

2. 项目文件(更新)

可能需要更新的项目文件包括(但不限于)：①活动清单；②活动属性；③风险登记册。

思考题

1. 可斟酌处理的依赖关系是依据以下哪项？( )
   A. 经验
   B. 项目之外的某些人的需要
   C. 被完成的工作的性质
   D. 项目发起人的需要
2. 滞后时间的意思是( )。
   A. 某活动可以延迟又不延误该项目完成时间的一段时间量
   B. 某活动可延迟又不延误其后续任务最早开始时间的一段时间量
   C. 等待时间
   D. 关键路径法
3. 某一工程的活动明细表见表 5-1，请绘制网络图。

表 5-1　某工程的活动明细表

活动名称	说明	紧接的前项活动	作业时间/周
A	申请批准	无	5
B	建设规划	A	15
C	交通分析	A	10
D	服务可用性检查	A	5
E	人员报告	B、C	15
F	委员会批准	B、C、D	10
G	建设等待	F	170
H	入住	E、G	35

答案解释：

1. ABC。根据我们从过去项目工作中所获得的经验或我们过去的经验，我们偏向于以某种顺序完成任务。选项 B 谈论外部依赖关系，选项 C 是强制性依赖关系，选项 D 不是依赖关系的原因。

2. C。总时差和自由时差是指某项任务迟延后并不冲击下一项任务或整个项目的一段时间量。关键路径 CPM(选项 D)是一种估算方法，而不是等待时间，因此，选项 C 是正确答案。

3.

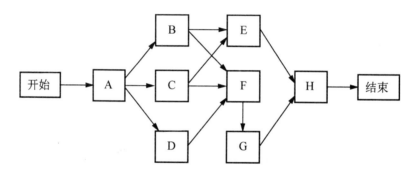

5.3　估算活动资源

估算活动资源是估算每项活动所需材料、人员、设备或用品的种类和数量的过程，如图 5.9 和图 5.10 所示，估算活动资源过程与估算成本过程紧密相关。例如：建筑项目团队必须熟悉当地的建筑法规。这类知识常可从当地获取。但如果当地的人力资源也缺乏处理某些特殊问题的经验，那么支付一笔额外费用聘请咨询人员，可能就是了解当地建筑法规的最有效方式。

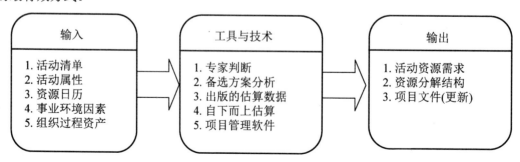

图 5.9　估算活动资源：输入、工具与技术和输出

第 5 章
项目时间管理

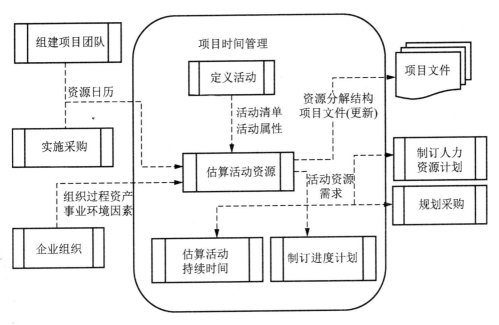

图 5.10 估算活动资源的数据流向图

5.3.1 估算活动资源：输入

1. 活动清单

2. 活动属性

3. 资源日历

资源日历说明了在拟开展活动的时期中，哪些资源(如人员、设备和材料)可用，也说明了这些资源何时可用以及可用多长时间。资源日历可针对某个活动或整个项目。资源日历中应该列出资源的属性(如资源的经验和/或技能水平)、来源地和可用时间等。

综合的资源日历中包含了关于可用人力资源的数量以及能力与技能水平的信息。例如，在工程设计项目的早期阶段，可供使用的资源可能包括大量的初级与高级工程师，而在同一项目的后期阶段，可使用的资源可能仅限于曾参与项目早期阶段、因而熟悉本项目的人员。

4. 事业环境因素

5. 组织过程资产

5.3.2 估算活动资源：工具与技术

1. 专家判断

经常需要利用专家判断，来评价本过程与资源有关的输入。具有资源规划与估算专业知识的任何小组或个人，都可以提供这种专家判断。

2. 备选方案分析

很多进度活动都有若干种可选的实施方案，如使用能力或技能水平不同的资源，使用不同规模或类型的机器,使用不同的工具(手工或自动化),以及决定是自制还是购买相关资源。

3. 出版的估算数据

一些公司会定期发布最新的生产率与资源单价。这些信息涉及门类众多的劳务、材料和设备,并覆盖许多国家及其所属地区。

4. 自下而上估算

如果无法以合理的可信度对活动进行估算,则应将活动进一步细分,然后估算资源需求。接着再把这些资源需求汇总起来,得到每一个活动的资源需求。活动之间可能存在或不存在会影响资源利用的依赖关系。如果存在,就应该对相应的资源使用方式加以说明,并记录在活动资源需求中。

5. 项目管理软件

项目管理软件有助于规划、组织与管理可用资源,以及编制资源估算。利用先进的软件,可以确定资源分解结构、资源可用性、资源费率和各种资源日历,从而有助于优化资源使用。

5.3.3 估算活动资源:输出

1. 活动资源需求

通过估算活动资源过程,识别出工作包中的每项活动所需的资源类型和数量。然后,汇总这些资源需求,得出每个工作包的资源估算。资源需求描述的细节数量与具体程度因应用领域而异。在每项活动的资源需求文件中,都应说明每一种资源的估算依据,以及为确定资源类型、可用性和所需数量而做出的假设。

2. 资源分解结构

资源分解结构是按资源类别和类型而划分的资源层级结构。资源类别包括:人力、材料、设备和用品。资源类型包括:技能水平、等级水平或适用于项目的其他类型。资源分解结构有助于结合资源使用情况,组织与报告项目的进度数据。

3. 项目文件(更新)

5.4 估算活动持续时间

估算活动持续时间是根据资源估算的结果,估算完成单项活动所需工作时段数的过程。需要依据活动工作范围、所需资源类型、所需资源数量以及资源日历等,进行活动持续时间估算。应该由项目团队中最熟悉具体活动的个人或小组,来提供活动持续时间估算所需的各种输入。对持续时间的估算是渐进明细的,取决于输入数据的数量和质量。例如,随着项目设计工作的推进,可供使用的数据越来越详细,越来越准确,持续时间估算的准确性也会越来越高。所以,可以认为,持续时间估算的准确性和质量会逐步提高。估算活动持续时间的输入、工具与技术和输出及其数据流向图分别如图 5.11 和图 5.12 所示。

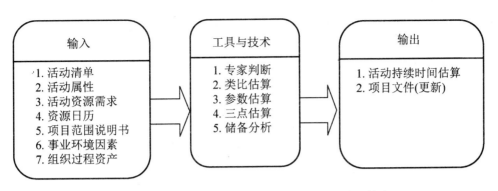

图 5.11　估算活动持续时间：输入、工具与技术和输出

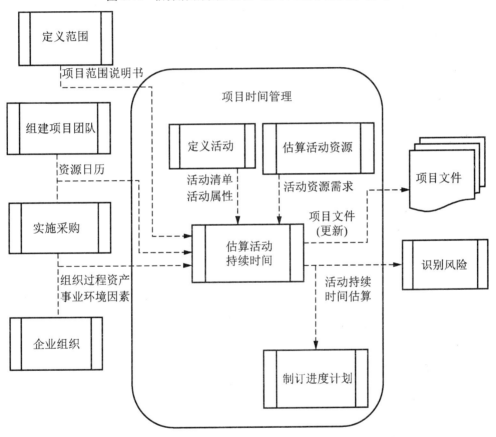

图 5.12　估算活动持续时间的数据流向图

首先要估算出具体活动的工作量和计划投入该活动的资源数量，然后再据此估算出为完成该活动而需要的工作时段数(活动持续时间)。应该把每个活动持续时间估算所依据的全部数据与假设都记录在案。对工作时间有特殊要求的资源，通常会提出备选的资源日历，列出可供选择的工作时段。大多数项目进度管理软件都可以利用项目日历与这些资源日历，进行活动持续时间估算。除了遵循逻辑顺序之外，活动还需要按项目日历与适当的资源日历实施。

5.4.1 估算活动持续时间：输入

1. 活动清单

2. 活动属性

3. 活动资源需求

估算的活动资源需求会对活动持续时间产生影响，这是因为大多数活动的持续时间都会显著受分配给它们的资源及其可用性影响。例如，向某个活动新增资源或分配低技能资源，就需要增加沟通、培训和协调工作，从而可能导致活动效率或生产率下降。

4. 资源日历

在估算活动资源过程中编制的资源日历，其中包括了人力资源的种类、可用性与能力。也应该考虑对进度活动持续时间有显著影响的设备和材料资源，如它们的类型、数量、可用性和能力。例如，一位初级人员和一位高级人员都全职从事某项工作，高级人员通常将在较短时间内完成该工作。

5. 项目范围说明书

在估算活动持续时间时，需要考虑项目范围说明书中所列的制约因素与假设条件。
假设条件包括(但不限于)：①现有条件；②信息的可得性；③报告期的长度。
制约因素包括(但不限于)：①可用的熟练资源；②合同条款和要求。

6. 事业环境因素

7. 组织过程资产

5.4.2 估算活动持续时间：工具与技术

1. 专家判断

通过借鉴历史信息，专家判断能提供持续时间估算所需的信息，或根据以往类似项目的经验，给出活动持续时间的上限。专家判断也可用于决定是否需要联合使用多种估算方法，以及如何协调各种估算方法之间的差异。

2. 类比估算

以过去类似项目的参数值(如持续时间、预算、规模、重量和复杂性等)为基础，来估算未来项目的同类参数或指标，是一种粗略的估算方式。在项目信息不足的初级阶段常使用这种技术。类比估算综合利用历史信息和专家判断。通常成本低，耗时少，但是准确率低，估算的可靠程度取决于项目接近程度、原始数据的准确性、专家的水平。

3. 参数估算

参数估算是指利用历史数据与其他变量(如建筑施工中的平方英尺)之间的统计关系，来估算诸如成本、预算和持续时间等活动参数。参数估算的准确性取决于参数模型的成熟度和基础数据的可靠性。参数估算可以针对整个项目或项目中的某个部分，并可与其他估算方法联合使用。

4. 三点估算

通过考虑估算中的不确定性和风险，可以提高活动持续时间估算的准确性。这个概念起源于计划评审技术。计划评审技术使用以下 3 种估算值来界定活动持续时间的近似区间。

(1) 最可能时间(t_M)。基于最可能获得的资源、最可能取得的资源生产率、对资源可用时间的现实预计、资源对其他参与者的可能依赖以及可能发生的各种干扰等，所得到的活动持续时间。

(2) 最乐观时间(t_o)。基于活动的最好情况，所得到的活动持续时间。

(3) 最悲观时间(t_P)。基于活动的最差情况，所得到的活动持续时间。

计划评审技术分析方法对以上 3 种估算进行加权平均，来计算预期活动持续时间(t_E)：

$$t_E = (t_o + 4t_M + t_P) / 6$$

对于项目活动持续时间的方差的计算公式为

$$\partial^2 = (t_M - t_o/6)^2$$

假定模拟得到一项活动的最乐观时间(t_o)为 1 周，最可能时间(t_M)为 5 周，最悲观时间(t_P)为 15 周，按照项目计划评审技术的方法则这项活动的工期期望值(t_E)为

$$t_E = (1 + 4 \times 5 + 15) / 6 = 6 \text{ 周}$$

用以上公式(甚至用这 3 种估算的简单平均公式)计算出来的持续时间可能更加准确。这 3 种估算能表明持续时间估算的变化范围。

5. 储备分析

在进行持续时间估算时，需考虑应急储备(有时称为时间储备或缓冲时间)，并将其纳入项目进度计划中，用来应对进度方面的不确定性。应急储备可取活动持续时间估算值的某一百分比、某一固定的时间段或者通过定量分析来确定。

随着项目信息越来越明确，可以动用、减少或取消应急储备。应该在项目进度文件中清楚地列出应急储备。

5.4.3 估算活动持续时间：输出

1. 活动持续时间估算

活动持续时间估算是对完成某项活动所需的工作时段数的量化估计。活动持续时间估算中不包括任何时间滞后量。在活动持续时间估算中，可以指出一定的变动区间，例如：2 周±2 天，表明活动至少需要 8 天，最多不超过 12 天(假定每周工作 5 天)；超过 3 周的概率为 15%，表明该活动将在 3 周内(含 3 周)完工的概率为 85%。

2. 项目文件(更新)

可能需要更新的项目文件包括(但不限于)：①活动属性；②为估算活动持续时间而制定的假设条件，如资源的技能水平和可用性。

思考题

1. 两项任务之间的等待时间，另一名称是(　　)。
   A. 时差　　　　　　B. 浮动时间　　　　　C. 滞后时间　　　　D. CPM 关键路径法

2. 来自研发部门的一位团队成员告诉你,他的工作非常具有独创性,并且为你提供了一个固定而独特的作业估算方法。你们两个决定使用以前项目所使用的平均时间来预测以后的作业任务,请问:此案例所提供的方法是( )。

　　A. 参数估算　　　　B. 三点估算　　　　C. 类比估算　　　　D. 蒙特卡罗分析

3. 项目的最后期限被限定为本年度年末。项目包含两项任务。任务 A 的工期是 1 个月,任务 B 的工期是 4 个月。任务 A 和任务 B 能并列执行。项目的开始日期设定为 7 月 1 日,请问:关键路线上的总工期为多少?( )

　　A. 1 个月　　　　B. 4 个月　　　　C. 5 个月　　　　D. 6 个月

答案解释:

1. C。时差和浮动时间都是指某项任务在不影响下一项任务或整个项目的条件可以迟延。CPM 是估算方法而不是等待时间。因此,滞后时间是正确的答案。

2. A。使用过去的项目经验来计算作业估算。选项 D 有关假设情景分析。选项 B 对每活动使用三点估算。选项 C 可以使用过去的历史信息作出估算。但最好的答案是选项 A,因为,使用过去的项目经验是参数估算的一个主要特征。

3. D。关键点 1 "期限被限定为本年度年末",关键点 2 "七月一日",所以时间就是 7~12 月就是总共可以使用的时间那么就是总工期。因为题目没有说明 AB 工作是不是在关键路径上的,所以 AB 之间和总工期有没有关系根本不知道。

5.5　制订进度计划

　　制订进度计划是分析活动顺序、持续时间、资源需求和进度约束,编制项目进度计划的过程。使用进度计划编制工具来处理各种活动、持续时间和资源信息,就可以制订出一份列明各项目活动的计划完成日期的进度计划。编制可行的项目进度计划,往往是一个反复进行的过程。这一过程旨在确定项目活动的计划开始日期与计划完成日期,并确定相应的里程碑。在编制进度计划过程中,可能需要审查和修正持续时间估算与资源估算,以便制订出有效的进度计划。在得到批准后,该进度计划即成为基准,用来跟踪项目绩效。随着工作的推进、项目管理计划的变更以及风险性质的演变,应该在整个项目期间持续修订进度计划,以确保进度计划始终现实可行。制订进度计划的输入、工具与技术和输出及其数据流向图分别如图 5.13 和图 5.14 所示。

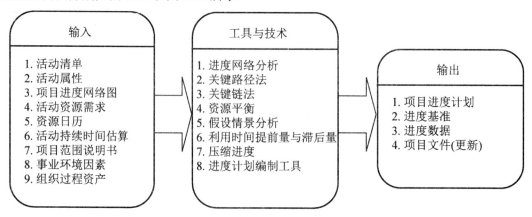

图 5.13　制订进度计划:输入、工具与技术和输出

第 5 章
项目时间管理

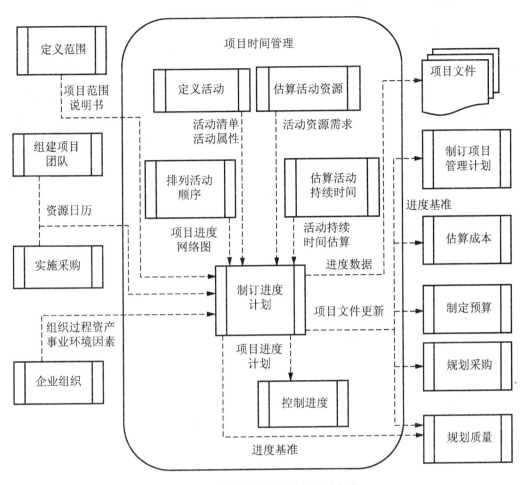

图 5.14 制定进度计划的数据流向图

5.5.1 制订进度计划：输入

制订进度计划的输入如图 5.15 所示。

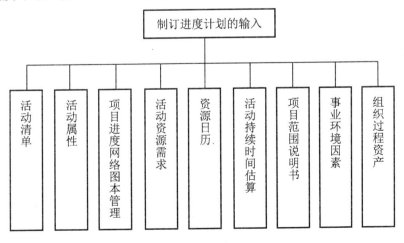

图 5.15 制订进度计划的输入

5.5.2 制订进度计划：工具与技术

1. 进度网络分析

进度网络分析是制订项目进度计划的一种技术。它通过多种分析技术，如关键路径法、关键链法、假设情景分析和资源平衡等，来计算项目活动未完成部分的最早与最晚开始日期，以及最早与最晚完成日期。某些网络路径可能含有路径会聚或分支点，在进行进度压缩分析或其他分析时应该加以识别和利用。

2. 关键路径法

关键路径法在不考虑任何资源限制的情况下，沿着项目进度网络路径进行顺推和逆推分析，计算出全部活动理论上的最早开始和完成日期，最晚开始与完成日期。网络图中最长工期的那条线路，决定项目最短的完成时间。

关键路径法的时间计算规则分为如下几部分。

(1) 沿网络前通法来计算最早时间：某个活动的最早开始时间=指向它的所有前置活动的最早结束时间中的最大值。

$$ES=EF+T(作业时间)$$

(2) 沿网络前通法来计算最迟时间：某个活动的最迟结束时间=指向它的所有后续活动的最迟开始时间中的最小值。

$$LF=LS-T(作业时间)$$

(3) 松闲时间(总浮动时间)=LS-ES(LF-EF)。在任何网络路线上，进度灵活余地的大小由最早与最迟日期两者之间正的差值决定，该差值叫做"总浮动时间"。关键路径有零或负值总时差，正常情况下，关键路径的总浮动时间为零。

(4) 自由浮动时间(自由时差)：在没有延误任何后续活动的最早开始日期情况下，一项活动可以被推迟的时间。自由时差为零的路径为关键路径。

3. 关键链法

关键链法是一种根据有限的资源来调整项目进度计划的进度网络分析技术。其具体流程如图 5.16 所示。其中绘制项目进度网络图需要根据持续时间估算、给定的依赖关系和制约因素，并且该进度计划中的关键路径常与原先的不同。

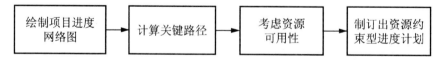

图 5.16 关键链法的流程图

资源约束型关键路径就是关键链。关键链法在网络图中增加作为"非工作进度活动"的持续时间缓冲，用来应对不确定性。放置在关键链末端的缓冲称为项目缓冲，用来保证项目不因关键链的延误而延误。其他的缓冲，即接驳缓冲，则放置在非关键链与关键链接合点，用来保护关键链不受非关键链延误的影响。应该根据相应路径上各活动持续时间的不确定性,来决定每个缓冲的时间长短。一旦确定了"缓冲进度活动",就可以按可能的最晚开始与最晚完成日期来安排计划活动。这样一来,关键链法就不再管理网络路径的总浮动时间,而是重点管理剩余的缓冲持续时间与剩余的任务链持续时间之间的匹配关系。

4. 资源平衡

资源平衡是对已经过关键路径法分析的进度计划而采用的一种进度网络分析技术。如果共享或关键资源的数量有限或只在特定时间可用,或者为了保持资源使用量处于恒定水平,就需要进行资源平衡。如果已出现资源过度分配(如同一资源在同一时间被分配至两个甚至多个活动,或者共享或关键资源的分配超出了最大可用数量或特定可用时间),就必须进行资源平衡。资源平衡往往导致关键路径的改变。

5. 假设情景分析

假设情景分析就是对"如果情景 X 出现,情况会怎样?"这样的问题进行分析,即基于已有的进度计划,考虑各种各样的情景,例如,推迟某主要部件的交货日期,延长某设计工作的时间,或加入外部因素(如罢工或许可证申请流程变化等)。可以根据假设情景分析的结果,来评估项目进度计划在不利条件下的可行性,以及为克服或减轻意外情况的影响而编制应急和应对计划。可以基于多种不同的活动假设,用模拟方法计算出多种项目工期。最常用的模拟技术是蒙特卡洛分析。它首先确定每个活动的可能持续时间概率分布,然后据此计算出整个项目的可能工期概率分布。

6. 利用时间提前量与滞后量

在进度网络分析过程中,需要利用时间提前量与滞后量来编制切实可行的进度计划。

7. 进度压缩

进度压缩是指在不改变项目范围的前提下,缩短项目的进度时间,以满足进度制约因素、强制日期或其他进度目标。进度压缩技术包括以下两个方面:

(1) 赶工。通过权衡成本与进度,确定如何以最小的成本来最大限度地压缩进度。赶工的例子包括:批准加班、增加额外资源或支付额外费用,从而加快关键路径上的活动。赶工只适用于那些通过增加资源就能缩短持续时间的活动。赶工并非总是切实可行的,它可能导致风险和成本的增加。

(2) 快速跟进。把正常情况下按顺序执行的活动或阶段并行执行。例如,在大楼的建筑图纸尚未全部完成前就开始建地基。快速跟进可能造成返工和风险增加。它只适用于能够通过并行活动来缩短工期的情况。

8. 进度计划编制工具

用活动清单、网络图、资源需求和持续时间等作为输入,自动化的进度计划编制工具能够自动生成活动的开始与完成日期,从而加快进度计划的编制过程。进度计划编制工具可与其他项目管理软件以及手工方法联合使用。

5.5.3 制订进度计划：输出

1. 项目进度计划

项目进度计划中至少要包括每项活动的计划开始日期与计划完成日期。即使在早期阶段就进行了资源规划，在未确认资源分配和计划开始、计划完成日期之前，项目进度计划都只是初步的。一般要在项目管理计划编制完成之前进行这些确认。还可以编制项目的目标进度计划，规定每一活动的目标开始日期与目标完成日期。项目进度计划可以是概括的(有时称为主进度计划或里程碑进度计划)或详细的。虽然项目进度计划可用列表形式，但图形方式更常见。可以采用以下一种或多种图形。

(1) 里程碑图。与横道图类似，但仅标示出主要可交付成果和关键外部接口的计划开始或完成日期。见表 5-2 的"里程碑进度计划"部分。

(2) 横道图。横道图用横道表示活动，并标明活动的开始与结束日期，显示出活动的预期持续时间。横道图相对易读，常用于向管理层汇报情况。为了便于控制以及与管理层进行沟通，可在里程碑之间或横跨多个相关联的工作包，列出内容更广、更综合的概括性活动(有时也叫汇总活动)。在横道图报告中应该显示这些概括性活动。见表 5-2 中的"概括性进度计划"部分，它按 WBS 的结构罗列相关活动。

(3) 项目进度网络图。这种列明活动日期的图形，一般既显示项目的网络逻辑，又显示项目关键路径上的进度活动。进度网络图可以用节点法绘制，也可以采用时标进度网络图的形式(有时称为逻辑横道图)，见表 5-2 的"带逻辑关系的详细进度计划"部分所示。本例也显示了对每个工作包所属的一系列相关活动的进度安排。

表 5-2 以图形表示的项目进度计划

里程碑进度计划							
活动识别	活动描述	日历单元	项目进度计划时间表				
			时段 1	时段 2	时段 3	时段 4	时段 5
1.1MB	研发新产品 2(可交付成果)——开始	0	◆				
1.1.1M1	组件 1——完成	0			◆		
1.1.2M1	组件 2——完成	0				◇	
1.1MF	研发新产品 2(可交付成果)——结束	0					◇
概括性进度计划							
活动识别	活动描述	日历单元	项目进度计划时间表				
			时段 1	时段 2	时段 3	时段 4	时段 5
1.1	研发新产品 2(可交付成果)	120	▬▬	▬▬	▬▬		
1.1.1	工作包 1——研发组件 1	67	▬▬	▬▬			
1.1.2	工作包 2——研发组件 2	53		▬▬	▬▬		
1.1.3	工作包 3——整合各组件	53			▬▬		

续表

带逻辑关系的详细进度计划							
活动标识	活动描述	日历单元	项目进度计划时间表				
^	^	^	时段1	时段2	时段3	时段4	时段5
1.1MB	研发新产品2(可交付成果)——开始	0	◆				
1.1.1	工作包1——研发组件1	67					
1.1.1.D	设计组件1	20					
1.1.1.B	建造组件1	33					
1.1.1.T	测试组件1	14					
1.1.1M1	组件1——完成	0	◇				
1.1.2	工作包2——研发组件2	53					
1.1.2.D	设计组件2	14					
1.1.2.B	建造组件2	28					
1.1.2.T	测试组件2	11					
1.1.2.M1	组件2——完成	0		◆			
1.1.3	工作包3——整合各组件	53					
1.1.3.G	整合组件1和组件2	14					

表 5-2 是一个正在执行的示例项目的进度计划，其中的实际工作进展已经报告至数据日期。数据日期有时也叫截止日期或状态日期。针对一个简单项目，表 5-2 给出了以图形表示的里程碑进度计划、概括性进度计划和带逻辑关系的详细进度计划。表 5-2 还直观地显示出这 3 种不同层次的进度计划之间的关系。

2. 进度基准

进度基准是从进度网络分析中得到的一种特殊版本的项目进度计划。该进度计划在项目管理团队认可与批准之后，成为进度基准，标明基准开始日期和基准完成日期。进度基准是项目管理计划的一个组成部分。

3. 进度数据

项目进度计划所使用的进度数据至少包括进度里程碑、进度活动、活动属性，以及已知的全部假设条件与制约因素。所需的其他数据因应用领域而异。经常可用做支持细节的信息包括(但不限于)以下几个方面：

(1) 按时段计列的资源需求，往往用资源直方图表示。

(2) 备选的进度计划，如最好情况或最坏情况下的进度计划，经资源平衡或未经资源平衡的进度计划，有强制日期或无强制日期的进度计划。

(3) 进度应急储备。进度数据可以包括资源直方图、现金流预测，以及订购与交付进度安排等。

4. 项目文件(更新)

思考题

1. 项目经理收到执行管理层的命令, 要求无论怎么样。将项目提交的时间比原计划的进度提前两周。为了缩短关键路线上的任务的时间, 他决定将人力资源增加到关键路线的任务之上。因为这样做能使费用花费最低。在这种情况下, 项目经理已经(　　)。

　　A. 对项目进度上关键路线的那一部分进度快速跟进

　　B. 分解关键路径上的 WBS

　　C. 调整资源

　　D. 对关键路径进行了赶工处理

2. 一个项目由 3 个活动组成。A 活动历时 5 周, B 活动历时 6 周, C 活动历时 7 周。活动排序为 A—B—C。但是, 活动 B 的资源分配要 1 周, C 在 B 活动开始 1 周后开始。则该项目最短工期是多少？(　　)

　　A. 12 周

　　B. 13 周

　　C. 14 周

　　D. 16 周

3. 根据 5.2 节思考题 3 确定关键路径并计算每项活动的最早开始时间、最迟结束时间、总浮动时间、自由时差, 以及这个项目的总工期。

答案解释:

1. D。使用最小的费用对工期进行最大程度的压缩被定义为"赶工"。

2. C。利用横道图分析。

3. 关键路径为 A→B→F→G→H

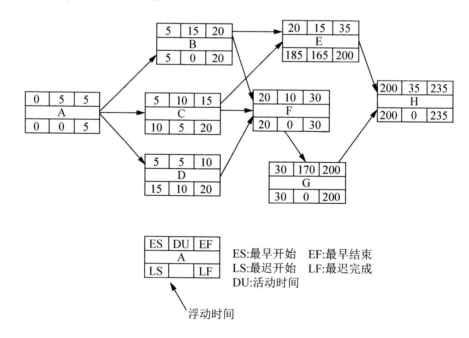

5.6 控 制 进 度

控制进度是监督项目状态以更新项目进展、管理进度基准变更的过程,如图 5.17 和图 5.18 所示。控制进度是实施整体变更控制过程的一个组成部分。进度控制需要:①判断项目进度的当前状态;②对引起进度变更的因素施加影响;③确定项目进度是否已经发生变更;④在变更实际发生时对其进行管理。

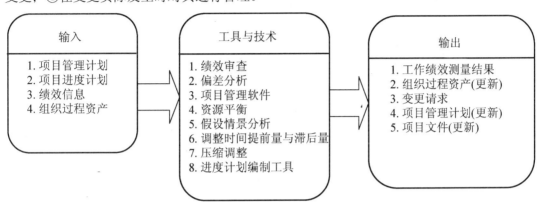

图 5.17 控制进度:输入、工具与技术和输出

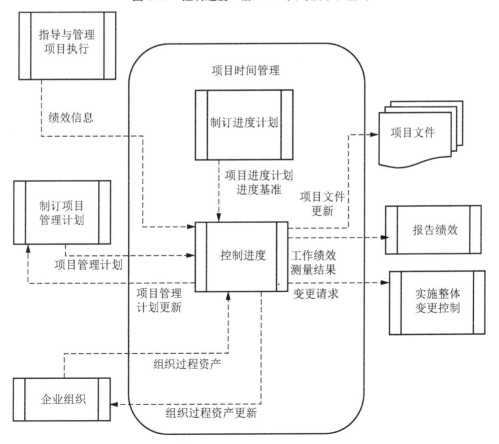

图 5.18 控制进度的数据流向图

在项目进度计划实施中，动态进度控制过程如图 5.19 所示。这个过程实际上是一个 PDCA 动态循环过程，即制订进度计划(Plan)—实施(Do)—检查(Check)—处理(Act)。

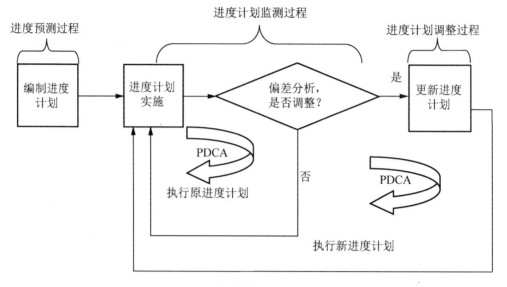

图 5.19 进度控制的动态循环过程

5.6.1 控制进度：输入

1. 项目管理计划

项目管理计划中包含进度管理计划和进度基准。进度管理计划描述了应该如何管理和控制项目进度。进度基准用来与实际结果相比较，以判断是否需要进行变更、采取纠正措施或采取预防措施。

2. 项目进度计划

最新版本的项目进度计划，其中用符号标明截至数据日期的更新情况、已经完成的活动和已经开始的活动。

3. 绩效信息

关于项目进展情况的信息，例如，哪些活动已经开始，它们的进展如何，以及哪些活动已经完成。

4. 组织过程资产

可能影响控制进度过程的组织过程资产包括(但不限于)：①现有的、正式和非正式的、与进度控制相关的政策、程序和指南；②进度控制工具；③可用的监测和报告方法。

5.6.2 控制进度：工具与技术

1. 绩效审查

绩效审查是指测量、对比和分析进度绩效，如实际开始和完成日期、已完成百分比以及当前工作的剩余持续时间。如果使用了挣值管理(EVM)，就可以用进度偏差(SV)和进度绩效指数(SPI)来评估进度偏差的程度。进度控制的重要工作之一，是决定需不需要针对进度偏差采取纠正措施。例如，非关键路径上的某个活动发生较长时间的延误，可能并不会对整体项目进度产生影响；而某个关键或次关键活动的少许延误，却可能需要立即采取行动。

如果使用了关键链法，则通过比较剩余缓冲时间与所需缓冲时间(为保证按期交付)，来确定进度状态。是否需要采取纠正措施，取决于所需缓冲与剩余缓冲之间的差值大小。

2. 偏差分析

采用进度绩效测量指标(SV，SPI)，来评价相对于进度基准的偏差大小。总浮动时间偏差也是评价项目进度绩效的一个基本指标。项目进度控制的重要工作包括：分析相对于进度基准的偏差原因与程度，并确定是否需要采用纠正或预防措施。

3. 项目管理软件

可借助项目管理软件，对照进度计划，追踪项目实际进度，并预测各种变更对项目进度的影响。

4. 资源平衡

资源平衡用于优化资源限制下的工作分配。

5. 假设情景分析

假设情景分析用于考察各种情形，以便使项目进度与计划相符。

6. 调整时间提前量与滞后量

通过调整时间提前量与滞后量，设法使进度落后的活动赶上计划。

7. 进度压缩

采用进度压缩技术，设法使进度落后的活动赶上计划。

8. 进度计划编制工具

需要更新进度数据，并把新的进度数据应用于进度计划，来反映项目的实际进展和待完成的剩余工作。可以把进度计划编制工具及其支持性进度数据与手工方法或其他项目管理软件联合起来使用，开展进度网络分析，制订出更新后的项目进度计划。

5.6.3 控制进度：输出

1. 工作绩效测量结果

针对WBS各组成部分，特别是工作包与控制账户，计算出进度偏差(SV)与进度绩效指数(SPI)，并记录在案，传达给相关干系人。

2. 组织过程资产(更新)

可能需要更新的组织过程资产包括(但不限于)：①偏差的原因；②采取的纠正措施及其理由；③从项目进度控制中得到的其他经验教训。

3. 变更请求

通过分析进度偏差以及审查项目进展报告、绩效测量结果和进度调整情况，可能会对进度基准和项目管理计划的其他组成部分提出变更请求。应该把变更请求提交给实施整体变更控制过程审查和处理。预防措施可包括推荐的变更，以降低不利进度偏差的发生概率。

4. 项目管理计划(更新)

5. 项目文件(更新)

可能需要更新的项目文件包括(但不限于)以下几个方面：

(1) 进度数据。可能需要重新制定项目进度网络图，以反映经批准的剩余持续时间和对工作计划所做的修正。有时，项目进度延误非常严重，以致于必须重新预测开始与完成日期，制订新的目标进度计划，才能为指导工作以及测量绩效与进展提供有实际意义的数据。

(2) 项目进度计划。根据更新后的进度数据，对项目进度计划进行更新，以反映进度变更，并有效管理项目。

本 章 小 结

合理地安排项目时间是项目管理中一项关键内容，它的目的是保证按时完成项目、合理分配资源、发挥最佳工作效率。它的主要工作包括定义项目活动、任务，活动排序，每项活动的资源估算共享分配，每项活动的合理工期估算，制订项目完整的进度计划监控项目进度等内容。项目一开始首先要有明确项目目标、可交付产品的范围定义文档和项目的工作分解结构(WBS)。项目工期估算是根据项目范围、资源状况计划列出项目活动所需要的工期。

习 题

1. 计算后所得的项目完成日期要比原本所期望的完成日期多用 4 天时间。而你当前又没有额外的资源。项目处于低风险状态，利益成本比是 1.6，依赖关系是优先的。在这种情况下，最应该做的事情是什么？(　　)

　　A. 从某一项活动上削减资源使更多的活动并列进行

　　B. 使更多的活动并列进行

　　C. 将资源从优先依赖关系移至外部依赖关系上

　　D. 从项目中移除一项活动

2. 你是某一新产品发展项目的项目经理，该项目的工作分解结构有 4 层，并用箭线绘图法将各项作业进行了排序，已收到活动工期估算。据此：你应该做的下一项管理活动是什么？（　　）

  A．编制活动清单

  B．开始 WBS

  C．完成进度表

  D．压缩进度

3. 根据表 5-3，下列哪一项最好地反映了该项目的状况？（　　）

表 5-3　任务与估算时间(月)相关表

任　务	估算时间(月)
开始-A	7
A-B	3
B-C	4
B-D	6
开始-E	9
D-F	4
C-G	3
G-结束	6
F-结束	10
E-结束	40

  A．项目依进度进行

  B．项目经理应该审查任务 E 到结束的分解状况

  C．关键路径的工期是 30

  D．该项目有两条关键路径

4. 为了确定项目所要花费的最长时间，下面哪种项目管理工具最适合于解决这个问题？（　　）

  A．工作分解结构

  B．网络图

  C．甘特图

  D．项目章程

5. 基于表 5-4，若你需要缩短项目工期，你要缩短哪项个人任务？（　　）

表 5-4　任务与估算时间(周)相关表

任　务	估算时间(周)
开始-A	1
开始-B	2
开始-C	6

续表

任　务	估算时间(周)
A-D	10
B-E	1
C-E	虚拟活动
C-F	2
F-结束	3
E-结束	9
D-结束	1

A．任务开始-B　　　　　　　　B．任务 A-D
C．任务 E-结束　　　　　　　　D．任务 C-E

案 例 分 析

如何制订新型打印机产品项目的进度计划？

A 公司是 B 集团公司控股的子公司，专门制造打印机。现在 A 公司打算开发一种新型的打印机产品，已经在公司内部选定了一个项目经理，并从其内部职能部门抽调人员组建了项目团队。该项目团队十分重视制订进度计划，打算为项目选择一种适当的进度安排方法。项目经理已经据公司领导层对该项目的期望为选择过程订立了如下的原则：简单；能够显示事件的工期、工作流程和事件间的相对顺序；能够指明计划流程和实际流程，哪些活动可以同时进行，以及距离完工还有多长时间。生产部门代表偏好使用甘特图，财务方面的代表建议使用 PERT，而助理项目经理倾向使用 CPM。

【问题】
1. 你认为大家提出的各个进度安排方法对本项目来说各有什么优缺点？
2. 如果你是项目经理，你会采用哪种方法？为什么？

某项目的相关数据见表 5-5。

表 5-5　某项目的相关数据

工作	紧前工作	正常时间/天	赶工时间/天	正常成本/元	赶工成本/元	赶工一天增加费用(元/天)
A	—	4	3	1 500	1 900	
B	A	6	4	1 000	1 300	
C	A	8	6	1 700	2 000	

续表

工作	紧前工作	正常时间/天	赶工时间/天	正常成本/元	赶工成本/元	赶工一天增加费用(元/天)
D	A	7	5	1 200	1 400	
E	B	4	3	500	600	
F	BCD	6	4	2 000	2 400	
G	D	6	4	1 600	1 800	
H	FG	6	4	2 400	3 100	

绘制 PDM 网络图，计算时间参数(见表 5-5)。

1. 绘制 PDM 网络图。
2. 用图上计算法计算时间参数。
3. 用双线标明正常作业时的关键线路，并注明总工期。
4. 如果管理者希望压缩 1 天、2 天、3 天工期时，各需增加最少的费用为多少？
5. 思考工期压缩 4 天呢？

第 6 章 项目成本管理

学习目标

项目成本管理是包括对成本进行估算、预算和控制的各过程，管理好这些不同的过程以确保项目在批准的预算内完工。本章所论述的是项目成本管理各个过程细节，并且每个过程都会与其他知识领域中的过程相互作用，在这样相互作用的过程中有何异同与意义本章将一一阐述。

知识结构

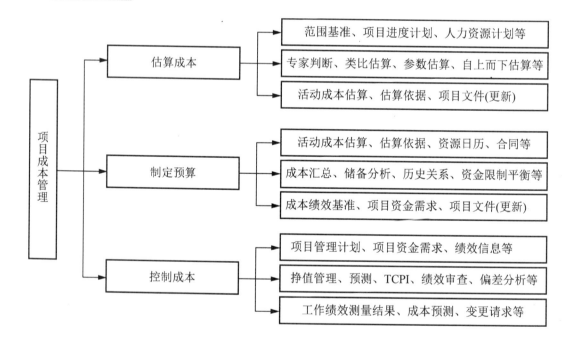

第6章 项目成本管理

案例导入

项目成本管理的重要性

李名是大型电子政务系统集成商××信息技术有限公司 CSAI 的项目经理,目前正作为项目经理负责 CSAI 与某地财政局开发的基本建设管理信息系统项目,项目组成员包括项目经理 1 人、系统分析师 1 人、高级程序员 3 人、程序员 3 人、软件界面美工 1 人、测试人员 2 人、客户方技术人员 2 人。由于财政年度等因素,项目的计划工期为 40 周,预算成本为 50 万元。根据该项目的需求和进度等要求,项目具有工期紧、技术要求高、业务复杂等特点。为顺利实现项目进度和质量等目标,CSAI 项目管理部门和高层领导对该项目格外重视,要求项目组每周汇报进度状态。在项目的实施过程中,第 19 周时李名向公司经理报告项目的进展状态,在状态报告中李名列出了第 18 周(包含第 18 周)的项目状态数据,详细情况如下:①截至项目状态日期,项目实际已完成的工作量为 50%;②截至项目状态日期,项目已完成工作量的实际成本(AC)为 28 万元;③截至项目状态日期,项目的计划成本(PV)为 26 万元。可见项目成本管理对于项目的完成至关重要。

思考题

1. 你正处于项目的执行过程当中,由于发生了一些意料之外的变更,这将使你用于项目的资金全部耗尽。对于此种情况,你做的最佳事情是什么?
2. 你工作于一个矩阵型的组织当中,有一位团队成员来见你,他说他在完成项目任务的过程中有点困难。虽然这些困难不是很大,但该团队成员还是承认:他不能确定该如何进行部分任务作业。他建议在下周进行一次培训课程。请问:该训练课程的训练费用应该来自哪里?
3. 控制费用的最佳方法有哪些?

项目成本的概念

项目成本管理应考虑干系人对掌握成本情况的要求。不同的干系人会在不同的时间、用不同的方法核算项目成本。例如,对于某采购品,可在做出采购决策、下达订单、实际交货、实际成本发生或进行会计记账时,核算其成本。

项目成本管理重点关注完成项目活动所需资源的成本,但同时也应考虑项目决策对项目产品、服务或成果的使用成本、维护成本和支持成本的影响。例如,减少设计审查的次数可降低项目成本,但可能增加客户的运营成本。

在很多组织中,预测和分析项目产品的财务效益是在项目之外进行的。但对于有些项目,如固定资产投资项目,可在项目成本管理中进行这项预测和分析工作。在这种情况下,项目成本管理还须使用其他过程和许多通用管理技术,如投资回报率分析、现金流折现分析和投资回收期分析等。

应该在项目规划阶段的早期就对成本管理工作进行规划,建立各成本管理过程的基本框架,以确保各过程的有效性以及各过程之间的协调性。

项目成本管理的内容

项目成本管理包括对成本进行估算、预算和控制的各过程,从而确保项目在批准的预算内完工。

基于项目的具体需要，每个过程都需要一人或多人的努力，一个或多个小组的努力。每个过程在每个项目中至少进行一次，并可在项目的一个或多个阶段(如果项目被划分为多个阶段)中进行。虽然在本章中，各过程以界限分明、相互独立的形式出现，但在实践中它们可能以本章未详述的方式相互交叠、相互作用。

6.1 估 算 成 本

估算成本是项目成本管理的一项核心工作，其实质是通过分析去估算和确定项目成本工作。这项工作是确定项目成本预算和开展项目成本控制的基础和依据。

估算成本是对完成项目活动所需资金进行近似估算的过程，估算成本的输入、工具与技术和输出及其数据流向图分别如图 6.1 和图 6.2 所示。成本估算是在某特定时点，根据已知信息所做出的成本预测。在估算成本时，要识别和分析可用于启动与完成项目的备选成本方案；需要权衡备选成本方案并考虑风险，如比较自制成本与外购成本、购买成本与租赁成本以及多种资源共享方案，以优化项目成本。

通常用某种货币单位(如美元、欧元、日元等)进行成本估算，但有时也可采用其他计量单位，如人时或人日，以消除通货膨胀的影响，便于成本比较。

在项目过程中，应该根据新近得到的更详细的信息，对成本估算进行优化。在项目生命周期中，项目估算的准确性将随着项目的进展而逐步提高。因此，成本估算需要在各阶段反复进行。例如，在启动阶段可得出项目的粗略量级估算(Rough Order of Magnitude，ROM)，其区间为±50%；之后，随着信息越来越详细，估算的区间可缩小至±10%。某些组织已经制定出相应的指南，规定何时进行优化，以及每次优化所要达到的准确程度。

本过程的输入信息来自其他知识领域中相关过程的输出。一旦得到，所有这些信息都可作为全部 3 个成本管理过程的输入。

进行成本估算，应该考虑将向项目收费的全部资源，包括(但不限于)人工、材料、设备、服务、设施以及一些特殊的成本种类，如通货膨胀补贴或应急成本。成本估算是对完成活动所需资源的可能成本进行量化评估。

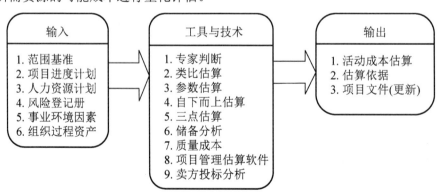

图 6.1　估算成本：输入、工具与技术和输出

第6章 项目成本管理

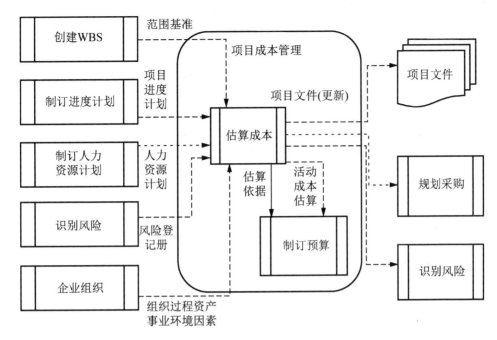

图 6.2 估算成本的数据流向图

如何对成本进行优化？在项目的生命周期中，项目估算的准确性将随着项目的进展而逐步提高。因此，成本的估算需要在各阶段反复进行。

启动阶段：粗略级估算(ROM) ±50%，之后随着信息的详细，可缩小至±10%(后期阶段)。

估算成本的级别包括如下几个方面：

(1) 粗略级估算(ROM)-25%到+75%(通常在概念形成与启动阶段，基于具有比例因子的某一工作范围，用于可行性研究)。

(2) 预算估算-10%到+25%(通常发生在计划编制阶段，一种自上而下的估算方法)。

(3) 确定性估算-5%到+10%(最准确的估算方法，在计划编制阶段进行，用WBS自下而上的估算)。

进行成本估算，应该考虑将向项目收费的全部资源。

 思考题

预算估算与实际费用之间有多接近？

A. -75%到+25%
B. -10%到+25%
C. +10%到-25%
D. -5%到+10%

答案解释：

B. 粗略估算(ROM)：-50%到+100%。量级估算-25%到+75%。预算估计：-10%到+25%。确定估算：-5%到+10%。所以答案选B。

6.1.1 估算成本：输入

1. 范围基准

(1) 范围说明书。范围说明书提供了产品描述、验收标准、主要可交付成果、项目边界，以及项目的假设条件和制约因素。在估算项目成本时必须设定的一项基本假设是，估算将仅限于直接成本，还是也包括间接成本。间接成本是无法直接追溯至某个具体项目的成本，因此只能按某种规定的会计程序进行累计并合理分摊到多个项目中。有限的项目预算是很多项目中最常见的制约因素。其他制约因素包括规定的交付日期、可用的熟练资源和组织政策等。

(2) 工作分解结构。项目工作分解结构指明了项目的全部组成部分之间及全部可交付成果之间的相互关系。

(3) 工作分解结构词典。WBS 词典和相关的工作详细说明识别了可交付成果，并描述了为生产可交付成果，WBS 各组成部分所需进行的工作。

范围基准中还包括相关的合同与法律要求，如健康、安全、绩效、环境、保险、知识产权、执照和许可证等，所有这些信息都应该在制定成本估算时加以考虑。

2. 项目进度计划

项目工作所需的资源种类、数量和使用时间，都会对项目成本产生很大影响。进度活动所需的资源及其使用时间，是本过程的重要输入。在估算活动资源过程中，已经确定了开展进度活动所需的人员和材料的种类与数量。活动资源估算与成本估算密切相关。如果项目预算中包括财务费用(如利息)，或者如果资源的消耗取决于活动持续时间的长短，那么活动持续时间估算就会对项目成本估算产生影响。如果成本估算中包含时间敏感型成本，如通过工会集体签订定期劳资协议的员工或价格随季节波动的材料，那么活动持续时间估算也会影响成本估算。

3. 人力资源计划

4. 风险登记册

5. 事业环境因素

6. 组织过程资产

6.1.2 估算成本：工具与技术

常用的项目成本的估算工具与技术有专家判断、类比估算、参数估算、自下而上估算、三点估算、储备分析、质量成本(COQ)、项目管理估算软件和卖方投标分析。

1. 专家判断

影响成本估算的变量众多，如人工费率、材料成本、通货膨胀、风险因素和其他因素。通过借鉴历史信息，专家判断能对项目环境进行有价值的分析，并提供以往类似项目的相关信息。专家判断也可用来决定是否联合使用多种估算方法，以及如何协调这些方法之间的差异。

2. 类比估算

成本类比估算是指以过去类似项目的参数值(如范围、成本、预算和持续时间等)或规模指标(如尺寸、重量和复杂性等)为基础，来估算当前项目的同类参数或指标。在估算成本时，这项技术以过去类似项目的实际成本为依据，来估算当前项目的成本。这是一种粗略的估算方法，有时需根据项目复杂性方面的已知差异进行调整。

在项目详细信息不足时，例如在项目的早期阶段，就经常使用这种技术来估算成本参数。该方法综合利用历史信息和专家判断。

相对于其他估算技术，类比估算通常成本较低、耗时较少，但准确性也较低。可以针对整个项目或项目中的某个部分，进行类比估算。类比估算可以与其他估算方法联合使用。如果以往活动是本质上而不只是表面上类似，并且从事估算的项目团队成员具备必要的专业知识，那么类比估算就最为可靠。

3. 参数估算

参数估算是指利用历史数据与其他变量(如建筑施工中的平方英尺)之间的统计关系，来估算诸如成本、预算和持续时间等活动参数。参数估算的准确性取决于参数模型的成熟度和基础数据的可靠性。参数估算可以针对整个项目或项目中的某个部分，并可与其他估算方法联合使用。

4. 自下而上估算

自下而上估算是对工作组成部分进行估算的一种方法。首先对单个工作包或活动的成本进行具体、细致的估算；然后把这些细节性成本向上汇总或"滚动"到更高层次，用于后续报告和跟踪。自下而上估算的准确性及其本身所需的成本，通常取决于单个活动或工作包的规模和复杂程度。

自下而上估算的计算方法如下过程进行。

主要公式为

$$项目经费 = 控制账户 + 工作包 + 活动$$
$$成本基准 = 项目经费 + 应急储备$$
$$项目总预算 = 管理储备 + 应急储备 + 项目经费$$

项目总预算中的管理储备——要得到管理层的同意才能使用但不在项目经理的控制范围内。

成本基准——项目经理控制的最高点。

储备分为两种类型：应急储备和管理储备，这两类储备的存在表明了成本基准和项目预算的区别。

(1) 应急储备：是为未规划但可能发生的变更提供的补贴，这些变更由风险登记册中所列的已知风险引起的。它可以是成本估算值的某个百分比、某个固定值或者通过定量分析来确定。

(2) 管理储备：是为未规划的范围变更与成本变更而预留的预算。

5. 三点估算

通过考虑估算中的不确定性与风险，可以提高活动成本估算的准确性。这个概念起源于计划评审技术(PERT)。PERT 使用如下 3 种估算值来界定活动成本的近似区间。

(1) 最可能成本 C_M。对所需进行的工作和相关费用进行比较现实的估算，所得到的活动成本。

(2) 最乐观成本 C_O。基于活动的最好情况，所得到的活动成本。

(3) 最悲观成本 C_P。基于活动的最差情况，所得到的活动成本。

PERT 分析方法对以上 3 个估算进行加权平均，来计算预期活动成本。

$$C_E = \frac{C_O + 4C_M + C_P}{6}$$

用以上公式(甚至用该 3 个估算的简单平均公式)计算出来的成本估算可能更加准确。这 3 个估算能表明成本估算的变化范围。

6. 储备分析

为应对成本的不确定性，成本估算中可以包括应急储备(有时称为"应急补贴")。应急储备可以是成本估算值的某个百分比、某个固定值或者通过定量分析来确定。

随着项目信息越来越明确，可以动用、减少或取消应急储备。应该在项目成本文件中清楚地列出应急储备。应急储备是资金需求的一部分。

7. 质量成本(COQ)

在估算活动成本时，可能要用到关于质量成本的各种假设。

8. 项目管理估算软件

项目管理估算软件(例如成本估算应用软件、电子表格软件、模拟和统计软件等)对辅助成本估算的作用，正在得到越来越广泛的认可。这些工具能简化某些成本估算技术的使用，使人们能快速地考虑多种成本估算方案。

9. 卖方投标分析

在成本估算过程中，可能需要根据合格卖方的投标情况，来分析项目成本。在用竞争性招标选择卖方的项目中，项目团队就需要开展额外的成本估算工作，以便审查各项可交付成果的价格，并计算出作为项目最终总成本的组成部分的各分项成本。

思考题

什么是类比估算方法？(　　)

A. 使用自下而上估算技术

B. 最经常在项目执行过程使用

C. 使用自上而下的估算技术

D. 使用真实，详尽的历史成本

答案解释：

C. 类比估算最经常用于规划过程，不是执行过程(选项 B)。你不需要使用历史成本(选项 D)来进行类比估算。因此，选项 C 是最正确的答案。

第 6 章
项目成本管理

 案例分析

某公司主要致力于为国内教育提供信息化服务,成立业内一流的研发中心,不断研究和推出深受用户欢迎的软件产品,客户遍布中国每个省市/自治区。公司创立 8 年来,通过不断加强和改进技术管理来完善产品和提升服务品质,已成为中国教育软件研发领域首家通过 CMM3 评估项目的公司。

张工是该公司的项目经理,1 个月前刚接手某高校学生管理系统研发项目。完成项目需求调研后,张工开始制订详细的进度和成本计划。表 6-1 和表 6-2 分别是张工用两种方法做的项目成本估算,估算货币单位为(元)。

表 6-1 项目成本估算表(方法一)

WBS	名 称	估算值	合计值	总计值
1	学生管理系统			A
1.1	招生管理		40 000	
1.1.1	招生录入	16 000		
1.1.2	招生审核	12 000		
1.1.3	招生查询	12 000		
1.2	分班管理		81 000	
1.2.1	自动分班	30 000		
1.2.2	手工分班	21 000		
1.3	学生档案管理	30 000		
1.4	学生成绩管理		81 000	
1.4.1	考试信息管理	23 000		
1.4.2	考试成绩输入	30 000		
1.4.3	考试信息统计	28 000		

表 6-2 项目成本估算表(方法二)

成本参数	单位成员工时数	参与人数
项目经理(30 元/小时)	500	
分析人员(20 元/小时)	500	2
编程人员(13 元/小时)	500	2
一般管理费	21 350	
额外费用(25%)	16 470	
交通费(1 000 元/次,4 次)	4 000	

续表

成本参数	单位成员工时数	参与人数
计算机费(2台，3 500元/台)	7 000	
打印与复印费	2 000	
总项目费用开支	B	

【问题】

1. 请说明信息系统项目管理过程进行成本估算的基本方法。
2. 表6-1和6-2分别采用了什么估算方法，表中估算成本A、B各为多少？

6.1.3 估算成本：输出

1. 活动成本估算

活动成本估算是对完成项目工作可能需要的成本的量化估算。成本估算可以是汇总的或详细分列的。成本估算应该覆盖活动所使用的全部资源，包括(但不限于)直接人工、材料、设备、服务、设施、信息技术以及一些特殊的成本种类，如通货膨胀补贴或成本应急储备。如果间接成本也包含在项目估算中，则可在活动层次或更高层次上计算间接成本。

2. 估算依据

成本估算所需的支持信息的数量和种类，因应用领域而异。不论其详细程度如何，支持性文件都应该清晰、完整地说明成本估算是如何得出的。活动成本估算的支持信息可包括：关于估算依据的文件(如估算是如何编制的)；关于全部假设条件的文件；关于各种已知制约因素的文件；对估算区间的说明(例如"10 000美元±10%"，就说明了预期成本的所在区间)；对最终估算的置信水平的说明。

3. 项目文件(更新)

可能需要更新的项目文件包括(但不限于)风险登记册。

思考题

1. 若在估算项目的费用时有困难。下列哪一项最好地描述了造成这种困难最可能的原因？( )
   A. 不充分的范围定义
   B. 不能获得所需要的资源
   C. 在确定时间进度时有困难
   D. 缺乏充分的预算

2. 完工时估算是( )的定期评估。
   A. 完成工作的费用
   B. 执行的工作的价值
   C. 项目完成时预期的全部成本
   D. 完成工作需要花费的

3. 你给项目的发起人提供了一份有关该项目的费用估算。但他并不满意这份估算，因为他认为这个

成本价格应该更低，他要求你在此基础上再削减15%的项目估算。据此你应该怎样做？（　）

A．启动该项目并不停地在项目工作进程中寻求费用节约

B．告诉所有的团队成员在他们估算的基础上削减15%的费用估算

C．把将被删除的活动通知发起人

D．增加额外的每小时费率更低的资源

答案解释：

1．A。通常情况下，创建估算有困难是范围定义不充分的一种症状。

2．D。选项D为ETC，即完成尚需估算。注意与挣值有关的术语，许多有类似的定义。

3．C。首先要认识到一刀切来削减估算永远都是不合适的。选项B因为编制估算时应基于现实的没留余地的工作包估算。那么如果必须要减低费用，项目经理应判断减低质量、减少风险、减少范围或使用更便宜的资源（同时密切监视变更对项目进度的影响）。项目经理可能做得最糟糕的事情之一就是明知项目的时间或费用不现实，还是开始了项目。因此选项A不是最佳。选项D建议增加额外的资源。这会花费更多。选项C涉及评估、寻找替换方案，然后告诉发起人费用削减的影响，是最佳选项。

6.2 制定预算

制定预算是汇总所有单个活动或工作包的估算成本，建立一个经批准的成本基准的过程。成本基准中包括所有经批准的预算，但不包括管理储备。制定预算输入、工具与技术和输出及其数据流向图分别如图6.3和图6.4所示。项目预算决定了被批准用于项目的资金。将根据批准的预算来考核项目成本绩效。

1．制定预算：输入

(1) 活动成本估算。

(2) 估算依据。

(3) 范围基准。

(4) 项目进度计划。作为项目管理计划的一部分，项目进度计划中包含了项目活动的计划开始与完成日期、里程碑的计划实现日期，以及工作包、规划包和控制账户的计划开始与完成日期。可根据这些信息，把成本汇总到相应的日历时段中。

(5) 资源日历。

(6) 合同。

(7) 组织过程资产。

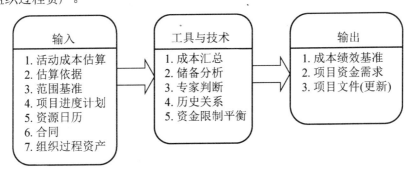

图6.3　制定预算：输入、工具与技术和输出

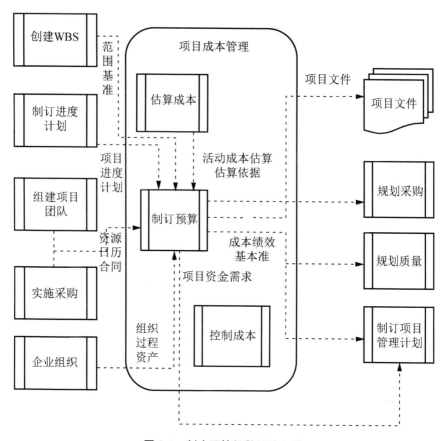

图 6.4 制定预算的数据流向图

2. 制定预算：工具与技术

1) 成本汇总

首先以 WBS 中的工作包为单位对活动成本估算进行汇总，然后再由工作包汇总至 WBS 的更高层次(如控制账户)，并最终得出整个项目的总成本。

2) 储备分析

通过预算储备分析，可以计算出所需的应急储备与管理储备。应急储备是为未规划但可能发生的变更提供的补贴，这些变更由风险登记册中所列的已知风险引起。管理储备则是为未规划的范围变更与成本变更而预留的预算。项目经理在使用或支出管理储备前，可能需要获得批准。管理储备不是项目成本基准的一部分，但包含在项目总预算中。管理储备不纳入挣值计算。

3) 专家判断

在制定预算的过程中，应该根据项目工作的需要，基于所在应用领域、知识领域、学科和行业等的专业知识，来做出专家判断。这些专业知识可来自受过专门教育或具有专门知识、技能、经验或培训经历的任何小组或个人。专家判断可从多种渠道获取，包括(但不限于)：执行组织内的其他部门；顾问；干系人(包括客户)；专业与技术协会；行业团体。

4) 历史关系

有关变量之间可能存在一些可据以进行参数估算或类比估算的历史关系。可以基于这些历史关系，利用项目特征(参数)来建立数学模型，预测项目总成本。数学模型可以是简单的(例如，建造住房的总成本取决于单位面积建造成本)，也可以是复杂的(例如，软件开发项目的成本模型中有多个变量，且每个变量又受许多因素的影响)。

类比模型或参数模型的准确性及所需成本可能变动很大。它们将最为可靠，如果用来建立模型的历史信息准确；模型中的参数易于量化；模型可以调整，以便对大项目、小项目和各项目阶段都适用。

5) 资金限制平衡

应该根据对项目资金的任何限制，来平衡资金支出。如果发现资金限制与计划支出之间的差异，则可能需要调整工作的进度计划，以平衡资金支出水平。这可以通过在项目进度计划中添加强制日期来实现。

3. 制定预算：输出

1) 成本绩效基准

成本绩效基准是经过批准且按时间段分配资金的完工预算(BAC)，用于测量、监督和控制项目的总体成本绩效。它是每个时间段的预算之和，通常用 S 曲线表示，如图 6.5 所示。在挣值管理技术中，成本绩效基准又称为绩效测量基准(PMB)。

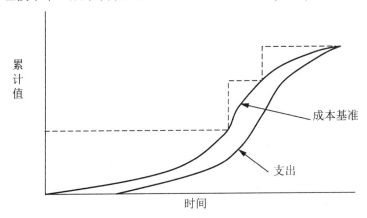

图 6.5 成本基准、支出与资金需求

2) 项目资金需求

根据成本基准，确定总资金需求和阶段性(如季度或年度)资金需求。成本基准中既包括预计的支出，也包括预计的债务。项目的资金投入通常以增量而非连续的方式进行，故呈现出图 6.5 所示的阶梯状。如果有管理储备，则总资金需求等于成本基准加上管理储备。

3) 项目文件(更新)

可能需要更新的项目文件包括(但不限于)：风险登记册；成本估算；项目进度计划。

思考题

1. 下列各选项中，除了哪一项之外，其余的都是费用预算的工具？（　　）

A. 参数估算

B. 自下而上估算

C. 挣值管理

D. 类比估算

2. 某项目完成了预算的 8 000 美元时,实际的支出是 9 000 美元。请问:如果为整个进度安排工作的预算额是 10 000 美元,则此处的费用偏差是多少?( )

A. -1 000 美元

B. 2 000 美元

C. 1 000 美元

D. -2 000 美元

答案解释:

1. C。费用估算的工具也是费用预算的工具。这里,唯一正确的选项是 C,因为选项 C 是费用控制的一部分。

2. A。像这类题目的关键解题方法是必须理解每个项目述语的通用含意,这里 EV(挣值)为 8 000 美元,AC(完成挣值后确实花费的费用)为 9 000 美元。那么费用偏差为 EV-AC=8 000 美元-9 000 美元=-1 000 美元。

6.3 控制成本

控制成本是监督项目状态以更新项目预算和管理成本基准变更的过程。控制成本的输入、工具与技术和输出及其数据流向图分别如图 6.6 和图 6.7 所示。更新预算需要记录截至目前的实际成本。只有经过实施整体变更控制过程的批准,才可以增加预算。只监督资金的支出,而不考虑由这些支出所完成的工作的价值,这对项目没有什么意义,最多只能使项目团队不超出资金限额。所以,在成本控制中,应重点分析项目资金支出与相应完成的实体工作之间的关系。有效成本控制的关键在于,对经批准的成本绩效基准及其变更进行管理。

项目成本控制包括:对造成成本基准变更的因素施加影响;确保所有的变更请求都获得及时响应;当变更实际发生时,管理这些变更;确保成本支出不超过批准的资金限额,包括阶段限额和项目总限额;监督成本绩效,找出并分析与成本基准间的偏差;对照资金支出,监督工作绩效;防止在成本或资源使用报告中出现未经批准的变更;向有关干系人报告所有经批准的变更及其相关成本;设法把预期的成本超支控制在可接受的范围内。

在项目成本控制中,要设法弄清引起正面和负面偏差的原因。项目成本控制是实施整体变更控制过程的一部分。

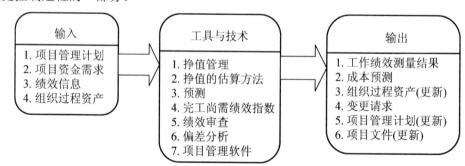

图 6.6 控制成本:输入、工具与技术和输出

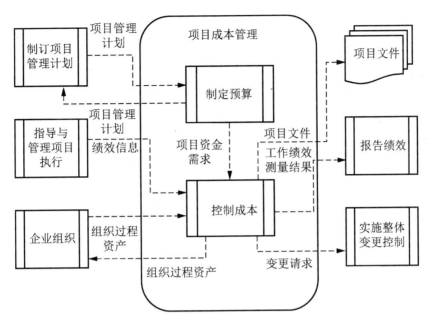

图 6.7　控制成本的数据流向图

6.3.1　控制成本：输入

1. 项目管理计划

项目管理计划中包含以下可用于控制成本的信息。

(1) 成本绩效基准。把成本绩效基准与实际结果相比，以判断是否需要进行变更或采取纠正或预防措施。

(2) 成本管理计划。成本管理计划规定了如何管理与控制项目成本(见第 7 章前言部分)。

2. 项目资金需求

3. 绩效信息

绩效信息是关于项目进展情况的信息，如哪些可交付成果已开工、进展如何以及哪些可交付成果已完成。绩效信息还包括已批准和已发生的成本以及完成项目工作所需的成本估算。

4. 组织过程资产

包括项目过去的绩效在未来对项目产生影响的任何信息。

案例分析

2007 年年底，某国有企业拟实施 MES 项目，以改革现有生产执行流程，优化产品的结构和增加销售收入。经过初步分析，MES 项目需要投资 1 000 万元，建设期为 1 年，投入运行后，预计当年企业的生产销售成本为 900 万元，可以实现销售收入 1 000 万元。此后，企业每年的产出销售成本为 1 500 万元，可以实现销售收入 2 000 万元。

总会计师按 12% 的贴现率，制作出公司从 2008 年到 2012 年的现金流量表，见表 6-3。

表 6-3 现金流量表

项目 \ 年度	建设期			经营期	
	2008	2009	2010	2011	2012
投资					
成本					
收入					
净现金流量					
12%的贴现系数	0.892 9	0.797 2	0.722 8	0.635 5	0.567 4
净现值					
累计净现值					

6.3.2 控制成本：工具与技术

1. 挣值管理

(1) 计划价值 PV：计划价值(PV)是为某活动或工作分解结构组成部分的预定工作进度而分配且经批准的预算。计划价值应该与经批准的特定工作内容相对应。

(2) 挣值 EV：挣值(EV)是项目活动或工作分解结构组成部分的已完成工作的价值，用分配给该工作的预算来表示。挣值应该与已完成的工作内容相对应，是该部分已完成工作的经批准的预算。EV 的计算必须与 PV 基准(PMB)相对应，且所得的 EV 值不得大于相应活动或 WBS 组成部分的 PV 预算值。EV 这个词常用来描述项目的完工百分比。应该为每个 WBS 组成部分制定进展测量准则，用于考核正在实施的工作。项目经理既要监测 EV 的增量，以判断当前的状态，又要监测 EV 的累计值，以判断长期的绩效趋势。

(3) 实际成本 AC：AC 是在一个即定的时期，实施该进度活动或 WBS 要素工作实际所产生的总成本。计算 AC 值，必须保证其计算口径与 PV 和 EV 的计算口径一致(如只包括之间小时数、直接成本或者含间接成本在内的全部成本。

相关系数见表 6-4。

表 6-4 相关系数

中文名称	英文缩写	含义	计算公式
成本偏差	CV	截止到某时点发生了多少成本偏差，正值表示对预算的节约，负值表示对预算的超支	CV=EV-AC
成本绩效指数	CPI	截止到某时点，实际花费的每一元钱做了多少钱的事(预算价值)，大于 1 则好，小于 1 则不好	CPI=EV/AC
成本偏差百分比	PCV	与计划成本比较，成本偏差所占比重	PCV=CV/EV
进度偏差	SV	截止到某时点已经发生了多少进度偏差，正值表示对进度计划的提前，负值表示对进度计划的落后	SV=EV-PV

续表

中文名称	英文缩写	含　　义	计算公式
进度绩效指数	SPI	截止到某时点，实际进度是计划进度的多少倍(或百分之几)，大于1是好的，小于1是不好的	SPI=EV/PV
进度偏差百分比	PSV	与计划进度比较，进度偏差所占比较	PSV=SV/PV
完工尚需估算	ETC	在项目实施过程不同时点重新估算的完成剩余工作还需要的成本	ETC=(BAC-EV)/CPI ETC=BAC-EC
完工估算	EAC	在项目实施过程不同时点重新估算的完成整个项目所需的成本	EAC=AC+ETC
完工时偏差	VAC	在项目实施过程不同时点重新估算的在项目全部完工时将出现的、整个项目的总成本偏差，正值表示对预算的节约，负值表示对预算的超支。	VAC=BAC-EAC

2. 挣值的估算方法

固定公式法：50/50 法则，25/75 法则，0/100 法则。有效控制费用的方式，适用于工作无法测量的项目，完工比例不能准确的估算。

权重里程碑法：把完成的工作分成若干个部分，并在每个部分的结尾处设立一个明确的里程碑，每完成一个里程碑，就可以获得相应的挣值，适用于周期较长，而且会产生中间产品和有形成果的任务。

对计划价值、挣值和实际成本等参数，既可以分阶段(通常以周或月为单位)进行监测和报告，也可以针对累计值进行监测和报告。图 6.8 以 S 曲线展示某个项目的 EV 数据，该项目预算超支且进度落后。

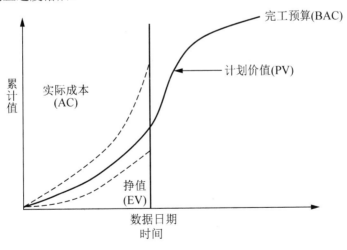

图 6.8　挣值、计划价值和实际成本

3. 预测

随着项目进展，项目团队可根据项目绩效，对完工估算(EAC)进行预测，预测的结果可能与完工预算(BAC)存在差异。如果 BAC 已明显不再可行，则项目经理应预测 EAC。预测 EAC 是根据当前掌握的信息和知识，估算或预计项目未来的情况和事件。预测根据项目执行过程中所产生的绩效信息来进行，并在必要时更新和重新发布预测。绩效信息包含项目过去的绩效以及可能在未来对项目产生影响的任何信息。

在计算 EAC 时，通常用已完工作的实际成本，加上剩余工作的完工尚需估算(ETC)。项目团队要根据已有的经验，考虑实施 ETC 工作可能遇到的各种情况。把 EVM 方法与手工预测 EAC 方法联合起来使用，效果更佳。由项目经理和项目团队手工进行的自下而上汇总方法，就是一种最普通的 EAC 预测方法。

项目经理所进行的自下而上 EAC 估算，就是以已完工作的实际成本为基础，并根据已积累的经验来为剩余项目工作编制一个新估算。这种方法的问题是，它会干扰项目工作。为了给剩余工作制定一份详细的、自下而上的 ETC，项目人员就不得不停下手头的项目工作。通常都不会为估算 ETC 这项活动安排独立的预算，所以为估算出 ETC，项目还会产生额外的成本。公式：EAC = AC+自下而上的 ETC。

可以很方便地把项目经理手工估算的 EAC 与计算得出的一系列 EAC 作比较，这些计算得出的 EAC 分别考虑了不同程度的风险。尽管可以用许多方法来计算基于 EVM 数据的 EAC 值，但下面只介绍最常用的 3 种方法。

假设将按预算单价完成 ETC 工作。这种方法承认以实际成本表示的累计实际项目绩效(不论好坏)，并预计未来的全部 ETC 工作都将按预算单价完成。如果目前的实际绩效不好，则只有在进行项目风险分析并取得有力证据后，才能做"未来绩效将会改进"的假设。公式：EAC = AC + (BAC − EV)。

假设以当前 CPI 完成 ETC 工作。这种方法假设项目将按截至目前的情况继续进行，即 ETC 工作将按项目截至目前的累计成本绩效指数(CPI)实施。公式：EAC=BAC/累计 CPI。

假设 SPI 与 CPI 将同时影响 ETC 工作。在这种预测中，需要计算一个由成本绩效指数与进度绩效指数综合决定的效率指标，并假设 ETC 工作将按该效率指标完成。它假设项目截至目前的成本绩效不好，而且项目必须实现某个强制的进度要求。如果项目进度对 ETC 有重要影响，这种方法最有效。使用这种方法时，还可以根据项目经理的判断，分别给 CPI 和 SPI 赋予不同的权重，如 80/20、50/50 或其他比率。公式：AC + [(BAC − EV)/(累计 CPI ×累计 SPI)]。

上述 3 种方法可适用于任何项目。如果预测的 EAC 值不在可接受范围内，就是对项目管理团队的预警信号。

4. 完工尚需绩效指数(TCPI)

完工尚需绩效指数(TCPI)是指为了实现特定的管理目标(如 BAC 或 EAC)，剩余工作实施必须达到的成本绩效指标(预测值)。如果 BAC 已明显不再可行，则项目经理应预测完工估算(EAC)。一经批准，EAC 就将取代 BAC，成为新的成本绩效目标。基于 BAC 的 TCPI 公式：(BAC− EV)/(BAC − AC)。

TCPI 的概念如图 6.9 所示。其计算公式在图 6.9 的左下角，用剩余工作(BAC 减去 EV)除以剩余资金(可以是 BAC 减去 AC，或 EAC 减去 AC)。

如果累计 CPI 低于基准计划(图 6.9)，那么项目的全部未来工作都应立即按 TCPI(BAC)(图 6.9 中最高的那条线)执行，以确保实际总成本不超过批准的 BAC。至于所要求的这种绩效水平是否可行，这需要综合考虑多种因素(包括风险、进度和技术绩效)后才能判断。一旦管理层认为 BAC 已不可实现，项目经理将为项目制定一个新的完工估算(EAC)；一经批准，项目将以这个新的 EAC 值为工作目标。这种情况下，项目未来所需的绩效水平就如 TCPI(EAC)线所示。基于 EAC 的 TCPI 公式：(BAC－EV)/(EAC－AC)。

5. 绩效审查

绩效审查的对象包括：成本绩效随时间的变化、进度活动或工作包超出和低于预算的情况，以及完成工作所需的资金估算。如果采用了 EVM，则需进行以下分析。

(1) 偏差分析。在 EVM 中，偏差分析是指把实际项目绩效与计划或预期绩效相比较。成本与进度偏差是通常最需要分析的两种偏差。

(2) 趋势分析。趋势分析旨在审查项目绩效随时间的变化情况，以判断绩效是正在改善或正在恶化。图形分析技术有助于了解截至目前的绩效情况，并把发展趋势与未来的绩效目标进行比较，如 EAC 与 BAC，预测完工日期与计划完工日期的比较。

(3) 挣值绩效分析。挣值管理将基准计划与实际进度及成本绩效相比较。

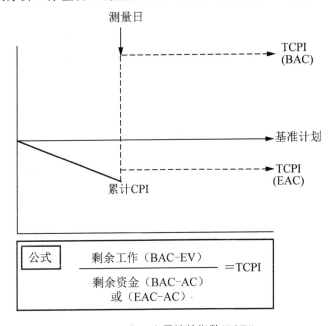

图 6.9 完工尚需绩效指数(TCPI)

6. 偏差分析

使用成本绩效测量指标(CV，CPI)，来评估与成本基准之间的偏差大小。分析偏离成本绩效基准的原因和程度，并决定是否需要采取纠正或预防措施，这是项目成本控制的重要工作。随着项目工作的逐步完成，偏差的可接受范围(常用百分比表示)也逐步缩小。项目开始时可允许较大的百分比偏差，然后随着项目逐渐接近完成而不断缩小。

7. 项目管理软件

项目管理软件常用于监测 PV、EV 和 AC 这 3 个 EVM 指标，画出趋势图，并预测最终项目结果的可能区间。

6.3.3 控制成本：输出

1. 工作绩效测量结果

WBS 各组成部分(尤其是工作包与控制账户)的 CV、SV、CPI 和 SPI 值，都需要记录下来，并传达给相关干系人。

2. 成本预测

无论是计算得出的 EAC 值，还是自下而上估算的 EAC 值，都需要记录下来，并传达给相关干系人。

3. 组织过程资产(更新)

可能需要更新的组织过程资产包括(但不限于)：产生偏差的原因；采取的纠正措施及其理由；从项目成本控制中得到的其他经验教训。

4. 变更请求

分析项目绩效后，可能会就成本绩效基准或项目管理计划的其他组成部分提出变更请求。变更请求可以包括预防或纠正措施。变更请求需经过实施整体变更控制过程的审查和处理。

5. 项目管理计划(更新)

项目管理计划中可能需要更新的内容包括(但不限于)如下两个方面：

(1) 成本绩效基准。在批准对范围、活动资源或成本估算的变更后，需要相应地对成本绩效基准做出变更。有时成本偏差太严重，就需要修订成本基准，以便为绩效测量提供现实可行的依据。

(2) 成本管理计划。

6. 项目文件(更新)

可能需要更新的项目文件包括(但不限于)：成本估算；估算依据。

思考题

你是某一小型建筑项目的项目经理。你的项目预算额为 72 000 美元，项目的期限为 6 个月。到目前为止，你已经花费了预算中的 22 000 美元，却完成了原本计划要花 24 000 美元才能完成的工作量。根据你的进度，此时你本应该已花费 30 000 美元。根据以上所陈述的情况，你的项目最好可以描述为(   )。

A. 没在预算范围之内
B. 超出预算范围
C. 按照预算
D. 题目中没有提供足够的信息

答案解释：

C. 费用绩效指数 CPI 等于挣值(EV)除以实际成本(AC)，即 CPI=EV/AC。在该题目中，CPI=24 000/22 000=1.09，CPI 为 1.09 表明你的花费在预算范围以内，所以选 C。

第6章 项目成本管理

本 章 小 结

一个项目是否能顺利进行，离不开成本的管理。一方面成本是决定一个项目的可行性，另一方面控制成本是对一个项目至关重要。通过学习对成本进行估算的工具与技术方法有常用的项目成本的估算工具与技术有专家判断、类比估算、参数估算、自下而上估算、三点估算、储备分析、质量成本(COQ)、项目管理估算软件和卖方投标分析等。通过成本汇总、储备分析和专家谈判等学会如何制定成本的预算。控制成本是监督项目状态以更新项目预算和管理成本基准变更的过程，通过挣值管理、预测和绩效审查等工具对项目成本进行控制。

习 题

1. 某项目开始于去年，然后又搁置了 6 个月，为了完成该项目，要求你对该项目进行预算。请问：下列所有选项中，除了哪一项之外，其余的都应包括在预算之中？(　　)
   A．固定成本　　　　B．沉没成本　　　　C．直接成本　　　　D．可变成本

2. 项目经理已经完成了项目的工作分解结构(WBS)以及每一个工作包的费用估算。为了从这些数据中取得费用估算，项目经理将(　　)。
   A．使用 WBS 的最高层进行类比估算
   B．合计工作包的费用以及风险储备估算
   C．将工作包的费用估算累积到项目的总费用当中
   D．在项目的总成本方面获得专家意见

3. 新商场的发展项目要求采购各种不同的设备、机器和家具。负责此发展项目的部门最近集中了该部门的外部采购程序并使用新的订购系统标准化。请问：这些新的采购程序与订购系统能在哪一份文档中找到？(　　)
   A．项目范围说明书　　　　　　　B．工程分解结构
   C．人员配备管理计划　　　　　　D．组织政策

4. 若一公司正在变更所有权，公司新的所有者查看了所有项目的全部成本。请问：下列哪一项为全部产品的成本提供了最好的信号？(　　)
   A．完工时估算　　B．生命周期成本　　C．挣值　　　　D．净现值

5. 确定估算是(　　)。
   A．估算的一种层次，可以在没有团队的协助下完成
   B．在项目的启动阶段创建
   C．在实际值的-10%到+25%之间浮动
   D．创建所有估算种类中最昂贵的一种估算

6. 一位项目经理在费用上遇到了困难。项目范围必须以较少的费用来完成，据此项目经理应该(　　)。
   A．改变项目所使用的设备的折旧方法
   B．进行价值分析
   C．估算利益成本比
   D．恢复一些沉没成本

7. 为了改善费用估算,下列哪一项是关键方式?(   )
   A. 使用历史数据
   B. 让管理部门创建费用估算
   C. 根据控制上限和下限而进行估算
   D. 让项目经理创建任务的费用估算
8. 你刚刚完成项目的一项费用估算,你认为要超支该费用估算的概率是 15%。据此,该估算的成功概率是(   )。
   A. 低于平均值　　　B. 高于平均值　　　C. 高于中值　　　D. 低于中值
9. 用 6 周种 300 棵树,预算 240 000。计划每周种 50 棵,每周花费 40 000,每棵花费 800。从开始到第二周末,工作按计划进行,所花费用与预算一致。从第 3 周到现在,每周只种了 30 棵,每棵花费 900,截止到第 3 周;分别求以下问题:①计划值(PV);②挣值(EV);③实际成本(AC);④完工预算(BAC);⑤成本偏差(CV);⑥成本绩效指数(CPI);⑦进度偏差(SV);⑧进度绩效指数(SPI);⑨完工预算(EAC);⑩完工尚需估算(ETC);⑪完工时偏差(VAC);⑫完工尚需绩效指数(TCPI);⑬新的完工时间周期=原来预计时间周期/进度绩效指数(SPI);⑭还要花多长时间完成=新的完工时间周期-实际用掉的时间。

案 例 分 析

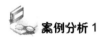

游泳池建造项目能获利吗

小王刚从北京的一所大学毕业,获得了项目管理专业学士学位,回到家乡海南加入了他父亲的公司——宏伟公司工作,成为一名项目经理。老王很想了解儿子的工作能力,于是给儿子布置了一个他自己没时间调查、但却十分关心的项目——建造游泳池。

宏伟公司虽然 20%的销售收入来自于游泳池设备的销售,但该公司并不承接建造游泳池的业务,老王想让小王来决定宏伟公司是否可以进入"建造游泳池"这个领域。

小王决定首先估算宏伟公司建造游泳池的成本,然后再调查一下竞争对手的报价,这样就能算出进入建造游泳池领域是否可以获利。

小王首先采用了在学校所学的 WBS 方法对游泳池的建造工时进行估算,估算结果为 1 200 个工时可以完工且每工时 50 元人民币。

由此小王计算出总成本为 60 000 元,同时小王经过调查还发现,竞争对手类似的游泳池建造报价 72 000 元,鉴于小王从未亲自建造过游泳池,他决定为了预防万一而把预算提高 10%。小王认为该项目是可以获利的,他给父亲打电话,说明了他的结论即建造游泳池项目能够获利。

【问题】
1. 小王所做的方案合理吗?为什么?
2. 老王将会考虑这个方案的哪些方面?

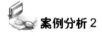

如何进行新建数码产品制造流程的费用估算

小陈被任命为 W 公司一个新建数码产品制造流程的项目经理。该数码产品具有很高的价值。W 公司已经在计量方面做了很多工作,而且建立了自己的敏感度模型,所以公司能够根据定价方式的变化精确地预测销售数量的变化。

W公司决策层认为所有在项目中影响该数码产品的各项费用都应该按照敏感度模型的分析运作，由此分析产品的收益并快速做出项目取舍的决策。W公司的做法使得小陈为提交费用预算必须承受很大的压力，而且公司已经撤换了4位在可行性阶段表现不佳的项目经理，而且他们都是小陈熟识的同事。

小陈现在面临的问题是：怎样才能编制出一个准确反映该项目全新制造过程的费用估算。该数码产品制造流程只对原流程5个阶段中的一个做出了改动，因此小陈能对其他4个没有改动的流程阶段获得详细的费用信息，但是改动的阶段很多工作不是很清晰，而且这一阶段还会对其他4个阶段产生一些影响，影响的程度也没有得到明确的界定。最重要的是，改动的流程阶段几乎占整个制造费用的40%。

【问题】
1. 目前该项目的费用管理中存在的问题是什么？
2. 小李应该采用哪一种费用估算的方法才可能得出比较准确的估算结果？
3. 公司决策层的做法合理吗？

第 7 章 项目质量管理

学习目标

本章将讨论有关项目质量管理的内容，重点是规划质量的概念、实施质量保证以及实施质量控制的技术与方法等。其中，每节通过输入、工具与技术和输出三个方面进行相应讨论与学习。

知识结构

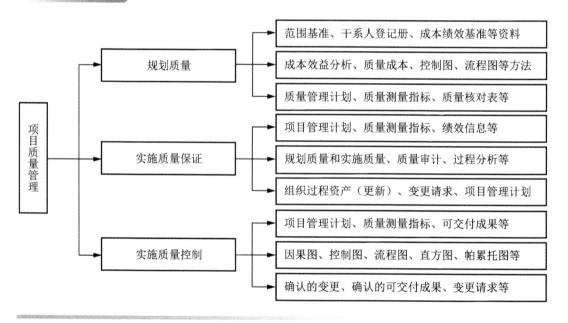

保证项目质量的重要性

某建筑公司承接了一项综合楼任务，建筑面积 109 828m³，地下 3 层，地上 26 层，箱形基础，主体为框架剪力墙结构。该项目地处城市主要街道交叉路口，是该地区的标志性建筑物。因此，施工单位在施工过程中加强了对工序指令的控制。在第 6 层楼板钢筋隐蔽工程验收时发现整个楼板受力钢筋型号不对、位置放置错误,施工单位非常重视,及时进行了返工处理。在第 12 层混凝土部分试块检测时发现强度达不到设计要求,但实体经有资质的检测单位检测鉴定,强度达到了要求。由于加强了预防和检查,没有再发生类似情况。该楼最终顺利完工,达到验收条件后,建设单位组织了竣工验收。在施工过程中,测得的工序特性数据是有波动的,一旦工序质量波动超出允许范围,立即对影响工序质量波动的因素进行分析,针对问题采取必要的管理措施,使工序质量处于稳定受控状态。

思考题

1. 项目经理与团队一起,正在使用因果图解法来确定:各种因素是如何与潜在的问题联系在一起的。请问:项目经理正专注于质量管理过程当中的哪一步骤?
2. 高级管理部门定期评估项目的绩效,以维护在质量产品标准方面的信心。请问:如何描述这项活动?
3. 项目团队已经邀请了很多的利害关系者,以帮助他们检验项目的质量。请问:这项活动能得到什么成果?

项目质量管理是为了保障项目产出物能够满足项目业主或顾客以及项目其他相关利益者的需要所开展的对项目产出物质量和项目工作质量的全面管理工作。

7.1 规 划 质 量

规划质量是识别项目及其产品的质量要求和/或标准,并书面描述项目将如何达到这些要求和/或标准的过程。规划质量的输入、工具与技术和输出及其数据流向图分别如图 7.1 和图 7.2 所示。

质量规划应与其他项目规划过程并行开展。例如,为满足既定的质量标准而对产品提出变更建议,可能会引发相应的成本或进度调整,并可能需要详细分析该变更将给相关计划带来的影响。

本节讨论项目中最常用的质量规划技术。在特定项目或应用领域中,还可采用许多其他的质量规划技术。

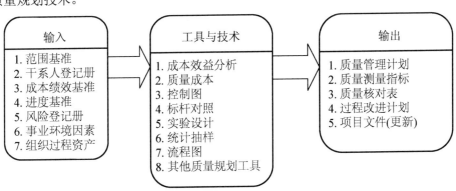

图 7.1 规划质量:输入、工具与技术和输出

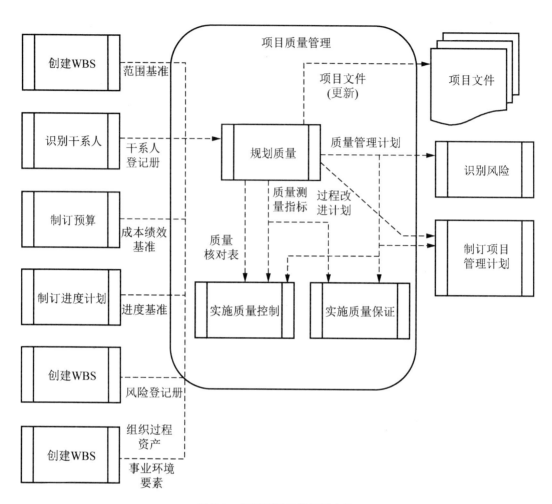

图 7.2 规划质量的数据流向图

7.1.1 规划质量：输入

1. 范围基准

范围说明书。范围说明书包含项目描述、主要项目可交付成果及验收标准。产品范围描述中通常包含技术细节以及会影响质量规划的其他事项。验收标准的界定可导致项目成本与质量成本的明显增加或降低。达到所有验收标准，就意味着满足了客户需求。下面，我们重点分析一下WBS。

WBS(工作分解结构)是 Work Breakdown Structure 的英文缩写，是项目管理重要的专业术语之一。WBS 的基本定义：以可交付成果为导向对项目要素进行的分组，它归纳和定义了项目的整个工作范围每下降一层代表对项目工作的更详细定义。WBS 总是处于计划过程的中心，也是制定进度计划、资源需求、成本预算、风险管理计划和采购计划等的重要基础。WBS 同时也是控制项目变更的重要基础。项目范围是由 WBS 定义的，所以 WBS 也是一个项目的综合工具。

2. 干系人登记册

3. 成本绩效基准

4. 进度基准

5. 风险登记册

6. 事业环境因素(但不限于)

可能影响规划质量过程的事业环境因素，包括：政府法规；特定应用领域的相关规则、标准和指南；可能影响项目质量的项目工作条件和/或产品运行条件。

7. 组织过程资产

可能影响规划质量过程的组织过程资产包括(但不限于)：组织的质量政策、程序及指南；历史数据库；以往项目的经验教训；由高级管理层颁布的、确定组织质量工作方向的质量政策。执行组织的产品质量政策经常可"原样"照搬到项目中使用。如果执行组织没有正式的质量政策，或项目涉及多个执行组织(如合资项目)，项目管理团队就需要为项目制定质量政策。无论质量政策源自何处，项目管理团队必须通过适当的信息发布，确保项目干系人完全了解项目所使用的质量政策。

7.1.2 规划质量：工具与技术

1. 成本效益分析

达到质量要求的主要效益包括减少返工、提高生产率、降低成本与提升干系人满意度。对每个质量活动进行商业论证，就是要比较其可能成本与预期效益。

2. 质量成本

质量成本(COQ)包括在产品生命周期中为预防不符合要求，为评价产品或服务是否符合要求，以及因未达到要求(返工)，而发生的所有成本。失败成本常分为内部(项目内部发现的)和外部(客户发现的)两类。失败成本也称为劣质成本。图 7.3 给出了每类质量成本的一些例子。

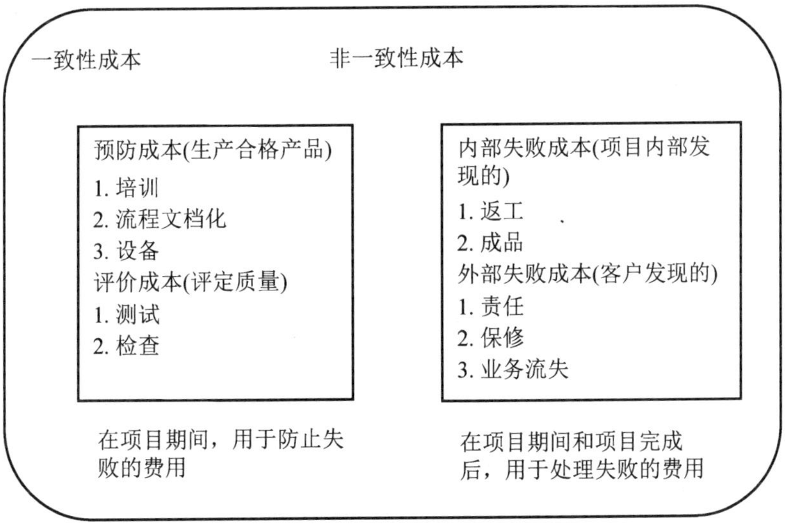

```
一致性成本                    非一致性成本

预防成本(生产合格产品)         内部失败成本(项目内部发
1. 培训                        现的)
2. 流程文档化                  1. 返工
3. 设备                        2. 成品
评价成本(评定质量)             外部失败成本(客户发现的)
1. 测试                        1. 责任
2. 检查                        2. 保修
                               3. 业务流失

在项目期间，用于防止失         在项目期间和项目完成
败的费用                       后，用于处理失败的费用
```

图 7.3　每类质量成本示例

3. 控制图

控制图用来确定一个过程是否稳定,或者是否具有可预测的绩效。根据合同要求而制定的规格上限和下限,反映了可允许的最大值和最小值。超出规格界限就可能受处罚。控制上限和下限由项目经理和相关干系人设定,反映了必须采取纠正措施的位置,以防止超出规格界限。对于重复性过程,控制界限通常设在±3 西格玛的位置。当某个数据点超出控制界限,或连续 7 个点落在均值上方或下方时,就认为过程已经失控。

控制图可用于监测各种类型的输出变量。虽然控制图最常用来追踪批量生产中的重复性活动,但也可用来监测成本与进度偏差、产量、范围变更频率或其他管理工作成果,以便帮助确定项目管理过程是否受控。图 7.4 是一个追踪项目工时记录的控制图,图 7.5 则显示了相对于固定界限的和被检测出的产品缺陷数量。

如图 7.4,控制图有 3 类常用界限:①规格上限和下限;②控制上限和下限,显示无须采取措施的最大可接受值;③计划值或目标值。

本项目的工时数缓慢增加,现仍处于控制中,但如果该趋势继续下去,工时数将会失控。

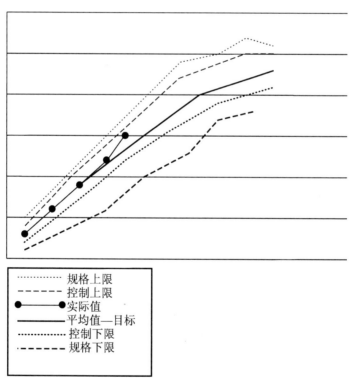

图 7.4 追踪项目工时记录的控制图示例

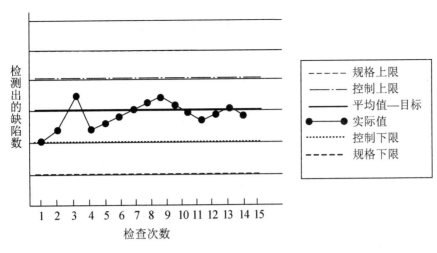

图 7.5　带固定界限的连续测量控制图

4．标杆对照

标杆对照是将实际或规划中的项目实践与可比项目的实践进行对照，以便识别最佳实践，形成改进意见，并为绩效考核提供一个基础。这些可比项目可以来自执行组织内部或外部，也可以来自同一或不同应用领域。

5．实验设计

实验设计(Design Of Experiment，DOE)是一种统计方法，用来识别哪些因素会对正在开发的流程或正在生产的产品的特定变量产生影响。应在规划质量过程中使用 DOE，来确定测试的类别、数量以及这些测试对质量成本的影响。

DOE 也有助于产品或过程的优化。它可用来降低产品性能对各种环境变化或制造过程变化的敏感度。该技术的一个重要特征是，它为系统地改变所有重要因素(而不是每次只改变一个因素)提供了一种统计框架。通过对实验数据的分析，可以了解产品或流程的最优状态，找到显著影响产品或流程状态的各种因素，并揭示这些因素之间存在的相互影响和协同作用。例如，汽车设计师可使用该技术来确定悬架与轮胎如何搭配，才能以合理成本取得最理想的行驶性能。

6．统计抽样

统计抽样是指从目标总体中选取部分样本用于检查(如从 75 张工程图纸中随机抽取 10 张)。抽样的频率和规模应在规划质量过程中确定，以便在质量成本中考虑测试数量和预期废料等。

统计抽样拥有丰富的知识体系。在某些应用领域，项目管理团队可能有必要熟悉各种抽样技术，以确保抽取的样本确实能代表目标总体。

7．流程图

流程图是对一个过程的图形化表示，用来显示该过程中各步骤之间的相互关系。流程图有多种形式，但所有的流程图都会显示活动、决策点和处理顺序。在质量规划过程中，流程图有助于项目团队预测可能发生的质量问题。认识到潜在问题，就可以建立测试程序或处理方法。图 7.6 是设计审查流程图的示例。

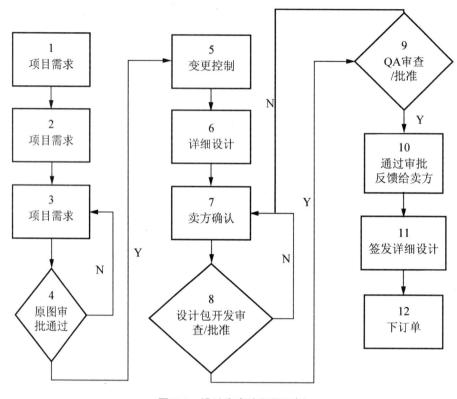

图 7.6　设计审查流程图示例

8. 专有的质量管理方法

包括六西格玛、精益六西格玛、质量功能展开及 CMMI 等。

9. 其他质量规划工具

为更好地定义质量要求并规划有效的质量管理活动，也经常使用其他质量规划工具，包括如下几种方法：

(1) 头脑风暴。获得一份综合的项目风险清单。

(2) 亲和图。基于自然关系，直观地进行逻辑分组。

(3) 力场分析。显示变更的推动力和阻碍力的图形。

(4) 名义小组技术。先由规模较小的群体进行头脑风暴，提出主意，再由规模较大的群体对主意进行评审。

(5) 矩阵图。包括 2 组、3 组或 4 组信息，用来显示因素、原因与目标之间的关系。用行和列来安排矩阵中的数据，在行和列的交叉单元中填入信息来描述相关变量之间的关系。

(6) 优先矩阵。对各种问题和/或事宜(通常由头脑风暴产生)，按其重要性进行排序的一种方法。

7.1.3 规划质量：输出

1. 质量管理计划

质量管理计划说明项目管理团队将如何实施执行组织的质量政策。它是项目管理计划的组成部分或子计划。质量管理计划为整体项目管理计划提供输入，包括项目的质量控制、质量保证和持续过程改进方法。质量管理计划可以是正式或非正式的，非常详细或高度概括的。其风格与详细程度取决于项目的具体需要。应该在项目早期就对质量管理计划进行评审，以确保决策是基于准确信息的。这样做的好处是，减少因返工而造成的成本超支和进度延误。

2. 质量测量指标

质量测量指标是一种操作性定义，它用非常具体的语言，描述项目或产品属性以及质量控制过程如何对其进行测量。通过测量，得到实际数值。测量指标可允许的变动范围，称为公差。例如，对于将成本控制在预算的±10%之内的质量目标，就可以测量每个可交付成果的成本并确定其偏离相应预算的百分比。质量测量指标用于质量保证和质量控制过程中。质量测量指标的例子包括：准时性、预算控制、缺陷频率、故障率、可用性、可靠性和测试覆盖度等。

3. 质量核对表

核对表是一种结构化工具，通常具体列出各项内容，用来核实所要求的一系列步骤是否已经执行。基于项目的不同要求和实践，核对表可简可繁。许多组织都有标准化的核对表，用来规范地执行经常性任务。在某些应用领域，核对表也可从专业协会或商业性服务机构获取。质量核对表用于质量控制过程。

4. 过程改进计划

过程改进计划是项目管理计划的子计划。过程改进计划详细说明进行过程分析的各个步骤，以便识别增值活动。过程改进计划需要考虑的方面包括以下几部分：

(1) 过程边界。描述过程的目的、过程的开始与结束、过程的输入输出、所需数据、责任人和干系人。

(2) 过程配置。过程的图形表示(其中会标明界面)，用于辅助分析。

(3) 过程测量指标。与控制界限一起，用于分析过程的效率。

(4) 绩效改进目标。用于指导过程改进活动。

5. 项目文件(更新)

可能需要更新的项目文件包括：干系人登记册；责任分配矩阵。

思考题

1. 某一项目经理刚刚接手一处于执行阶段的项目。前任项目经理创建了项目的预算，确定了沟通需求，正在继续完成工作包。请问：新任项目经理的下一步应该做什么？(   )

  A. 协调完成工作包

B. 确认质量标准
C. 开始风险识别
D. 执行项目规划

2. 在项目的执行阶段，一个新的 ISO 9000 版本发行了，项目团队与质量部门召集了一个会议，以确定如何才能将这些标准应用于项目当中，请问：这是质量过程里的哪一部分？（   ）

A. 质量分析
B. 质量保证
C. 质量控制
D. 质量规划

答案解释：

1. B。既然前任项目经理没有完成项目规划，选项 D 就不应该是新任项目经理的下一项活动。选项 B 发生在选项 C 的前面。工作包(选项 A)要在项目的规划阶段结束之后才能完成。因此，最佳答案是选项 B。

2. B。质量分析是在项目结束之后才能完成；要把一个标准运用到质量管理过程中，目的是为了质量得到保证以后才对质量进行控制。而质量规划的工作不属于新经理的下一项活动，所以最佳答案是选 B。

案例分析

有位客人到某人家里作客，看见主人家的灶上烟囱是直的，旁边又有很多木材。客人告诉主人说，烟囱要改曲，木材须移去，否则将来可能会有火灾，主人听了没有做任何表示。不久主人家里果然失火，四周的邻居赶紧跑来救火，最后火被扑灭了，于是主人烹羊宰牛，宴请四邻，以酬谢他们救火的功劳，但是并没有请当初建议他将木材移走，烟囱改曲的人。有人对主人说："如果当初听了那位先生的话，今天也不用准备宴席，而且没有火灾的损失，现在论功行赏，原先给你建议的人没有被感恩，而救火的人却是座上客，真是很奇怪的事呢！"主人顿时醒悟，赶紧去邀请当初给予建议的那个客人来吃酒。

【问题】

1. 根据上面的故事，请问，实施质量管理的过程什么环节非常重要？
2. 实施质量保证是什么？

7.2 实施质量保证

实施质量保证是审计质量要求和质量控制测量结果，确保采用合理的质量标准和操作性定义的过程。实施质量保证的输入、工具与技术和输出及其数据流向图分别如图 7.7 和图 7.8 所示。实施质量保证是一个执行过程，它使用实施质量控制过程所产生的数据。

质量保证部门或类似部门经常要对质量保证活动进行监督。无论其名称是什么，该部门都可能要向项目团队、执行组织管理层、客户或发起人以及其他未主动参与项目工作的干系人提供质量保证支持。

实施质量保证过程也为持续过程改进创造条件。持续过程改进是指不断地改进所有过程的质量。通过持续过程改进，可以减少浪费，消除非增值活动，使各过程在更高的效率与效果水平上运行。

图 7.7 实施质量保证：输入、工具与技术和输出

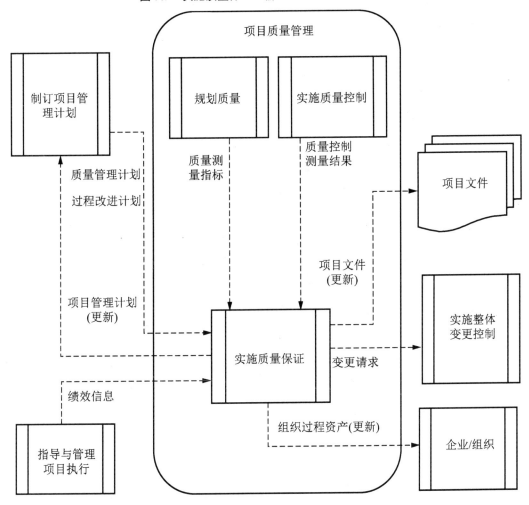

图 7.8 实施质量保证的数据流向图

7.2.1 实施质量保证：输入

1. 项目管理计划

项目管理计划中包含下列用于保证质量的相关信息。

(1) 质量管理计划。描述如何在项目中实施质量保证。

(2) 过程改进计划。详细说明过程分析的各步骤，以便识别增值活动。

2. 质量测量指标

质量管理计划说明项目管理团队将如何实施执行组织的质量政策。它是项目管理计划的组成部分或子计划。

3. 绩效信息

随着项目的进展，常规性地收集项目活动的绩效信息。可以支持审计过程的绩效信息包括：技术性能测量结果；项目可交付成果状态；进度进展情况；已发生的成本。

4. 质量控制测量结果(但不限于)

质量控制测量结果是质量控制活动的结果，用来分析和评估执行组织的质量标准。

7.2.2 实施质量保证：工具与技术

1. 规划质量和实施质量控制的工具与技术

规划质量和实施质量控制的工具与技术也可用于质量保证活动。

2. 质量审计

质量审计是一种独立的结构化审查，用来确定项目活动是否遵循了组织和项目的政策、过程与程序。质量审计的目标是：①识别全部正在实施的良好/最佳实践；②识别全部差距/不足；③分享所在组织和/或行业中类似项目的良好实践；④积极、主动地提供协助，以改进过程的执行，从而帮助团队提高生产效率；⑤强调每次审计都应对组织经验教训的积累做出贡献。

采取后续措施纠正问题，可以带来质量成本的降低，并提高发起人或客户对项目产品的接受度。质量审计可事先安排，可随机进行，也可由内部或外部审计师进行。质量审计还可确认已批准的变更请求(包括纠正措施、缺陷补救和预防措施)的实施情况。

3. 过程分析

过程分析是指按照过程改进计划中概括的步骤来识别所需的改进。它也要检查在过程运行期间遇到的问题、制约因素，以及发现的非增值活动。过程分析包括根本原因分析——用于识别问题、探究根本原因，并制定预防措施的一种具体技术。

7.2.3 实施质量保证：输出

1. 组织过程资产(更新)

可能需要更新的组织过程资产包括(但不限于)：质量标准。

2. 变更请求

质量改进包括采取措施来提高执行组织的质量政策、过程及程序的效率和/或效果。可以提出变更请求，并提交给实施整体变更控制过程审查，以便对改进建议作全面考虑。可以为采取纠正措施或预防措施，或者为实施缺陷补救，而提出变更请求。

3. 项目管理计划(更新)

项目管理计划中可能需要更新的内容包括：质量管理计划；进度管理计划；成本管理计划。

4. 项目文件(更新)

可能需要更新的项目文件包括：质量审计报告；培训计划；过程文档。

思考题

1. 新的设备安装项目正在进行当中。为了使项目能达成质量标准，从而提高每一个人的信心，项目经理正与质量保证部门合作，共同努力。请问：在他们开始这个合作过程之前，必须拥有下列哪一项作为依据？（　　）

　　A. 质量问题
　　B. 质量提升
　　C. 质量控制测量
　　D. 返工

2. 某一主要的新化工项目正在进行当中，你是其中的负责人。建造钢材已经就绪，导热系统正在准备过程之中。此时，高级管理部门通知你，说他担心项目将不能达到质量标准。在这种情况下，你应该做什么？（　　）

　　A. 向高级管理部门保证，在质量规划阶段，已经确定项目将达成质量标准
　　B. 对未来的项目结果进行类比估算
　　C. 组建一支质量保证的团队
　　D. 查阅上一次质量管理计划的结果

答案解释：

1. C。质量问题(选项 A)可能会增加质量保证的成就，但这不是必须所拥有的依据，选项 B 是质量保证的一项成果，但不是质量保证的依据，选项 D 是质量控制的成果，剩下的选项仅为选项 C，这就是质量保证的一项依据。

2. C。质量管理计划(选项 D)不能提供结果。选项 A 并不会带来很多好的效果，因此并不能解决问题。类比估算(选项 B)是考虑其他项目过去的历史数据，这并不适合于用来确定当前项目进行得如何。质量保证(选项 C)有助于确定项目是否能达成相关的质量标准。

案例分析

某建筑公司承接阳光集团综合楼工程的施工任务，该工程于 2006 年 5 月 15 日开工建设，于 2007 年 7 月 20 日竣工验收交付使用。工程保修期为正常使用条件下，建设工程的最低保修期。2013 年 8 月份，用户发现屋面大面积漏水。经调查，屋面漏水主要原因是施工单位在施工过程中使用的防水材料存在问题。项目经理瞒过监理工程师。

【问题】

1. 该建筑公司对工程的质量控制不足之处在哪里？
2. 如果漏水问题出现时已经过了保修期，那么施工单位是否负责该质量问题？
3. 为避免出现质量问题，施工单位应该事前实施哪些质量控制行为？

7.3　实施质量控制

实施质量控制是监测并记录执行质量活动的结果，从而评估绩效并建议必要变更的过程。质量控制工作贯穿项目的始终。质量标准既包括项目过程的质量标准，也包括项目产品的质量标准；项目成果既包括可交付成果，也包括项目管理成果，如成本与进度绩效。

质量控制通常由质量控制部门或名称相似的组织单元来实施。通过质量控制活动，可识别造成过程低效或产品质量低劣的原因，并建议和/或采取措施来消除这些原因。实施质量控制的输入工具与技术和输出及其数据流向图分别如图7.9和图7.10所示。

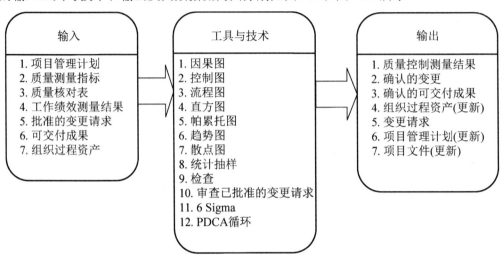

图7.9　实施质量控制：输入、工具与技术和输出

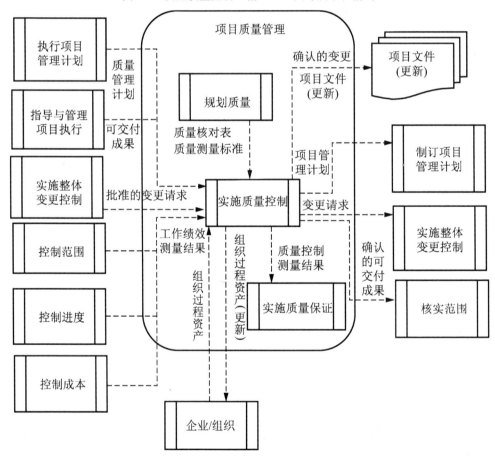

图7.10　实施质量控制的数据流向图

项目管理团队应具备质量控制方面的实用统计知识,尤其是抽样与概率知识,以便评估质量控制的结果。另外,了解以下术语之间的差别,对项目管理团队也是有用的:①预防(保证过程中不出现错误)与检查(保证错误不落到客户手中);②属性抽样(结果或为合格,或为不合格)与变量抽样(在连续的量表上标明结果所处的位置,以此表明合格的程度);③公差(结果的可接受范围)与控制界限(显示过程是否失控的临界值)。

7.3.1 实施质量控制:输入

1. 项目管理计划

需要依据项目管理计划中的质量管理计划进行质量控制。质量管理计划描述如何在项目中实施质量控制。

2. 质量测量指标

质量测量指标是一种操作性定义,它用非常具体的语言,描述项目或产品属性以及质量控制过程如何对其进行测量。

3. 质量核对表

核对表是一种结构化工具,通常具体列出各项内容,用来核实所要求的一系列步骤是否已经执行。

4. 工作绩效测量结果

针对项目活动,测量工作绩效,以便对照计划来评估实际进展情况。工作绩效的测量指标包括:实际技术性能(与计划比较);实际进度绩效(与计划比较);实际成本绩效(与计划比较)。

5. 批准的变更请求

在实施整体变更控制过程中,通过更新变更控制状态,来显示哪些变更已经得到批准,哪些变更没有得到批准。批准的变更请求可包括各种修正,如缺陷补救、修订的工作方法和修订的进度计划。需要核实批准的变更是否已得到及时实施。

6. 可交付成果

批准的可交付成果是在某一过程、阶段或项目完成时,必须产出的任何独特并可验证的产品、成果或服务能力。

7. 组织过程资产

可能影响实施质量控制过程的组织过程资产包括:质量标准和政策;标准化的工作指南;问题与缺陷报告程序以及沟通政策。

7.3.2 实施质量控制:工具与技术

这些工具与技术中的前 7 项被称为"石川七大基本质量工具"。

1. 因果图

因果图,又称石川图或鱼骨图,直观地显示各种因素如何与潜在问题或结果相联系。

图 7.11 和图 7.12 是因果图的示例。沿着其中的某条线不停地问"为什么"或"怎样",就可以发现某个可能的根本原因。"为什么-为什么"和"怎样-怎样"图可用于根本原因分析。因果图还可用于风险分析。

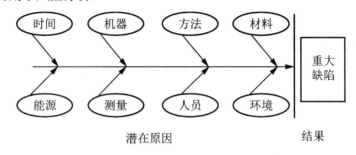

图 7.11　考虑问题的典型来源

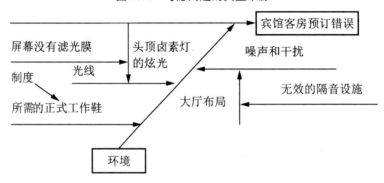

图 7.12　头脑风暴展开的环境鱼骨图

2. 控制图

控制图用来确定一个过程是否稳定,或者是否具有可预测的绩效。在实施质量控制过程中,需要收集和分析控制图中的相关数据,来指明项目过程与产品的质量状态。控制图直观地反映某个过程随时间推移的运行情况,以及何时发生了特殊原因引起的变化,导致该过程失控。控制图以图形方式回答这个问题:"该过程的偏差是在可接受的界限内吗?"控制图中的数据点可以显示过程的随机波动、突然跳跃或偏差逐渐扩大的趋势。通过持续监测一个过程的输出,控制图有助于评价过程变更是否达到了预期的改进效果。

当一个过程处于可接受的界限内时,它是受控的,不需要调整;相反,当过程超出可接受的界限时,就应该进行调整。连续 7 个点超出控制上限或下限,也表明过程失控。控制上限和下限经常设在±3 西格玛的位置,其中 1 西格玛代表一个标准差。控制图的基本模式如图 7.13 所示。

如图 7.13 所示。控制图的横坐标通常表示按时间顺序抽样的样本编号,纵坐标表示质量特性值或其统计量(如样本平均值等)。控制图中标有控制上、下限和中心线,控制界限是判断工序过程状态的判别标准。一般来说,控制界限不应超出公差界限。

3. 流程图

流程图是对一个过程的图形化表示,用来显示该过程中各步骤之间的相互关系。在实施质量控制中,可以使用流程图来发现某个或某些失效的步骤,以及识别潜在的过程改进机会。流程图也可用于风险分析。

第 7 章
项目质量管理

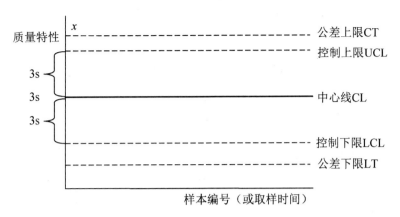

图 7.13 控制图的基本模式

4. 直方图

直方图是一种垂直的条形图，显示特定情况的发生次数。每个柱形都代表某个问题/情景的一种属性或特征。柱形的高度则表示该特征的发生次数。直方图用数字和柱形的相对高度，直观地表示引发问题的最普遍的原因。图 7.14 是一个未排序的直方图示例，显示项目团队未及时登记工作时间的各种原因。

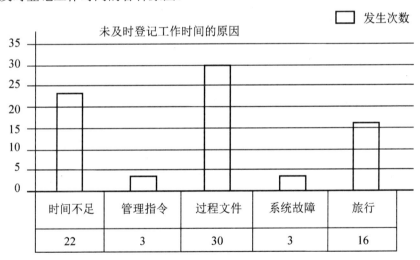

图 7.14 未排序的直方图示例

5. 帕累托图

帕累托图是一种按发生频率排序的特殊直方图，显示每种已识别的原因分别导致了多少缺陷(图 7.15)。排序的目的是为了有重点地采取纠正措施。项目团队首先要处理那些导致最多缺陷的原因。

帕累托图在概念上与帕累托法则有关。帕累托法则认为，相对少量的原因通常造成大多数的问题或缺陷。该法则通常称为 80/20 法则，即 80%的问题是由 20%的原因导致的。帕累托图也用于汇总各种类型的数据，并进行 80/20 分析。

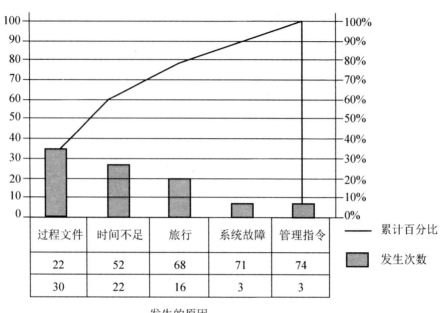

图 7.15 帕累托图

6. 趋势图

趋势图相当于没有界限的控制图,用来反映某种变化的历史和模式。它是一种线形图,按发生顺序标示数据点。趋势图可以显示随时间推移的过程趋势、过程变化或者过程的恶化和改进情况。可以借助趋势图并采用相关的数学技术,进行趋势分析,以便根据历史结果来预测未来情况。趋势分析常用于监测如下几个方面:

(1) 技术性能。已识别出多少错误或缺陷,其中有多少仍未纠正?
(2) 成本与进度绩效。每个时期有多少活动在完成时出现了明显偏差?

7. 散点图

散点图(图 7.16)显示两个变量间的关系。通过散点图,质量团队可以研究并确定两个变量之间可能存在的关系。需要在散点图上标出因变量和自变量。数据点越接近对角线,两个变量之间的关系就越密切。图 7.16 显示了时间卡提交日期与每月旅行天数间的关联性。

8. 统计抽样

统计抽样是指从目标总体中选取部分样本用于检查。按照质量计划中的规定抽取和测量样本。

9. 检查

检查是指检验工作成果,以确定其是否符合相关的书面标准。检查的结果通常包括相关的测量数据。检查可在任何层次上进行,例如可以检查单项活动的成果,或者项目的最终产品。检查也可称为审查、同行审查和审计或巡检等。在某些应用领域,这些术语的含义比较狭窄和具体。检查也可用于确认缺陷补救。

第 7 章
项目质量管理

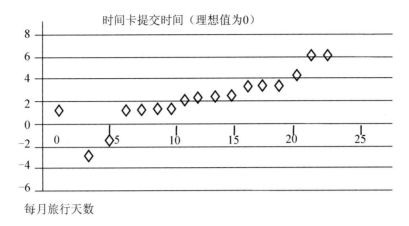

图 7.16 散点图

10. 审查已批准的变更请求

审查已批准的变更请求是对所有已批准的变更请求进行审查，以核实它们是否已按批准的方式得到实施。

11. 6 Sigma

6 Sigma 是一项以顾客为中心、以质量经济性为原则、以追求完美无瑕为目标的管理理念；是通过以统计科学为依据的经济分析，实施确定问题、测量目标、分析原因、改进优化和保持效果的过程，使企业在运作能力方面达到最佳境界的综合管理体系；也是寻求同时增加顾客满意和保持企业经营成功并将其业绩最大化的发展战略。

6 Sigma 管理是追求卓越的现代质量管理方法之一。20 世纪 90 年代以来，摩托罗拉、通用电气等世界级企业推行 6 Sigma 管理的成功，展示了一条通向卓越之路，使"依靠质量取得效益"成为现实。1987 年摩托罗拉通信业务部的乔治费舍首先提出 6Sigma 的概念。20 世纪 90 年代中后期，通用电气总裁杰克韦尔奇在全公司实施 6Sigma 管理并取得辉煌业绩，使得这一管理模式真正名声大震。下面我们介绍一下 6 Sigma 管理的理念、特点以及优点。

(1) 6 Sigma 管理的理念：①6 Sigma 管理是一种追求完美的质量文化；②6 Sigma 管理注重于目标；③6 Sigma 管理是一项重视基础的管理活动；④6 Sigma 管理是一个管理哲学和战略方法；

(2) 6 Sigma 管理的特点：①高度依赖统计数据；②重视改善业务流程；③突破管理；④倡导无界限合作。

(3) 6 Sigma 管理的优点：①提升企业管理的能力；②节约企业运营成本；③增加顾客价值；④改进服务水平；⑤改进企业文化。

6 Sigma 已经被业界公认为是实现高质量和营运优越的高效工具。其最终目标就是实现产品减少缺陷，进一步提高生产能力，用更高品质的产品来满足客户的需求，从而能在整个经营过程中获得更高的净利润。

下面通过一个非常有名、关于美国通用电气(GE)的实例来验证 6 Sigma 解决质量问题的有效性。

先来看通用电气的一组数据：1999 年总收入 1 116.3 亿美元，比 1998 年增长 11%；1999 年利润为 107 亿美元，比 1998 年增长 15%，保持业务、利润每年两位数百分比快速增长。通用电气取得如此骄人业绩的核心秘密是什么？其一就是 6 Sigma。

再看一看摩托罗拉公司(Motorola)运作 6 Sigma 后的结果：公司平均每年提高生产率 12.3%，由于质量缺陷造成的费用消耗减少 84%，运作过程中的失误降低 99.7%。节约制造费用超过 110 亿美元。公司平均每年业务、利润和股票价值增长 17%。

6 Sigma 的一大特色是要创建一基础设施，以确保企业提高绩效活动具备必需的资源。一般 6 Sigma 的成员组成包括如下几种类型。

(1) 倡导者(Champion)：一般由企业高级管理层组成。通常由行政总裁、总裁、副总裁组成。大多数为兼职。一般会设一到两位副总裁全职负责 6 Sigma 推行。主要职责为调动公司各项资源，支持和确认 6 Sigma 全面推行，决定"该做什么？"，确保按时、按质完成既定财务目标，管理、领导黑带主管和黑带。

(2) 黑带主管(Master Black Belt)：与倡导者一道协调 6 Sigma 项目的选择和培训。该职位为全职 6 Sigma 人员。其主要工作为培训黑带和绿带，理顺人员，组织和协调项目、会议、培训、收集和整理信息。执行和实现由倡导者提出的"该做什么"的工作。在 6 Sigma 质量导入前期，该职位通常由顾问公司的顾问担任。

(3) 黑带(Black Belt)：为企业中全面推行 6 Sigma 的中坚力量。负责具体执行和推广 6 Sigma，同时肩负培训绿带的任务。一般情况一个黑带一年需培训 100 位绿带。该职位也为全职 6 Sigma 人员。

(4) 绿带(Green Belt)：为兼职人员。为公司内部推行 6 Sigma 众多底线收益项目的领导者。他们侧重于 6 Sigma 在每日工作中的应用。他们通常为公司各基层部门的负责人。6 Sigma 占其工作的比重可根据实际情况而定。

实施 6 Sigma 可以降低成本，提高生产率、市场占有率和顾客的忠诚度，使运作周期减少，降低废品率，改变企业文化，促进产品和服务的拓展等。事实证明 6 Sigma 不仅适合于制造型企业，也适合于金融、服务和贸易型企业。当然 6 Sigma 不是万灵药，包治百病，其较适合大中型企业，对于小型企业不一定适用，但可以作为有益参考。

案例分析

摩托罗拉公司曾一度在其服务的每个市场上都连遭败绩。顾客对摩托罗拉的不满和失望四处蔓延。运营成本持续攀高，导致利润令人沮丧。它丢掉的市场份额全都是被日本竞争对手抢走。摩托罗拉的经营体系不是针对顾客满意度而设计的。回应迟缓，而且回应方式通常也不旨在令顾客满意。摩托罗拉产品的质量和可靠性也未达到应有的水准。顾客遇到了太多意外的产品失灵。内部官僚系统孤芳自赏，很少考虑如何服务顾客。

所幸的是，日本企业在市场上击败摩托罗拉的同时，也提供了如何更好行事的标杆。若干高层经理和主管被派往日本作标杆考察，研究运营方法和产品质量水准。他们发现，日本拥有全国性的员工参与和团队协作规划，专注于改进运作以更好地服务顾客。日本企业做到了不仅运用员工所提供的劳力，而且发挥他们的才智和知识。

从其顾客那里，摩托罗拉认识到自己必须变革所有运作系统，包括制造、服务、行政和销售，使之专注于全面顾客满意。

从日本企业那里，他们则学习到：让公司所有员工集思广益是提高效率和士气的有效方法。日本企业还让他们认识到，简化设计会产生更高水准的质量和可靠性。摩托罗拉的领导层把所有这些综合起来，建立了"6 Sigma"的愿景和框架。

第 7 章 项目质量管理

6 Sigma 规划专注于顾客满意度，并由此带来更好的产品和服务。这是一场影响到企业每位员工的文化变革。他们将改变思维方式，将关注自己在工作中的参与度，并且以不同的认知看待周围事物。

实现 6 Sigma 并非终点，对 6 Sigma 的追求是一个永不停息的过程。它由 6 个步骤组成：①确立需要改进的运营问题和度量指标；②建立一支精干的改进团队；③辨识问题的潜在原因；④探究根本原因；⑤让改进措施长期化；⑥展示并庆祝改进的成果。这些步骤得以充分实施后，你所有的运营活动都将消灭低效，员工们将士气高涨，不懈地追求精益求精的境界。

【问题】

1. 6 Sigma 对摩托罗拉公司的意义和作用是什么？
2. 6 Sigma 是不是适合所有类型的企业或单位？

12. PDCA 循环

PDCA 循环又叫戴明环，是美国质量管理专家休哈特博士首先提出的，由戴明采纳、宣传、获得普及，从而也被称为"戴明环"。它是全面质量管理所应遵循的科学程序。

PDCA 是英语单词 Plan(计划)、Do(执行)、Check(检查)和 Act(处理)的第一个字母，PDCA 循环就是按照这样的顺序进行质量管理，并且循环不止地进行下去的科学程序。PDCA 循环在项目中的实施质量控制上有着极其重要的位置，它的存在能确保项目质量的有效性。图 7.17 是 PDCA 循环的模型。

图 7.17　PDCA 循环模型

其中，需要注意的是，PDCA 循环必须遵循如图 7.18 所示 7 个步骤。

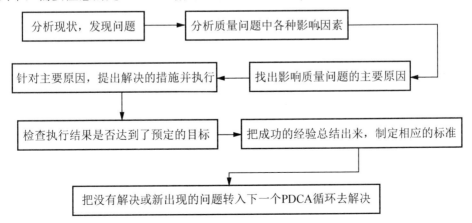

图 7.18　PDCA 循环步骤

PDCA 循环在质量管理中应用更为广泛，为了改进和解决产品质量问题，在进行 PDCA 循环时还可以利用相关的数据和资料以及质量管理中常用的统计分析方法做出科学的分析判断。

下面结合解决某一车间不合格品的案例来说明 PDCA 循环在质量管理中的应用，特别是它如何利用质量管理中常用的统计分析方法。某车间加工某工件的不合格品统计情况见表 7-1。

表 7-1 某车间加工某工件的不合格品统计情况。

表 7-1 某车间加工某工件的不合格品统计情况

原　因	数量/件	比率/%	累计百分比/%
包边不良	5207	10.8	10.8
小头破裂	6557	13.6	24.4
壳体开裂	34856	72.3	96.7
自检废品	1253	2.6	99.3
其它	337	0.7	100
总计	48210	100	

(1) 分析现状，找出存在的问题。本案例主要存在的问题是不合格品数量较大，需要找出相应的方法来解决。

(2) 分析产生问题的各种原因或影响因素。根据这个统计资料，就可以画出不合格品排列图(图 7.19)，从排列图中明显地可以看出，壳体开裂是影响产品质量的主要原因，如果解决了这个质量问题，就可以降低不合格品率 72.3%。

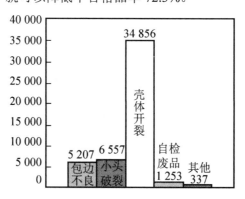

图 7.19　不合格品排列图

(3) 找出主要影响因素。

(4) 制定解决措施。针对质量原因可以采取更换原材料、采用各种方法对材料进行处理等措施来解决。

(5) 执行措施计划。

(6) 调查和评价阶段。经过采取措施后，还应再用排列图等方法检查并与最初的设想对比,从而评价其实施效果。

(7) 将工作结果标准化、制度化。

(8) 提出尚未解决的问题并进行新的 PDCA 循环。

总之,PDCA 循环在企业管理中有很广泛的用途,是在工作中经常使用的好方法。

7.3.3 实施质量控制:输出

1. 质量控制测量结果

质量控制测量结果是按照质量规划中规定的格式,对质量控制活动的结果的书面记录。

2. 确认的变更

对变更或补救过的对象进行检查,做出接受或拒绝的决定,并把决定通知相关人员。被拒绝的对象可能需要返工。

3. 确认的可交付成果

质量控制的一个目的就是确定可交付成果的正确性。实施质量控制过程的最终结果就是确认的可交付成果。确认的可交付成果是核实范围过程的一项输入,以便接受正式验收。

4. 组织过程资产(更新)

可能需要更新的组织过程资产包括:完成的核对表。如果使用了核对表,完成的核对表就会成为项目记录的一部分;经验教训文档。偏差的原因、采取纠正措施的理由以及从质量控制中得到的其他经验教训都应记录下来,成为项目和执行组织历史数据库的一部分。对经验教训的总结与记录应贯穿整个项目生命周期,至少需要在项目收尾时进行。

5. 变更请求

如果推荐的纠正措施、预防措施或缺陷补救导致需要对项目管理计划进行变更,则应按既定的实施整体变更控制过程提出变更请求。

6. 项目管理计划(更新)

项目管理计划中可能需要更新的内容包括:质量管理计划和过程改进计划。

7. 项目文件(更新)

本 章 小 结

质量管理是保障项目产出物能够满足项目业主以及其他相关利益者的需要所开展的对项目产出物质量和项目工作质量的全面管理。通过对成本效益分析、质量成本以及流程图等方法对质量进行规划。实施质量保证是审计质量要求和质量控制测量结果,确保采用合理的质量标准和操作性定义的过程。通过规划质量和实施质量、质量审查和过程分析实施质量得到保证。实施质量控制是监测并记录执行质量活动的结果,从而评估绩效并建议必要变更的过程。通常质量控制的方法有因果图、流程图、直方图以及 PDCA 循环等方法,对项目质量进行控制。

习 题

1. 项目经理担心项目的成本。因为该项目有很多的返工，报废，而且库存成本也在攀升。如果你是这位项目经理的顾问，则你应该为该项目经理提供最好的建议是？（　　）

  A．这种结果是项目本身应该有的，不必为此而担心

  B．提升质量训练，团队活动依目标而进行

  C．小心沉没成本

  D．留意边际成本

2. 当你刚完成项目的一件主要的可交付成果时，你意识到卖方没有执行要求的检查。你应该做什么？（　　）

  A．从付款中去除检查的费用　　　　B．从工作范围中去除检查

  C．要求完成检查　　　　　　　　　D．将卖方报告给负责检查的政府机构

3. 下列各项中，除了哪一项之外，其余的都是质量过程的依据？（　　）

  A．项目章程　　　　　　　　　　　B．核对表

  C．质量政策　　　　　　　　　　　D．加范围说明书

4. 下列各项当中，除了哪一项之外，其余项的都是质量控制过程的一部分？（　　）

  A．趋势分析　　　　　　　　　　　B．检验

  C．控制图　　　　　　　　　　　　D．基准参照/标杆法

5. 项目团队已经创建了一份有关如何执行质量政策的计划。如果在项目的进行过程当中改变这项计划。则下列哪一项计划也将跟随着发生改变？（　　）

  A．项目计划　　　　　　　　　　　B．质量控制计划

  C．质量保证计划　　　　　　　　　D．质量管理计划

6. 新的设备安装项目是正在进行当中。为了使项目能达成质量标准，从而提高每一个人的信心，项目经理正与质量保证部门合作，共同努力。请问：在开始这个合作过程之前，必须拥有下列哪一项作为依据？（　　）

  A．质量问题　　　　　　　　　　　B．质量提升

  C．质量控制测量　　　　　　　　　D．返工

7. 某一项目经理必须解决两个问题。然而，这两个问题能够在单一的试验中发生。在这种情况下，请问：该项目经理最需要采取的措施是什么？（　　）

  A．为每一个问题制定一份解决方案

  B．制定一份解决方案，以同时解决这两个问题

  C．进行一次统计上相互独立的试验

  D．不需要采取任何解决办法，因为这两个问题会相互抵消

8. 某一项目出现了严重的失误。该项目的项目经理召集项目团队和制造工程师开会，一起分析该问题的形势。在分析产生该严重问题的原因时，在与会的各成员中产生了两种相左的意见。其中的一种意见认为：产生该问题的真正原因是由于设备的老化。而另外的一种意见认为：这是由于缺少某一项质量合格的物料而造成的。该项目经理决定使用鱼骨图来帮助寻找这个根本原因。请问：以下哪项最佳描述了团队专注的事项？（　　）

  A．质量分析　　　B．质量规划　　　C．质量保证　　　D．质量控制

案 例 分 析

案例分析

河北环宇集团从1977年开始生产电视机，曾在全国较有名气，获得过几十种荣誉："全国彩电评比一等奖"、"国家银质奖"、1985年"全国十大名牌"等，可谓名噪一时。可是到1995年年底，明亏1.48亿元，潜亏4 915万元，负债2.96亿元，宣告破产。环宇的电视1974年就送进了中南海，1984年又较早地引进了彩电生产线，产品进军欧洲市场，还在英国成立了英环公司，生产环宇电视机，此举吸引了23个国家的驻华大使、参赞来厂参观，1988年生产了电视机40万台，当时规模已不算小了。但到了1989年国内市场开始疲软后，工厂领导对电视机市场发展前景做了错误的估计，认为前途不甚远大。因此，对这个产品不重视，从1989年到1995的6年间仅投入3 000万元，该厂电视机从1984年到1989年的5年，只销售了47C-2型一种机型，1989年后虽然开发了54cm的几个品种，但是别的厂家64cm、74cm、画中画等新产品迭出，而环宇彩电还是老面孔，当然没有市场。

从市场开拓来说，环宇根本没有开辟与形成自己的销售渠道与网络。电视机走俏时，该厂的销售只考虑先卖给谁，后卖给谁就行了，根本不去抓市场，市场疲软时，又不知道产品往哪里销，没有自己的销售系统，在全国的经销单位只有20多个。

从集团内部运作机制上看，其内部运作不规范，内部结构变化频繁。1987年后机构每年一变或几变，从1987年到1991年的4年间进行了6次大调整，还不包括小调整。1991年后集团内又作了3次分与合的调整。电视机厂的厂长平均一年换一次，最长的为1年7个月，最短的8个月，连中层干部还没认识就下台了，而且，这些机构的调整，并没有把责、权和利理顺，厂长具体管企业，但没有权，公司总经理有权，但不直接管理业，企业很不好运作。环宇集团最终于1995年7月宣告破产，1996年被宝石集团收购。

【问题】
1. 环宇集团破产的主要教训是什么？有什么启示？
2. 名牌的含义是什么？试分析名牌与质量的关系。如何实施名牌战略？

第 8 章 项目人力资源管理

学习目标

项目人力资源管理是指对项目的人力资源所开展的规划、开发、合理配置、准确评估、适当激励、团队建设等方面的管理工作。这种管理的根本目的是充分发挥项目组织各方面的主观能动性，以实现既定的项目目标和提高项目效益。本章讨论的重点包括 4 个方面的内容：第一是制订人力资源计划，第二是组建项目团队，第三是建设项目团队，第四是管理项目团队。

知识结构

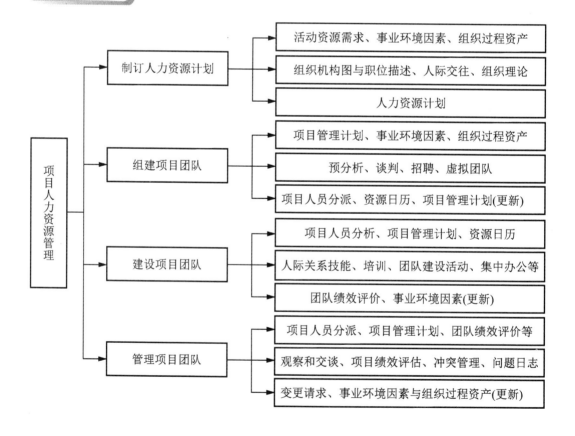

第 8 章 项目人力资源管理

领导的艺术

如何调动员工的积极性,一直是鼎盛软件公司项目经理赵兴修努力钻研的问题。赵兴修认为提升某人的时候就是增加其责任的时候。下属如果心情好,经理人员要肯定他的成绩,同时又要鼓励他百尺竿头、更进一步。下属高兴的时候,就让他多做点事;下属心灰意懒的时候,则不要让他太难堪。如果一个下属因自己的失败而闷闷不乐,这时候经理人员再落井下石,就有严重伤害他的危险,他就不想再上进了。赵兴修还认为,一个经理人员如果能够调动另一个人的积极性,他的绩效就有很大的提升。要使一个团队能够正常顺利运转,一切都要靠调动积极性。经理人员可以完成两个人的工作,但经理人员不是两个人。经理人员应激励他的副手,使副手再激励他的部下,层层激励,就能焕发出极大的工作热情。赵兴修认为,经理人员要善于听取意见才能调动员工的积极性,一个普通的公司和一个出色的公司的区别就在这里。作为一个经理人员,最得意的事情就是看到被称为中等或平庸的人受到赏识,使他们感到自己的意见被采纳,并发挥作用。动员员工的最佳办法是让员工了解经理人员的行动,使他们个个成为其中的一部分。

思考题

1. 项目经理遇到了来自团队高级技术成员之间的争吵。据此:该项目经理如何才能最好地处理这种形式的冲突?

2. 一位项目经理要解决一个复杂的问题,并且决定了需要做些什么工作。几个月以后,这个问题又重新显露出来了。请问:该项目经理最不可能做过的事情是什么?

3. 某一项目处于规划阶段的早期,一位新雇员被分配到该项目工作。他今天必须决定他是否将接受该项目的工作任务,还是他要求被分配到一个不同的项目中去。然而,该项目的项目经理不在上班,而且电话也联系不上。请问:该项目团队能从哪个地方帮助他决定该项目已经分配给他的工作?

项目人力资源管理包括组织、管理与领导项目团队的各个过程。项目团队由为完成项目而承担不同角色与职责的人员组成。随着项目的进展,项目团队成员的类型和数量可能频繁变化。项目团队成员也被称为项目员工。尽管项目团队成员各有不同的角色和职责,但让他们全员参与项目规划和决策仍是有益的。团队成员尽早参与,既可使他们对项目规划工作贡献专业技能,又可以增强他们对项目的责任感。

8.1 制订人力资源计划

制订人力资源计划是识别和记录项目角色、职责、所需技能以及报告关系,并编制人员配备管理计划的过程,如图 8.1 和图 8.2 所示。通过编制人力资源计划,识别和确定那些拥有项目所需技能的人力资源。在人力资源计划中,应该包含项目角色与职责记录、项目组织机构图,以及人员招募和遣散时间表的人员配备管理计划。它可能还包含培训需求、团队建设策略、认可与奖励计划、合规性考虑、安全问题以及人员配备管理计划对组织的影响等。

应该特别关注稀缺或有限人力资源的可得性,或者各方面对这些资源的竞争。可按个人或小组分派项目角色。这些个人或小组可来自项目执行组织的内部或外部。其他项目可能也在争夺具有相同能力或技能的资源。这些因素可能对项目成本、进度、风险、质量及其他方面有显著影响。编制人力资源计划时，必须认真考虑这些因素，并编制人力资源配备的备选方案。

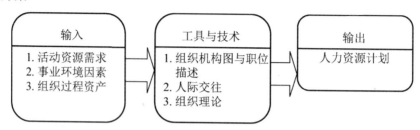

图8.1 制订人力资源计划：输入、工具与技术和输出

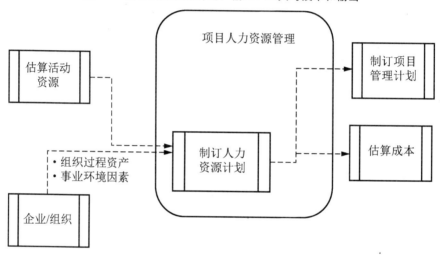

图8.2 制订人力资源计划的数据流向图

8.1.1 制订人力资源计划：输入

1. 活动资源需求
2. 事业环境因素
3. 组织过程资产

8.1.2 制订人力资源计划：工具与技术

1. 组织机构图与职位描述

可采用多种格式来记录团队成员的角色与职责。大多数格式都属于以下3类(图8.3)：层级型、矩阵型和文本型。此外，有些项目人员安排可在项目管理计划的子计划(如风险、质量或沟通计划)中列出。无论使用什么方法，目的都是要确保每个工作包都有明确的责任人，确保全体团队成员都清楚地理解其角色和职责。

(1) **层级型**。可以采用传统组织机构图，以图形方式自上而下地显示各种职位及其相互关系。工作分解结构(WBS)用来显示如何把项目可交付成果分解为工作包，有助于明确高层次的职责。WBS 显示项目可交付成果的分解,而组织分解结构(OBS)则按照组织现有的部门、单元或团队排列,并在每个部门下列出项目活动或工作包。运营部门(如信息技术部或采购部)只需找到其所在的 OBS 位置,就能看到自己的全部项目职责。资源分解结构是另一种层级图,按照资源类别对项目进行分解。例如,资源分解结构可以列出船舶建造项目各部位所需的全部焊接工人和焊接设备,即使他们分散在 OBS 和 WBS 的不同分支中。资源分解结构对追踪项目成本很有用,并可与组织的会计系统对接,它可包含人力资源以外的其他各类资源。

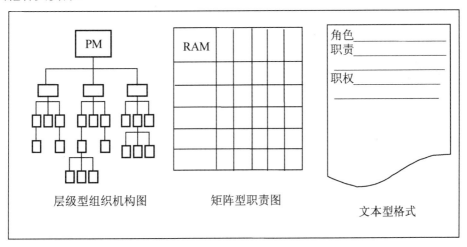

图 8.3 角色与职责定义格式

(2) 矩阵型。可以采用责任分配矩阵(RAM)显示工作包或活动与项目团队成员之间的联系。在大型项目中,可在多个层次上制定 RAM。例如,高层次的 RAM 可定义项目团队中的各小组分别负责 WBS 中的哪部分工作,而低层次的 RAM 则可在各小组内为具体活动分配角色、职责和职权。矩阵图能反映与每个人相关的所有活动以及与每项活动相关的所有人员。它也可确保任何一项任务都只有一个人负责,从而避免混乱。而 RACI(执行、负责、咨询和知情)是 RAM 常用的一种方式,见表 8-1。表中最左边的一列表示有待完成的工作(活动)。可以针对个人或小组,分配工作。项目经理也可根据项目的需要,选择"领导"、"资源"或其他适用词汇,来分配项目责任,RACI 图是 RAM 常用的一种类型。如果团队是由内部和外部人员组成的,RACI 图就显得尤为重要,以保证对角色和期望的明确划分。

表 8-1 使用 RACI 格式的责任分配矩阵

RACI 图	人员				
活动	安妮	本	卡洛斯	蒂娜	埃德
定义	A	R	I	I	I
设计	I	A	R	C	C
开发	I	A	R	C	C
测试	A	I	I	R	I

注:R—执行;A—负责;C—咨询;I—知情。

(3) 文本型。如果需要详细描述团队成员的职责，就可以采用文本型。文本型文件通常以概述的形式，提供诸如职责、职权、能力和资格等方面的信息。这种文件有多种名称，如职位描述、角色—职责—职权表。该文件可作为未来项目的模板，特别是在根据当前项目的经验教训对其内容进行更新之后。

(4) 项目管理计划的其他部分。与管理项目有关的某些职责，可以在项目管理计划的其他部分列出并解释。例如，在风险登记册中列出风险责任人，在沟通计划中列出沟通活动的负责人，在质量计划中指定质量保证和质量控制活动的负责人。

2．人际交往

人际交往是指在组织、行业或职业环境中与他人的正式或非正式互动。人员配备管理的有效性会受各种政治与人际因素的影响。人际交往是了解这些政治与人际因素的有益途径。人际交往活动包括主动写信、午餐会、非正式对话(如会议和活动)、贸易洽谈会和座谈会等。人际交往在项目初始时特别有用，并可在项目期间以及项目结束后有效促进项目管理职业的发展。

3．组织理论

组织理论阐述个人、团队和组织部门的行为方式。有效利用组织理论，可以缩减编制人力资源计划的时间、成本及人力投入，并提高人力资源规划工作的有效性。在不同的组织结构中，人们可能有不同的表现、不同的业绩，可能展现出不同的交际特点。认识到这一点，是非常重要的。

8.1.3 制订人力资源计划：输出

作为项目管理计划的一部分，人力资源计划是关于如何定义、配备、管理、控制以及最终遣散项目人力资源的指南。人力资源计划应该包括(但不限于)如下内容：

(1) 角色和职责。在罗列项目所需的角色和职责时，需考虑下述各项内容。

① 角色。某人负责项目某部分工作的一个名词，应该清楚地界定和记录各角色的职权、职责和边界。

② 职权。使用项目资源，做出决策以及潜在批准的权利，职权和职责相匹配才能更好地开展工作。

③ 职责。为完成项目活动，项目团队成员应该履行的工作。

④ 能力。为完成项目活动，所具备的技能和才干。如果发现能力和职责不匹配，就要主动采取措施。

(2) 项目组织机构图。以图形的方式展示项目团队成员和报告关系。例如，一个3 000人的灾害应急团队的项目组织机构图，要比仅有20人的内部项目的组织机构图详尽得多。人员配备管理计划描述何时以及如何满足项目对人力资源的需求，包括以下几方面内容。

① 人员招募。在规划项目团队成员招募工作时，需要考虑一系列问题。例如，从组织内部招募，还是从组织外部的签约供应商招募？团队成员必须集中在一起工作，还是可以远距离分散办公？项目所需各级技术人员的成本分别是多少？组织的人力资源部门和职能经理们能为项目管理团队提供多少帮助？

② 资源日历。人员配置管理计划需要按个人或小组来描述项目团队成员的工作时间框架并说明招募活动何时开始。用于人力资源管理的绘图工具是资源直方图，在整个项目期间每周每月需要某人，某部门或整个项目团队的工作小时数，资源直方图示例如图 8.4 所示。

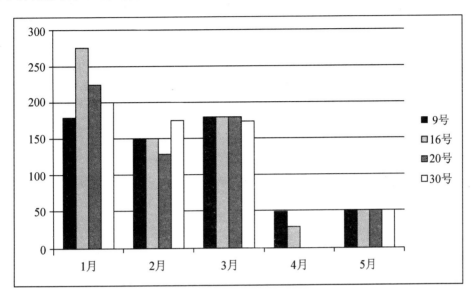

图 8.4　资源直方图示例

③ 资源直方图：可在资源直方图中画一条水平线，代表某种特定资源最多可用的小时数，如果柱形超过该水平线，就表明需要采用资源平衡策略。

④ 人员遣散计划。事先确定遣散团队成员的方法与时间，对项目和团队成员都有好处。一旦把团队成员从项目中遣散出去，项目就不再负担与这些成员相关的成本，从而节约项目成本。如果已经为员工安排好向新项目的平滑过渡，则可以提高士气。人员遣散计划也有助于减轻项目过程中或项目结束时可能发生的人力资源风险。

⑤ 培训需要。如果预计到团队成员不具备所要求的能力，则要制订一个培训计划，并将其作为项目的组成部分。培训计划中也可说明应该如何帮助团队成员获得相关证书，以提高他们的工作能力，从而使项目从中受益。

⑥ 认可与奖励。需要用明确的奖励标准和事先确定的奖励制度，来促进并加强团队成员的优良行为。应该针对团队成员可以控制的活动和绩效进行认可与奖励。例如，因实现成本目标而获奖的团队成员，就应该对费用开支有适当的决定权。在奖励计划中规定发放奖励的时间，可以确保奖励能适时兑现而不被遗忘。认可与奖励是建设项目团队过程的一部分。

⑦ 合规性。人员配备管理计划中可包含一些策略，以遵循适用的政府法规、工会合同和其他现行的人力资源政策。

⑧ 安全。应该在人员配备管理计划和风险登记册中规定一些政策和程序，来保护团队成员远离安全隐患。

1. 一个项目团队散布在大庆、胜利和长庆油田：有18家公司在为该项目工作，该项目一共有180名核心团队成员。对于项目经理来说，为了使上述状况变得更为容易管理，下列哪一项对此活动有最大的影响？
  A. 资源需求列表　　　　　　　　　B. 人员配备管理计划
  C. 资源管理计划　　　　　　　　　D. 资源直方图
2. 人员配备管理计划中描述了什么内容？
  A. 人力资源是在什么时候加入团队的，又是如何加入的
  B. 资源如何调整
  C. 什么人力资源将使用于项目
  D. 什么样的技能对项目是必需的

答案解释：
1. B。人员配备管理计划是帮助项目经理管理资源的计划。在项目管理中，没有诸如"资源管理计划"的术语。所以最佳答案选B。
2. A。选项D是选项A的一部分。所以最佳答案选A。

案例分析

某公司是一家经营办公设备的跨国公司。今年年初，该公司决定在销售部门实施交叉销售的经营战略，在提供售后服务的同时，销售其他办公设备，并对售后服务人员进行销售技巧培训，但是许多售后服务人员还是不适应既是服务人员，又是销售人员。后来，经过多次培训、教育、督促甚至下达硬性指标，上半年销售业绩依然没有明显改善，甚至有部分人产生了抵触情绪。

【问题】
人员配置要遵循哪些原理？

8.2 组建项目团队

组建项目团队是确认可用人力资源并组建项目所需团队的过程，如图8.5和图8.6所示。因为集体劳资协议、分包商人员使用、矩阵型项目环境、内外部报告关系及其他各种原因，项目管理团队对选择团队成员不一定拥有直接控制权。在组建项目团队的过程中，应特别注意下列事项。

(1) 项目经理或项目管理团队应该进行有效谈判，并影响那些能为项目提供所需人力资源的人员。

(2) 不能获得项目所需的人力资源，可能影响项目进度、预算、客户满意度、质量和风险，可能降低成功概率，甚至最终导致项目取消。

(3) 如因制约因素、经济因素或其他项目对资源的占用等，而无法获得所需的人力资源，在不违反法律、规章、强制性规定或其他具体标准的前提下，项目经理或项目团队可能不得不使用替代资源(也许能力较低)。

在项目规划阶段，应该对上述因素加以考虑并做出适当安排。项目经理或项目管理团队应该在项目进度计划、项目预算、项目风险计划、项目质量计划、培训计划及其他相关计划中，说明缺少所需人力资源可能造成的影响。

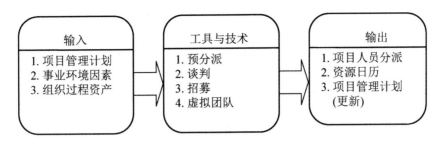

图 8.5 组建项目团队：输入、工具与技术和输出

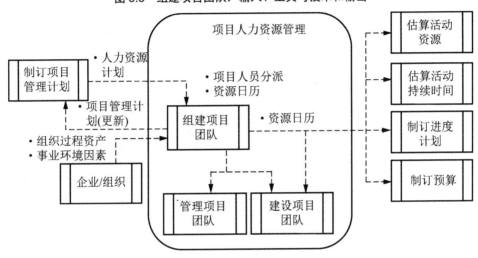

图 8.6 组建项目团队的数据流向图

8.2.1 组建项目团队：输入

1. 项目管理计划

项目管理计划中包含人力资源计划，而人力资源计划中又包含以下用于指导人力资源识别、配备、管理、控制和最终遣散的信息。

(1) 角色与职责。定义项目所需的岗位、技能和能力。

(2) 项目组织机构图。说明项目所需的人员数量。

(3) 人员配备管理计划。说明需要每个团队成员的时间段，以及有助于组建项目团队的其他重要信息。

2. 事业环境因素

可能影响组建项目团队过程的事业环境因素包括(但不限于)以下几个方面：

(1) 现有人力资源情况，包括可用的人员及其能力水平、以往经验、对本项目工作的兴趣和成本费率。

(2) 人事管理政策，如影响外包的政策。

(3) 组织结构。

(4) 一个或多个工作地点。

3. 组织过程资产

可能影响组建项目团队过程的组织过程资产包括(但不限于)：组织的标准政策、流程和程序。

8.2.2 组建项目团队：工具与技术

1. 预分派

如果项目团队成员是事先选定的，他们就是被预分派的。预分派可在下列情况下发生：项目章程中写好的制定的；竞标过程中承诺；取决于特定人员完成。

2. 谈判

在许多项目中，人员分派是通过谈判完成的。例如，项目管理团队需要与下列各方谈判。

(1) 职能经理。确保项目能够在需要时获得具备适当能力的人员，确保项目团队成员能够、愿意并且有权在项目上工作，直到完成其职责。

(2) 执行组织中的其他项目管理团队。合理分配稀缺或特殊人力资源。

(3) 外部组织、卖方、供应商、承包商等。获取合适的、稀缺的、特殊的、合格的、经认证的及其他诸如此类的特殊人力资源。特别要注意外部的谈判政策、惯例、流程、指南、法律及其他标准。

在人员分派谈判中，项目管理团队影响他人的能力是很重要的，如同在组织中的政治能力一样重要。例如，职能经理在决定把杰出人才分派给某个项目时，将会权衡各竞争项目的优势和知名度。

3. 招募

如果执行组织内部缺乏完成项目所需的人员，就可以从外部获得所需的服务。这可能包括雇用个人咨询师，或把相关工作分包给其他组织。

4. 虚拟团队

虚拟团队的使用为招募项目团队成员提供了新的可能性。虚拟团队可定义为具有共同目标、在完成角色任务的过程中很少或没有时间面对面工作的一群人。电子通信工具(如电子邮件、电话会议、网络会议和视频会议等)使虚拟团队成为可行。虚拟团队使以下情况的发生成为可能。

(1) 在所处地理位置广为分散的员工之间组建团队。

(2) 为项目团队增加特殊技能，即使相应的专家不在同一地理区域。

(3) 把在家办公的员工纳入团队。

(4) 在工作班次或时间不同的员工之间组建团队。

(5) 将行动不便者或残疾人纳入团队。

(6) 进行那些原本会因差旅费用过高而被封杀的项目。

(7) 在虚拟团队的环境中，沟通规划变得更为重要。可能需要多花些时间，来设定明确的期望。

(8) 促进沟通，制定冲突解决方法，召集人员参与决策，以及共享成功的喜悦。

虚拟团队打破了组织的界线，使得组织可以大量利用外部人力资源条件，而减轻了组织内部人工成本压力。在此基础上，组织可以大力精简机构，重新设计组织构架，使人员朝有利于组织发展的方向流动，促使组织结构扁平化。此外，团队柔性的工作模式减少了成员的办公费用、为聚集开会而支付的旅行费用等，也减少了重新安置员工的费用，从而降低了管理成本。

8.2.3 组建项目团队：输出

1. 项目人员分派

通过上述方法把合适的人员分派到位，就完成了项目人员配备。与项目人员分派相关的文件包括项目团队名录和致团队成员的备忘录，还需要把人员姓名插入项目管理计划的其他部分中，如项目组织机构图和进度计划。

2. 资源日历

人员配置管理计划需要按个人或小组来描述项目团队成员的工作时间框架，并说明招募活动何时开始。用于人力资源管理的绘图工具是资源直方图，在整个项目期间每周每月需要某人，某部门或整个项目团队的工作小时数。

3. 项目管理计划(更新)

项目管理计划中可能需要更新的内容包括(但不限于)人力资源计划。例如，承担项目角色与职责的具体人员，可能并不完全符合人力资源计划中所述的相关要求。

思考题

一位项目经理被分配到某一新项目。该项目的团队是预先已选定好的。请问：该项目经理需要做的第一件事情是他应该找出该项目团队的什么？

A. 每位团队成员所喜欢的颜色
B. 每位团队成员的项目目标
C. 每位团队成员的项目任务
D. 每位团队成员在项目计划中的角色

答案解释：
了解团队成员的激励是重要的，这样可使你能有效地管理团队。这也是项目团队发展的一部分，选项C和D在以后项目的管理过程中出现得比较晚。所以最佳答案选B。

8.3 建设项目团队

建设项目团队是提高工作能力、促进团队互动和改善团队氛围，以提高项目绩效的过程。目标是提高信任感、认同感，提高士气、减少冲突、增进协作，因此项目经理应该具有建立、建设、维护、激励、领导和鼓舞项目团队的能力，以实现团队的高效运行，并实现项目目标，如图8.7和图8.8所示。

团队协作是项目成功的关键因素，而建设高效的项目团队是项目经理的主要职责之一。项目经理应创建一个促进团队协作的环境。项目经理应通过提供挑战与机会、提供及时反馈与所需支持，以及认可与奖励优秀绩效，来不断激励团队。通过开放和有效的沟通、在团队成员中建立信任、以建设性方式管理冲突，以及鼓励合作型的问题解决和决策制订方法，可以实现团队的高效运行。项目经理应该要求管理层提供支持，并/或对相关干系人施加影响，以便获得建设高效项目团队所需的资源。

今天，项目经理在全球化的环境和富有文化多样性的项目中工作。团队成员经常来自不同的行业，讲不同的语言；有时甚至会在工作中使用一种特别的"团队语言"，而不使用他们的母语。项目管理团队应该利用文化差异，在整个项目生命周期中致力于发展并维护项目团队，并促进在相互信任的氛围中充分协同工作。通过建设项目团队，可以改进人际技能、技术能力、团队环境以及项目绩效。在整个项目生命周期中，团队成员之间都要保持明确、及时、有效(包括效果和效率两个方面)的沟通。建设项目团队的目标包括(但不限于)以下几方面内容。

(1) 提高团队成员的知识和技能，以提高他们完成项目可交付成果的能力，并降低成本、缩短工期和提高质量。

(2) 提高团队成员之间的信任和认同感，以提高士气、减少冲突和增进团队协作。

(3) 创建富有生气和凝聚力的团队文化，以提高个人和团队生产率，振奋团队精神，促进合作，并促进团队成员之间的交叉培训和辅导，以分享知识和经验。

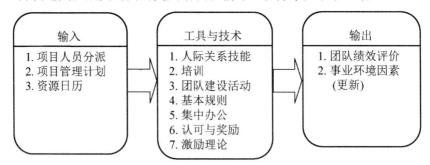

图 8.7 建设项目团队：输入、工具与技术和输出

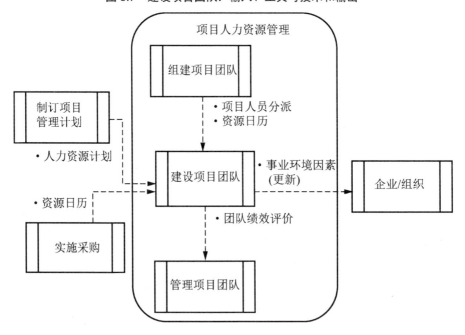

图 8.8 建设项目团队的数据流向图

8.3.1 建设项目团队：输入

1. 项目人员分派

团队建设从获得项目团队成员的名单开始。项目人员分派文件中列出了谁是项目团队成员。

2. 项目管理计划

项目管理计划中包含人力资源计划，而人力资源计划中又包含员工培训安排和团队建设计划。通过持续的团队绩效评价和其他形式的团队管理活动，可以把奖励、反馈、额外培训及纪律惩罚等事项加入到人力资源计划中。

3. 资源日历

8.3.2 建设项目团队：工具与技术

1. 人际关系技能

这些技能有时也被称为"软技能"，对团队建设特别重要。通过了解项目团队成员的感情、预测其行动，了解其后顾之忧，并尽力帮助解决问题，项目管理团队可大大减少麻烦并促进合作。同情心、影响力、创造力及小组协调力等，对管理项目团队都有重要作用。

2. 培训

培训包括旨在提高项目团队成员能力的全部活动。培训可以是正式或非正式的。培训方式包括：课堂培训、在线培训、计算机辅助培训、在岗培训(由其他项目团队成员提供)、辅导及指导。如果项目团队成员缺乏必要的管理或技术技能，可把对这种技能的培养作为项目工作的一部分。应该按人力资源计划中的安排来实施预定的培训，应该根据项目团队管理过程中的观察、会谈和项目绩效评估结果来开展必要的计划外培训。

3. 团队建设活动

团队建设活动既可以是状态审查会上的 5 分钟议程，也可以是为改善人际关系而设计的、在非工作场所专门举办的体验活动。团队建设活动的目的是帮助各团队成员更加有效地协同工作。如果团队成员的工作地点相隔甚远，无法进行面对面接触，就特别需要有效的团队建设策略。非正式的沟通和活动有助于建立信任和良好的工作关系。

建设团队环境最重要的技能之一是，把项目团队问题当作"团队的问题"加以讨论和处理。应该鼓励整个团队协作解决这些问题。要建设高效的项目团队，项目经理需要获得高层管理者的支持，获得团队成员的承诺，采用适当的奖励和认可机制，创建团队认同感，有效管理冲突，以及在团队成员间增进信任和开放式沟通，特别是要有良好的团队领导力。

有种理论认为，团队建设通常要依次经过 5 个阶段。然而，团队停滞在某个阶段或退回到前一阶段的情况，也并非罕见。如果团队成员曾经共事过，项目团队建设也可跳过某个阶段。

(1) 形成阶段。在本阶段，团队成员相互认识，并了解项目情况以及他们在项目中的正式角色与职责。团队成员倾向于相互独立，不怎么开诚布公。(更多信息可参考塔可曼的团队建设阶梯。)

(2) 震荡阶段。在本阶段，团队开始从事项目工作，制订技术决策和讨论项目管理方法。如果团队成员对不同观点和意见不能采取合作和开放的态度，团队环境可能恶化成破坏性的。

(3) 规范阶段。在本阶段，团队成员开始协同工作，并按团队的需要来调整各自的工作习惯和行为，团队成员开始相互信任。

(4) 成熟阶段。进入这一阶段后，团队就像一个组织有序的单位那样工作，团队成员之间相互依靠，平稳高效地解决问题。

(5) 解散阶段。在本阶段，团队完成所有工作，团队成员离开项目。

某个阶段持续时间的长短，取决于团队活力、团队规模和团队领导力。项目经理应该对团队活力有较好的理解，以便有效地带领团队经历所有阶段。

4. 基本规则

制定基本规则，对项目团队成员的可接受行为做出明确规定。尽早制定并遵守明确的规则，可减少误解，提高生产力。对基本规则进行讨论，有利于团队成员相互了解对方的重要价值观。规则一旦建立，全体项目团队成员都必须遵守。

5. 集中办公

集中办公是指把许多或全部最活跃的项目团队成员安排在同一个物理地点工作，以增强团队工作能力。集中办公既可以是临时的(如仅在项目特别重要的时期)，也可以贯穿整个项目。实施集中办公策略，可借助团队会议室、张贴进度计划的场所，以及其他能增进沟通和集体感的设施。尽管集中办公是一种良好的团队建设策略，但虚拟团队的使用有时也不可避免。

6. 认可与奖励

在团队建设过程中，需要对成员的优良行为给予认可与奖励。关于奖励方法的最初计划，是在制订人力资源计划过程中编制的。必须认识到，只有能满足被奖励者的某个重要需求的奖励，才是有效的奖励。在管理项目团队的过程中，通过项目绩效评价，以正式或非正式的方式做出奖励决定。在决定认可与奖励时，应考虑文化差异。例如，在鼓励个人主义的文化中，就很难实施团队奖励。

只有优良行为才能得到奖励。例如，为实现紧迫的进度目标而自愿加班，应当受到奖励或表彰；因团队成员计划不周而导致的加班，则不应受到奖励。不能因高级管理层造成的计划不周和强加的不合理要求，而惩罚团队成员。只有少数项目团队成员能获得的赢——输(零和)奖励会破坏团队凝聚力，如月度最佳团队成员奖。奖励人人都能做到的行为，如按时提交进度报告，可以增进团队成员之间的相互支持。

如果人们感受到自己在组织中的价值，并且可以通过获得奖励来体现这种价值，他们就会受到激励。通常，大多数人认为金钱奖励是奖励制度中最有形的奖励，然而也存在各种有效的无形奖励。大多数项目团队成员会因得到成长机会、获得成就感以及用专业技能迎接新挑战而受到激励。公开表彰优秀业绩，可以正面强化成员的优良行为。项目经理应该在整个项目生命周期中尽可能地给予表彰，而不是等到项目结束之后。

7. 激励理论

激励理论包括：马斯洛需求层级理论和赫兹伯格理论，如图 8.9 所示。

1) 马斯洛需求层级理论

根据需求层级激励组员，组员的需求和项目经理的不一样，分别有：自我实现、尊重需要、社会需要、安全需要、生理需要。

2) 赫兹伯格理论

(1) 保健卫生。做得不好就会损害激励，做得好也不一定提高激励，如工作条件、工资、同事间关系、个人生活、安全、职位。

(2) 激励需求。最好激励人们的方法是工作本身：责任、自我实现、职业发展、得到承认。激励人们最好的方法就是奖励他们，并帮助他们成长，这远比简单地提薪效果更好。

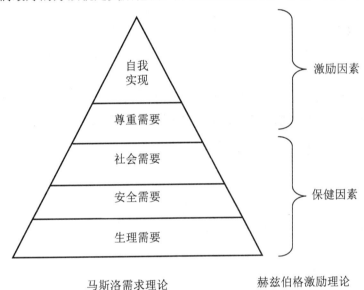

图 8.9 马斯洛需求理论图及赫兹伯格激励理论图

8.3.3 建设项目团队：输出

1. 团队绩效评价

随着项目团队建设工作(如培训、团队建设和集中办公等)的开展，项目管理团队应该对项目团队的有效性进行正式或非正式评价。有效的团队建设策略和活动可以提高团队绩效，从而提高实现项目目标的可能性。团队绩效评价标准应由全体相关各方联合确定，并被整合到建设项目团队过程的输入中。在涉及合同或集体劳资协议的项目中，这一点特别重要。根据项目的技术成功度(达到约定的项目目标)、项目进度绩效(按时完成)和成本绩效(在财务约束条件内完成)，来评价团队绩效。以任务和结果为导向，并且项目结果完全符合要求，这是高效团队的特征。高效团队也会展示出一些与工作过程和人际关系相关的特征，可据此间接地考核项目绩效。

评价团队绩效的依据：项目技术成功度、项目进度绩效、成本绩效。而评价团队有效性的依据：个人技能改进、团队能力改进、离职率降低、凝聚力加强。

通过对团队整体绩效的评价，项目管理团队可以识别所需的特殊培训、指导、辅导、协助或变更，以改进团队绩效。这也包括识别所需的资源，以执行和实现在绩效评价过程中提出的改进建议。应该妥善记录这些团队改进建议和所需资源，并传递给相关当事人。如果团队成员是工会会员、涉及集体劳资协议、受制于合同绩效条款或处于其他相关情况下，做到这一点就尤为重要。

关键绩效指标确定是绩效指标与计划制订最核心的环节。各层级关键绩效指标的制订，其实是战略地图的分解过程，是把组织战略主题转化成各层级关键绩效指标的过程。

关键绩效指标分解通常的方法有鱼骨图分解法、项目分解法、管理流程分解法、PDCA分解法、QQTC分解法和关键事件分解法。

(1) 鱼骨图分解法。

鱼骨图分解法又称因果分解法。它是利用"头脑风暴法"，集思广益，寻找影响数量、质量、时间、成本等问题的潜在因素，然后用鱼刺形状的图形方式来表示的一种方法，它能帮助人们集中注意力搜寻产生问题的根源，并为收集数据指出方向。

(2) 项目分解法。

项目分解法指将某一些大的项目分解成若干小项目。比如说，销售额增长可以分解成原有市场销售额增长和新市场销售额增长，也可以分解成原产品销售额增长和新产品销售额增长；成本降低可分解成生产成本降低、销售额费用降低、管理费用降低、财务费用降低等。

(3) 管理流程分解法。

著名管理学家法约尔认为，管理包括计划、组织、协调、指挥和控制五大过程。可以借助管理流程对战略主题进行分解。

(4) PDCA分解法。

PDCA分解法是人们通常所讲的管理循环，类似于管理流程法。PDCA分解法借助"计划—执行—检查反馈—分析改进"循环来分解关键绩效指标。例如，某项技术改进工作可以分解为：技术改进计划、技术改进执行、技术改进检查、技术改进分析与改进。

(5) QQTC分解法。

QQTC分解法是常用的指标分解方法。当把一些工作要转化为可量化的绩效指标时，通常要借助QQTC分解法。QQTC分解法指任何事件、任务或项目都可以转化为从数量、质量、时间和成本四维度来考量。

Q：数量，即在规定条件下完成工作的数量，一般采用个数、时数、人数、项数等表示。

Q：质量，即在规定条件下完成工作的质量，通常采用比率、及时性、有效性、准确性、达成率、合格率等表示。

T：时间，即在规定条件下对工作进度的衡量，通常用通过时间、批准时间、开始时间、完成时间等表示。

C：成本，即在规定条件下完成工作所耗费的成本，通常用成本额度、成本比率、费用额度、费用比率等表示。

6) 关键事件分解法

当某些事件难以用上述一些方法分解时，可以考虑关键事件分解法。关键事件分解法指可以借助这些指标实现过程中的一些关键或典型事件来对这项工作进行评估。例如，客户服务努力程度可以通过客户资料收集、客户电话次数、客户拜访等典型事件来反映。

2. 事业环境因素(更新)

作为建设项目团队过程的结果，可能需要更新的事业环境因素，包括(但不限于)人事管理政策，如对员工培训记录和技能评估的更新。

1. 某一主要项目正处于执行阶段，有 50 000 000 美元的估算费用。有两位团队成员在某一组件的潜在卖方处理问题上有着不同的意见，项目经理提出帮助，建议达成妥协，并且团队成员要解决这个问题。请问：谁应决定最好的行动？( )

    A. 管理部门   B. 团队成员

    C. 项目经理   D. 客户

2. 某一项目经理对一位团队成员说："如果你不能按照事先所设定的质量标准来完成这项工作，那么，去拉萨与客户进行里程碑式的聚会名单中，你的名字将被移除。"请问：该项目经理正在使用何种形式的权力？( )

    A. 奖励权力   B. 正式权力

    C. 处罚权力   D. 旨示权力

答案解释：

1. B。根据题目中所陈述的原因，技术专家(通常是团队成员)应该解决这个问题，所以答案选 B。

2. C。答案解释：惩罚是指拿走你的部分利益，所以选择 C。

M 是负责某行业一个大型信息系统集成项目的高级项目经理，因人手比较紧张，M 从正在从事编程工作的高手中选择了小张作为负责软件子项目的项目经理，小张同时兼任模块的编程工作，这种安排导致了软件子项目失控。

【问题】

1. 分析导致软件子项目失控的可能原因。
2. 你认为 M 事先应该怎么做才能让小张作为子项目的项目经理，并避免软件子项目失控？

8.4 管理项目团队

管理项目团队是跟踪团队成员的表现、提供反馈、解决问题并管理变更，以优化项目绩效的过程，如图 8.10 和图 8.11 所示。项目管理团队应该观察团队行为，管理冲突，解决问题，并评估团队成员的绩效。通过管理项目团队，可以提交变更请求，更新人力资源计划，解决问题，为绩效评估提供输入，以及为组织数据库增加经验教训。

管理项目团队需要借助多方面的管理技能来培养团队协作精神，整合团队成员的工作，从而创建高效团队。进行团队管理需要综合运用各种技能，特别是在沟通、冲突管理、谈判和领导力等方面的技能。项目经理应该向团队成员分配富有挑战性的任务，并对优秀绩效进行表彰。

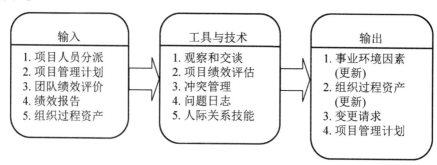

图8.10 管理项目团队：输入、工具与技术和输出

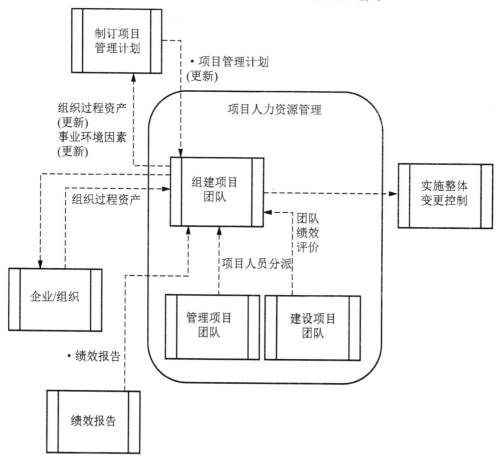

图8.11 管理项目团队的数据流向图

8.4.1 管理项目团队：输入

1. 项目人员分派

项目人员分派文件中包含项目团队成员名单。

2. 项目管理计划

项目管理计划中包含人力资源计划。人力资源计划中包括(但不限于)以下几个方面：
(1) 角色与职责。
(2) 项目组织。
(3) 人员配备管理计划。

3. 团队绩效评价

项目管理团队应该持续地对项目团队绩效进行正式或非正式评价。不断地评价项目团队绩效，有助于采取措施解决问题，调整沟通方式，解决冲突和提高团队互动。

4. 绩效报告

绩效报告是把当前项目状态与预期项目状态进行比较的文件。从进度控制、成本控制、质量控制和范围核实中得到的结果，有助于项目团队管理。绩效报告和相关预测报告中的信息，有助于确定未来的人力资源需求、未来的认可与奖励安排，以及对人员配备管理计划的更新。

5. 组织过程资产

可能影响管理项目团队过程的组织过程资产包括(但不限于)以下几个方面：
(1) 嘉奖证书。
(2) 新闻报道。
(3) 网站。
(4) 奖金结构。
(5) 公司制服。
(6) 组织中其他的额外待遇。

8.4.2 管理项目团队：工具与技术

1. 观察和交谈

通过观察和交谈，随时了解项目团队成员的工作和态度。项目管理团队应该监督项目可交付成果的进展，了解团队成员引以为荣的成就，以及了解各种人际关系问题。

2. 项目绩效评估

在项目过程中进行绩效评估的目的包括：澄清角色与职责，向团队成员提供建设性反馈，发现未知或未决问题，制订个人培训计划，以及确立未来各时期的具体目标。

取决于项目工期长短、项目复杂程度、组织政策、劳动合同要求以及所需定期沟通的数量和质量等因素，可以开展正式或非正式的项目绩效评估。

3. 冲突管理

在项目环境中，冲突不可避免。冲突的来源包括资源稀缺、进度优先级排序和个人工作风格的差异等。采用团队规则、团队规范以及成熟的项目管理实践(如沟通规划和角色定义)，可以减少冲突的发生。

引起冲突的七大原因分别是：项目进度安排、项目优先级顺序、资源分配、技术方面的不同意见、行政诚信、费用和个性。个性是引起冲突最不常见的原因，有些冲动好像是个性引起的，其实不是，可以归结为其他更直接的原因。

为了处理团队中的冲突，首先由项目团队成员负责解决，升级后由项目经理提供协助，采用直接和合作方式，尽早并通常在私下处理，最后是用正式程序采取惩戒措施。

项目经理解决冲突的能力，往往在很大程度上决定着其管理项目团队的成败。不同的项目经理可能有不同的解决冲突的风格。影响冲突解决方法的因素包括以下几个方面：

(1) 冲突的相对重要性与激烈程度。
(2) 解决冲突的紧迫性。
(3) 冲突各方的立场。
(4) 永久或暂时解决冲突的动机。

有 6 种常用的冲突解决方法，见表 8-2。由于每种方法都有各自的地位和用途，表 8-2 所列没有特定顺序。

表 8-2 常用的冲突解决方法

方法	用途	结果
撤退/回避	从实际或潜在冲突中退出	双输
缓解/包容	强调一致而非差异	双输
妥协	寻找能让全体当事人都在一定程度上满意的方案	双输
强迫	以牺牲其他方为代价，推行某一方的观点，只提供赢—输方案	一输一赢
合作	综合考虑不同的观点和意见，引导各方达成一致意见并加以遵守	双赢
面对/解决问题	通过审查备选方案，把冲突当作需要解决的问题来处理，需要以"取舍"的态度进行公开对话	双赢

注：强迫是最差的方法，面对/解决问题是最好的方法。

4. 问题日志

在管理项目团队过程中，总会出现各种问题。书面日志能记录并帮助监控谁负责在目标日期之内解决某个特定问题。应该针对妨碍团队实现目标的各种障碍来解决问题。

5. 人际关系技能

项目经理应该综合运用技术、人际和抽象技能来分析形势，并与团队成员有效互动。恰当地使用人际关系技能，有助于项目经理充分利用全体团队成员的优势。

关于人际关系技能，有广泛的知识体系。该知识体系同时适用于项目和非项目工作，本书无法全面覆盖。列举项目经理最常用的人际关系技能简介如下：

(1) 领导力。对沟通远景以及鼓舞项目团队高效工作特别重要。
(2) 影响力。说服力，有效倾听，综合考虑，达成一致意见。影响力主要体现在如下各方面。
① 说服别人的能力，以及清晰表达观点和立场的能力。
② 积极且有效倾听的优秀技能。
③ 任何形势下都能综合考虑各种看法。

④ 收集相关的关键信息来解决重要问题,并在维护相互信任的同时达成一致意见。

(3) 有效决策。包括谈判的能力,以及影响组织与项目管理团队的能力。进行有效决策需要做到以下几方面。

① 着眼于所要达到的目标。
② 遵循决策流程。
③ 研究环境因素。
④ 提升团队成员的个人素质。
⑤ 激发团队创造力。
⑥ 管理机会与风险。

8.4.3 管理项目团队:输出

1. 事业环境因素(更新)

作为管理项目团队过程的结果,可能需要更新的事业环境因素包括(但不限于)以下两个方面:

(1) 对组织绩效评价的输入。
(2) 个人技能更新。

2. 组织过程资产(更新)

作为管理项目团队过程的结果,可能需要更新的组织过程资产包括(但不限于)以下 3 个方面:

(1) 历史信息和经验教训文档。
(2) 相关模板。
(3) 组织的标准流程。

3. 变更请求

人员配备的变化,无论是自主选择还是由不可控制事件造成的,都会影响项目管理计划的其他部分。如果人员配备问题干扰了项目管理计划的实施,诸如造成进度拖延或预算超支,就需要通过实施整体变更控制过程来处理变更请求。人员配备变更可能包括把人员转派到其他任务、外包部分工作以及替换离开的团队成员。

预防措施是指在问题发生前所制订的、用来降低问题发生概率和/或影响的措施。预防措施可包括为减轻成员缺勤所带来的问题而开展的交叉培训,以及为确保所有职责的履行而进一步开展的角色澄清。

4. 项目管理计划(更新)

项目管理计划中可能需要更新的内容包括(但不限于)人员配备管理计划。

思考题

当项目经理正在与他的团队一起创建某一状态会议的议程时,该项目经理收到了其中一位团队成员的要求,该团队成员认为有必要在该会议上增加一个议事项目。但是,另一位团队成员却认为:项目团队没有准备在这次会议上解决这项增加的议事项目。经过多方讨论之后,该项目经理决定将这个议事项目仅作

为一个初始的讨论项放在这次会议的议程之上。请问：该项目经理正在使用何种方式解决冲突？（　　）

　　A. 妥协　　　　　　　　　　　　B. 缓和
　　C. 强制　　　　　　　　　　　　D. 回避

答案解释：
项目经理的决定是在寻找一个折中的方案，这就是相互妥协的冲突解决办法，所以最佳答案选 A。

本 章 小 结

　　本章学习了项目人力资源管理、组织以及领导项目团队的各个过程。制订人力资源计划是识别和记录项目角色、职责、所需技能以及报告关系，并编制人员配备管理计划的过程。通过预分派、谈判招募以及虚拟团队来组建一个项目团队。一个项目团队的质量直接影响到项目能否顺利完成，所以组建好一个项目团队变得十分重要。一个优秀的团队可以提高工作能力、促进团队互动、改善团队氛围、提高团队绩效，可以通过人际关系技能、培训、集中办公等方法建立一个优秀团队。管理项目团队是跟踪团队成员的表现、提供反馈、解决问题并管理变更，以优化项目绩效的过程。

习　　题

1. 下列哪一项是团队发展的成果？（　　）
　　A. 管理计划　　　　　　　　　　B. 人员配备管理计划
　　C. 绩效提升　　　　　　　　　　D. 奖励系统

2. 在项目工作中，最常见的冲突根源是（　　）。
　　A. 团队成员之间的性格差异　　　B. 费用问题
　　C. 优先级问题　　　　　　　　　D. 进度问题

3. 某一项目成员想脱离你的团队。他知道在他的部门里有一个重要的项目即将被批准，并与你的项目同时开始，他想要到其他的项目上工作。在这种情况下，你应该做什么？（　　）
　　A. 把他从团队中放出去
　　B. 就将他从团队中放出去一事与职能经理讨论
　　C. 当他找到适合的替代者之后，就将他放出去
　　D. 与项目发起人商量关于将他从团队中放出去的事

4. 到目前为止，你项目的发起人非常满意项目的执行情况，为了庆祝此事，他想要开一个有全体团队参加的聚会，邀请全体团队成员饮酒跳舞，你关心此事，由于公司规定：公司的任何活动都不能饮酒。对此，你该怎么做？（　　）
　　A. 项目发起人是负责任的。举行此活动有助于团队建设
　　B. 将项目发起人举行聚会饮酒之事通知人力资源部
　　C. 告诉项目发起人聚会是好的做法，但不能饮酒
　　D. 建议在八小时工作之外举行此项活动

5. 前三个月，客户对项目交付成果的接受总会迟延 2~3 天。经分析研究具体情况之后，项目经理决定，解决此项迟延所需要使用到的最好的冲突解决技术是回避。下列哪一项反映出回避？（　　）
　　A. 通知客户，推迟接受不是问题，但要求客户在接受以后的项目交付成果时不要再推迟
　　B. 与客户会面，为交付成果的接受确定一个新的预定日期

C. 推迟一项表决
D. 打电话给客户，要求客户今天就将项目成果交付后的接受书寄给你

案例分析

伦敦急救服务中心

世界上最大的伦敦急救服务中心每年大约处理 100 万次呼叫，进行 50 万次出诊，拥有 3 000 名员工和 800 多辆车，分布在 640 平方英里的范围内，为大约 750 万居民和 250 万旅游者服务。

这个组织面临着许多因素的挑战，在 1978 年和 1992 年，组织分别创建了急救派送系统项目，最终都以彻底的失败而告终。到 1992 年，员工的士气非常低落，甚至到了返回手工作业的地步——紧急呼叫产生的大量单据被传递到决策制订者和救护车派送员工的手中。

为了帮助解决这个问题，组织雇用了兰泰来领导这个团队。此时，员工们承受着极大的公共批评压力，并且产生了害怕再一次失败的畏惧思想。这种思想非常糟糕，员工们甚至开始相信在这种环境中根本无法取得成功。由于没有有效的沟通渠道，所以员工倾向于不说出问题，或者是他们说了，也没有人来倾听。

为了改变这种现状，兰泰采取了一系列措施，设定了清楚的项目管理目标，制订了完整的项目计划，并且将其分解成易于管理的细目。兰泰和他的团队在项目各种资源和预算的基础上，开发了一个细节时间表，并且鼓励团队成员进行沟通，改变"不要告诉我，我不感兴趣"的态度，使大家能够开放和坦诚地对话。

项目完成后，这个系统达到了预先设定的目标：在接到电话后，救护车在 3min 内上路的比例提高了 1 倍，超过 80%；在接到电话 14min 内，救护车到达的比例超过 90%，而这一比例以前只有 75%。40% 的病例处理时间不超过 8min，而以前这个比例只有 13%。整个项目为公共健康护理做出了巨大的贡献。

在讨论兰泰的战略时，他提出了以下建议：
(1) 在项目团队和组织中鼓励进行开放、坦诚的沟通。
(2) 使团队参与计划和决策的制订。
(3) 把项目分解成为能管理的细目。
(4) 激发团队精神。
(5) 建立坚固的项目基础，如计划、时间表、预算和控制范围。

【问题】
(1) 兰泰提出的建议合适吗？有无不足之处？
(2) 怎样鼓励团队成员积极关心团队的工作和发展？
(3) 什么是团队精神？如何建立团队精神？

第 9 章 项目沟通管理

学习目标

有效的沟通能在项目干系人之间建立桥梁。不同文化和不同技能水平，组织背景以及对项目执行与结果有不同观点将会是项目沟通管理中需要克服的障碍。本章所讨论的项目沟通管理包括为确保项目信息及时且恰当地生成、收集、发布、存储和调用并最终处置所需的各个过程。

知识结构

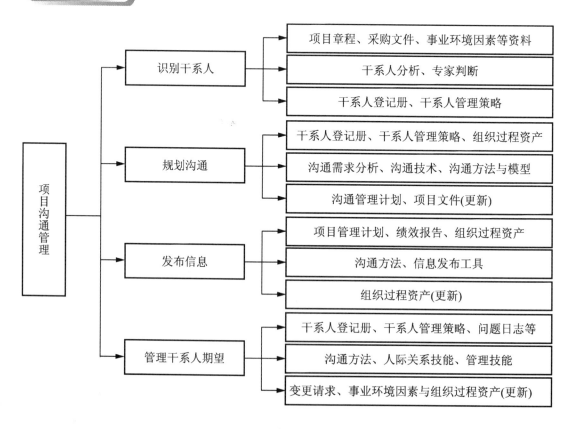

第 9 章
项目沟通管理

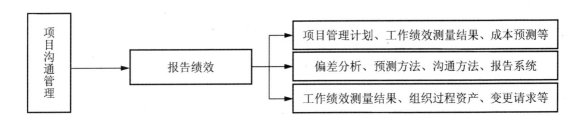

有效沟通的重要性

某系统集成商 B 负责某大学城 A 的 3 个校园网的建设,夏某是总承包商的分包商。田某是系统集成商 B 的高级项目经理,对 3 个校园网的建设负总责。关某、夏某和宋某是系统集成商 B 的项目经理,各负责其中的一个校园网建设项目。项目建设方聘请了监理公司对项目进行监理。系统集成商 B 承揽的大学城 A 校园网建设项目,计划从 2002 年 5 月 8 日启动至 2004 年 8 月 1 日完工。期间因项目建设方的资金问题,整个大学城的建设延后 5 个月,其校园网项目的完工日期也顺延到 2005 年 1 月 1 日,期间田某因故离职,其工作由系统集成商 B 的另一位高级项目经理鲍某接替。鲍某第一次拜访客户时,客户对项目状况非常不满。和鲍某一起拜访客户的系统集成商 B 的主管副总、销售部总监、销售经理和关某、夏某、宋某 3 个项目经理。客户的意见如下。

你们负责的校园网项目进度一再滞后,你们不停地保证,又不停地延误。

你们在实施自己的项目过程中,不能与其他承包商配合,影响了他们的进度。

你们在项目现场,不遵守现场的管理规定,造成了现场的混乱。

……

听到客户的意见,鲍某很生气,而关某、夏某和宋某也向鲍某反映项目现场的确很乱,他们已完成的工作经常被其他承包商搅乱,但责任不在他们。至于客户的其他指控,关某等人则显得无辜,他们管理的项目不至于那么糟糕,他们项目的进展和成绩客户一概不知,而问题却被扩大甚至扭曲。

思考题

(1) 大多数的沟通是如何发生的?
(2) 缺乏沟通和未解决的争端意味着什么?
(3) 项目沟通系统的关键元素是什么?

项目沟通管理包括为确保项目信息及时且恰当地生成、收集、发布、存储、调用并最终处置所需的各个过程。项目经理的大多数时间都用在与团队成员和其他干系人的沟通上,无论这些成员和干系人是来自组织内部(位于组织的各个层级上)还是组织外部。有效的沟通能在各种各样的项目干系人之间架起一座桥梁,把具有不同文化和组织背景、不同技能水平以及对项目执行或结果有不同观点和利益的干系人联系起来。

9.1 识别干系人

管理干系人其中包括识别干系人。识别过程贯穿项目始终，把正面影响放大，负面影响缩小。项目经理集中精力处理那些重要的关系。干系人的影响在项目的初期是最大的。

识别干系人是识别所有受项目影响的人员或组织，并记录其利益、参与情况和对项目成功之影响力的过程，如图 9.1 和图 9.2 所示。项目干系人是指积极参与项目，或其利益可能受项目实施或完成的积极或消极影响的个人和组织，如客户、发起人、执行组织和公众。

图 9.1 识别干系人：输入、工具与技术和输出

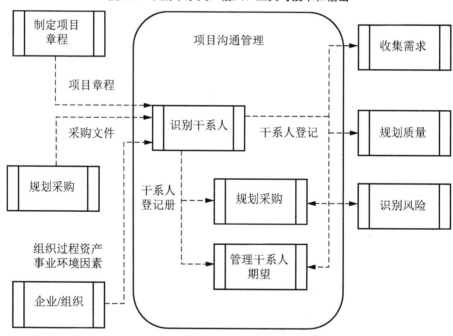

图 9.2 识别干系人的数据流向图

在项目的早期就识别干系人，并分析他们的利益、期望、重要性和影响力。制定一个策略用来接触每个干系人并确定其参与项目的程度和时机，以便尽可能提高他们的正面影响，降低潜在的负面影响。在项目执行期间，应定期对上述分析和沟通策略进行审查，以便做出必要调整。

大多数项目都有为数众多的干系人。由于项目经理的时间有限，必须尽可能有效利用，因此应该按干系人的利益、影响力和参与项目的程度对其进行分类,这样项目经理就能集中精力处理那些重要的关系,确保项目成功。

9.1.1 识别干系人:输入

1. 项目章程

2. 采购文件

3. 事业环境因素

可能影响识别干系人过程的事业环境因素包括(但不限于)以下两个方面:
(1) 组织或公司的文化和结构。
(2) 政府或行业标准(如法规和产品标准)。

4. 组织过程资产

可能影响识别干系人过程的组织过程资产包括(但不限于)以下3个方面:
(1) 干系人登记册模板。
(2) 以往项目的经验教训。
(3) 以往项目的干系人登记册。

9.1.2 识别干系人:工具与技术

1. 干系人分析

干系人分析是系统地收集和分析各种定量与定性信息,以便确定在项目中应该考虑哪些人的利益。通过干系人分析,识别出干系人的利益、期望和影响,并把他们与项目的目的联系起来。干系人分析也有助于了解干系人之间的关系,以便利用这些关系来建立联盟和伙伴合作,从而提高项目成功的可能性。

干系人分析通常应遵循的步骤如图 9.3 所示。

图 9.3 干系人分析步骤

在干系人很多的情况下,就必须对关键干系人进行排序,以便有效分配精力,来了解和管理关键干系人的期望。有以下几种分类方法可用。
(1) 权力/利益方格。根据干系人的职权(权力)大小以及对项目结果的关注程度(利益)进行分组。
(2) 权力/影响方格。根据干系人的职权(权力)大小以及主动参与(影响)项目的程度进行分组。

(3) 影响/作用方格。根据干系人主动参与(影响)项目的程度以及改变项目计划或执行的能力(作用)进行分组。

(4) 凸显模型。根据干系人的权力(施加自己意愿的能力)、紧急程度(需要立即关注)和合法性(有权参与)，对干系人进行分类。

图 9.4 所示是一个权力/利益方格的例子，用 A～D 代表干系人的位置。

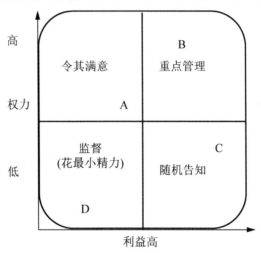

图 9.4　干系人权力/利益方格示例

2．专家判断

为确保识别和列出全部的干系人，应该向受过专门培训或具有专业知识的小组或个人寻求专家判断和专业意见，例如：可通过单独咨询(一对一会谈、访谈等)或小组对话(焦点小组、调查等)以此来获取专家判断。

9.1.3　识别干系人：输出

1．干系人登记册

干系人登记册是识别干系人过程的主要输出。它包含关于已识别的干系人的所有详细信息，包括(但不限于)以下 3 方面：

(1) 基本信息。姓名、在组织中的职位、地点、在项目中的角色和联系方式。

(2) 评估信息。主要需求、主要期望、对项目的潜在影响以及与生命周期的哪个阶段最密切相关。

(3) 干系人分类。内部/外部，支持者/中立者/反对者等。

2．干系人管理策略

干系人管理策略规定了在整个项目生命周期中，如何提高干系人的支持，降低干系人的负面影响。它包括以下几个方面：

(1) 对项目有显著影响的关键干系人。

(2) 希望每个干系人参与项目的程度。

(3) 干系人分组以及按组别管理的措施。

第 9 章　项目沟通管理

经常用干系人分析矩阵来显示干系人管理策略。表 9-1 所示是一个干系人分析矩阵的空白样本。

表 9-1　干系人分析矩阵样本

干系人	干系人在项目中的利益	影响评估	获取支持或减少障碍的潜在策略

与干系人管理策略相关的某些信息可能太敏感，不宜纳入公开的文件中。项目经理必须进行判断，确定哪些信息应列入干系人管理策略中。对需要列入的信息，还要规定其详细程度。

思考题

所得经验最好由谁来完成？（　　）
A．项目经理
B．团队
C．管理部门
D．利害关系者

答案解释：
D．因为他们的依据对于收集每一个项目所有的所得经验是非常重要的。利害关系者还包括所有与项目有关的其他人员。

9.2　规划沟通

规划沟通是确定项目干系人的信息需求，并定义沟通方法的过程，如图 9.5 和图 9.6 所示。规划沟通过程旨在对干系人的信息和沟通需求做出应对安排，如谁需要何种信息，何时需要，如何向他们传递以及由谁传递。虽然所有项目都需进行信息沟通，但是各项目的信息需求和信息发布方式可能差别很大。识别干系人的信息需求并确定满足这些需求的适当方法，是决定项目成功的重要因素。

沟通规划不当，将会导致信息传递延误、向错误的受众传递敏感信息或与某些干系人沟通不足等问题。项目经理应该在沟通计划中记录与干系人进行有效率和有效果的沟通的方法。

(1) 有效的沟通：用正确的格式，在正确的时间提供信息，并使信息产生正确的影响，发送方应该仔细编码，决定沟通方式，并确认所发送的信息能够被理解。大约有 55% 的沟通是非语言沟通，语音和语调对于传播信息也有帮助。

(2) 有效率的沟通：只提供所需要的信息。

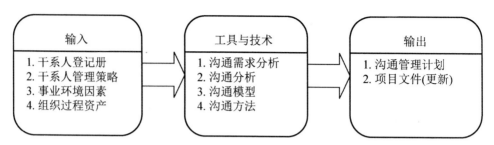

图 9.5 规划沟通：输入、工具与技术和输出

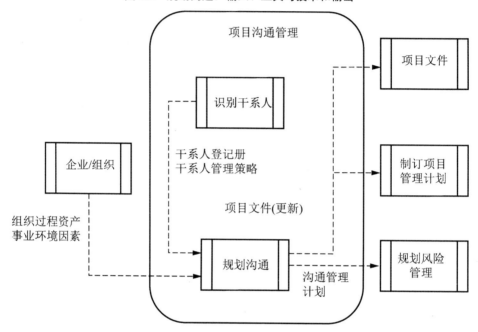

图 9.6 规划沟通的数据流向图

9.2.1 规划沟通：输入

1. 干系人登记册
2. 干系人管理策略
3. 事业环境因素
4. 组织过程资产

9.2.2 规划沟通：工具与技术

1. 需求分析

通过沟通需求分析，确定项目干系人的信息需求，包括信息的类型和格式以及信息对干系人的价值。项目资源只能用来沟通有利于成功的信息，或者那些因缺乏沟通会造成失败的信息。

项目经理还应该使用潜在沟通渠道或路径的数量，来反映项目沟通的复杂程度。潜在沟通渠道的总量为 $n(n-1)/2$，其中，n 代表干系人的数量。有 10 个干系人的项目，就有

10(10-1)/2=45 条潜在沟通渠道。因此，在规划项目沟通时，需要做的一件重要工作就是确定和限制谁应该与谁沟通以及谁将接受何种信息。

2. 沟通类型

为了有效地进行沟通，项目经理必须选择合适的沟通类型。
(1) 正式书面沟通：复杂的正式的问题。
(2) 正式口头沟通：陈述、演讲。
(3) 非正式书面沟通：电子邮件、手写笔记。
(4) 非正式口头沟通：会议、谈话项目开始。

3. 沟通技术

可以采用各种方法在项目干系人之间传递信息。例如，从简短的谈话到长时间的会议，从简单的书面文件到可在线查询的资料(如进度计划和数据库)，都是项目团队可以使用的沟通方法。

可能影响项目的因素包括以下几个方面：
(1) 信息需求的紧迫性。为了项目成功，信息是否需要频繁更新并随要随得？或者，只需要定期发布书面报告。
(2) 可用技术。是否已有合适的系统？为满足项目需求，是否需要改进现有系统？例如，相关干系人是否拥有所选定的沟通技术？
(3) 预期的项目人员配备。所建议的沟通系统与项目参与者的经验和专长是否匹配？是否需要大量的培训与学习？
(4) 项目的持续时间。在项目结束前，现有的沟通技术是否将发生变化？
(5) 项目环境。团队成员是面对面工作，还是在虚拟环境下工作？

4. 沟通模型

沟通的基本模型如图 9.7 所示，用于显示信息如何在双方(发送方和接收方)之间被发送和被接收。该模型的关键要素包括以下几个方面：
(1) 编码。把思想或想法转化为他人能理解的语言。
(2) 信息和反馈信息。编码过程所得到的结果。
(3) 媒介。用来传递信息的方法。
(4) 噪声。干扰信息传输和理解的一切因素(如距离、新技术和缺乏背景信息等)。
(5) 解码。把信息还原成有意义的思想或想法。

图 9.8 所示是一个基本的沟通模型。该模型中，有一个必需的动作，就是确认收到信息。确认收到信息是指接收方表示已经收到信息，但并不一定赞同信息的内容。还有一个动作是对信息的回应，即接收方在对信息进行解码和理解的基础上，向发送方做出回复。

在讨论项目沟通时，需要考虑沟通模型中的各项要素。在沟通过程中，信息的发送方有责任发送清晰、完整的信息，以便接收方正确接收；也有责任确认信息已被正确理解。接收方则有责任完整地接收信息，正确地理解信息，并及时确认收到和理解信息。沟通失败会对项目造成负面影响。

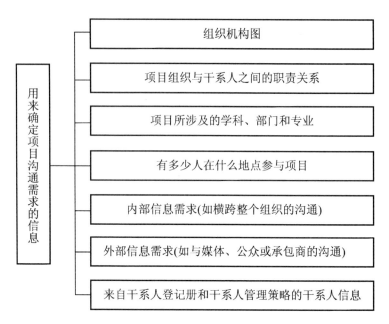

图 9.7　用来确定项目沟通需求的信息

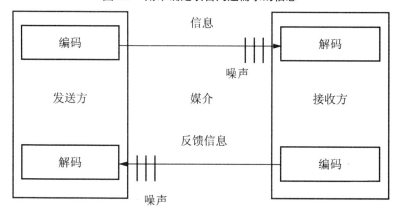

图 9.8　沟通的基本模型

利用这些要素与项目干系人进行有效沟通，会面临许多挑战。例如，在某个技术性很强的跨国项目团队中，一个团队成员要与另一国的某个团队成员沟通某个技术概念，他需要用适当的语言对信息进行编码，用适当的技术发送信息，然后接收方对信息进行解码并给予答复或反馈。在此期间所遇到的任何噪声，都会干扰信息原意。

 小故事

说者与听者

大明刚刚结婚不久，某天老婆正在厨房忙晚餐。大明想帮忙做点儿事。于是就说："亲爱的，我能帮什么忙吗？"老婆说："看你笨手笨脚的，找点儿简单的，就剥洋葱好了。" 大明想，这个再简单不过了。但是刚剥不久，他就被呛得一把鼻涕一把泪。他不好意思去向老婆请教，只好打电话向老妈讨教。老妈说："这很容易嘛，你在水中剥不就得了！" 大明于是按着老妈的方法，完成了老婆的任务，开心得很。于是打电话对老妈说："老妈，你的方法真不赖！不过美中不足的就是在水中要时常换气，好累人喔！"

第 9 章
项目沟通管理

寓意:

小故事寓意着项目沟通管理的重要。我们常常没有注意到,说话的效果虽然由讲者控制,但却是由听者决定的。因此,不管自己说得多正确,只有对方准确收到你想表达的信息,沟通才有意义。特别是在今天,传播的方式已经与传播的内容同等重要,甚至更加重要了。

5. 沟通方法

可以使用多种沟通方法,在项目干系人之间共享信息。这些方法可以大致归类如下几种方式:

(1) 交互式沟通。在双方或多方之间进行多向信息交换。这是确保全体参与者对某一话题达成共识的最有效的方法,包括会谈、电话会议和视频会议等。

(2) 推式沟通。把信息发送给需要了解信息的特定接收方。这种方法能确保信息发布,但不能确保信息到达目标受众,或信息已被目标受众理解。推式沟通包括信件、备忘录、报告、电子邮件、传真、语音邮件和新闻稿等。

(3) 拉式沟通。在信息量很大或受众很多的情况下使用。它要求接收方自主自行地获取信息内容。这种方法包括企业内网、电子在线课程和知识库等。

项目经理应该根据沟通需求,决定在项目中使用何种沟通方法,并决定如何使用以及何时使用。

6. 沟通控制

项目经理不可能控制所有的沟通,但是要力图去控制,否则会出现许多变更、沟通误解、方向不明或者范围蔓延问题。

7. 项目会议规则

项目会议规划如图 9.9 所示。

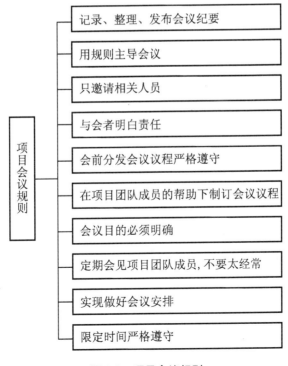

图 9.9 项目会议规则

8. 报告绩效工具——预测方法

以截至目前的实际绩效为基础,来预估未来的项目绩效方法有如下几种方式:

(1) 时间序列法:以历史数据为基础来估算未来结果,如挣值。
(2) 因果/计量经济学法:找出影响被预测变量的根本因素,如回归分析。
(3) 判断法:直觉判断、主观判断和概率估算的综合。

9.2.3 规划沟通:输出

1. 沟通管理计划

沟通管理计划是项目管理计划的一部分或子计划。基于项目的需要,沟通管理计划可以是正式或非正式的、非常详细或高度概括的。沟通管理计划通常包括内容如图9.10所示。

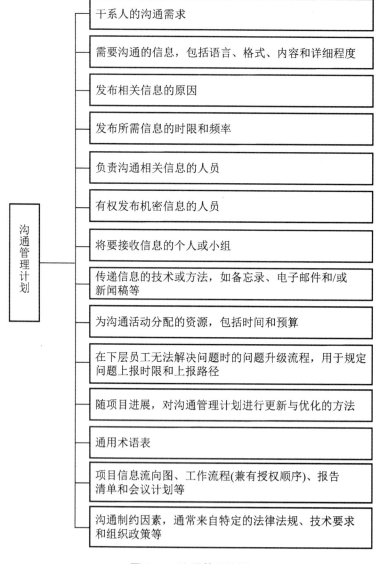

图 9.10 沟通管理计划

沟通管理计划中还可包括关于项目状态会议、项目团队会议、网络会议和电子邮件等的指南和模板。如果项目将使用网站和项目管理软件，那么沟通管理计划中还应说明将如何使用该网站和软件。

2. 项目文件(更新)

可能需要更新的项目文件包括(但不限于)以下3个方面：

(1) 项目进度计划。

(2) 干系人登记册。

(3) 干系人管理策略。

思考题

1. 当你正给每月的项目状态报告最终定稿时，你发现你的几位项目团队成员没有向你报告该项目的项目任务实际所花费的时间，结果造成了相关人员对该项目计划中统计数据的曲解与误解。据此该项目经理应该采取的最适合的措施是什么？（　　）

　　A. 与团队成员讨论这些错误行为的影响

　　B. 将团队成员的错误行为向其职能经理报告

　　C. 继续报告团队成员所提供给你的信息

　　D. 在所有的项目报告中提供精确而又真实的信息陈述

2. 当前进度绩效报告更新后的数据显示，当前情况下没有进度偏差。根据这份报告，你告诉客户该项目进度及时。然而，你的团队成员却知道，你刚才更新进度绩效报告的数据时，你丢失了项目当中一个主要的里程碑事件，据此失误，该项目将不能达成它的启动日期。这个事件表明，该项目缺少什么？（　　）

　　A. 沟通管理计划

　　B. 范围管理计划

　　C. 团队信任

　　D. 进度计划

3. 你是某一建筑项目的项目经理，该建筑项目的财务状况相当紧张，而且落后于进度。一位工头未能如他所承诺的及时提交该项目某一阶段的交付成果，你想要针对此问题与这位工头会谈。请问：你应该如何与这位工头接触？（　　）

　　A. 作为该项目的项目经理，应该对整个项目负责。为了确保对该项目的管控，应该坚定和训斥工头和团队以确保他们没有慢下来

　　B. 忽视这个问题，确认那些需要做的事情都已完成，并制订一项计划继续推进该项目工作

　　C. 与这位工头会面，询问有关发生的事情，并寻求理解和解决问题的方法

　　D. 私下里斥责这位工头，并且要求他在以后更好地将项目工作的进展状况通知你

4. 一个公共卫生项目，建立了一个公开的电子网页，用来向广大市民发布项目进展情况。这是属于（　　）。

　　A. 交互式沟通

　　B. 口头沟通

　　C. 推式沟通

　　D. 拉式沟通

5. 以下都是拉式沟通的例子，除了（　　）。

　　A. 电子邮件

　　B. 项目网页

C. 共享在线知识库
D. 带密码保护的在线项目管理计划

答案解释:

1. D。项目经理的责任是提供真实的项目信息,他应该据此与该团队讨论他们所作的错误行为的影响。如果以这种方式还不能奏效,则将此事向他们的职能经理报告。

2. A。如果有正确恰当的计划,则你就能够实现准确而有效的沟通。而题目中所表述的情况表明,你没有从团队那里收集到正确的信息报告给客户,是由于缺乏沟通管理计划而造成的结果。

3. C。选项A和D都认为是由于该工头的错误而造成进度上的迟延以及财务上的超支,这可能是,也可能不是问题之所在。该项目经理需要做的是查清事情发生的原因,而不是做裁判,其目的是为了在预算范围以内及时地完成该项目,他需要与该工头合作,并必须继续建立相互间的信任。因此,选项C是最佳答案。

4. D。拉式沟通。在信息量很大或受众很多的情况下使用。它要求接收方自主自行地获取信息内容。这种方法包括企业内网、电子在线课程和知识库等。

5. A。推式沟通包括信件、备忘录、报告、电子邮件、传真、语音邮件和新闻稿等。

9.3 发布信息

发布信息是按计划向项目干系人提供相关信息的过程,如图9.12和图9.13所示。在整个项目生命周期和全部管理过程中,都要开展本过程。这里重点讨论执行过程中的信息发布,包括执行沟通管理计划以及应对未预期的信息需求。有效的信息发布需要采用多种技术如图9.11所示。

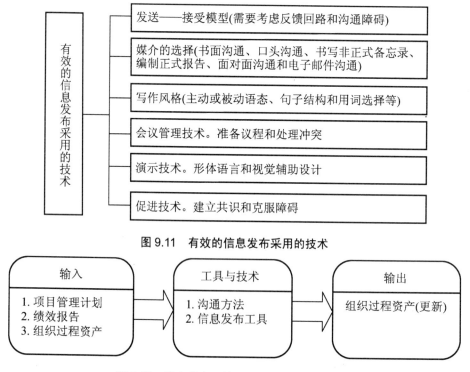

图9.11 有效的信息发布采用的技术

图9.12 发布信息:输入、工具与技术和输出

第 9 章 项目沟通管理

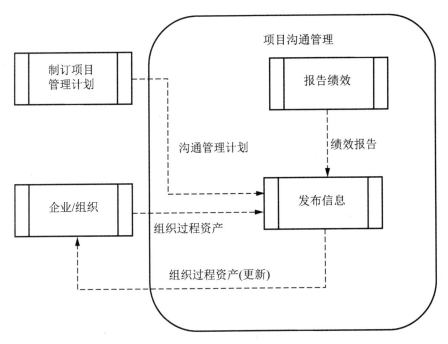

图 9.13 发布信息的数据流向图

9.3.1 发布信息：输入

1. 项目管理计划
2. 绩效报告
3. 组织过程资产

可能影响发布信息过程的组织过程资产包括(但不限于)以下 3 个方面：
(1) 关于信息发布的政策、程序和指南。
(2) 相关模板。
(3) 历史信息和经验教训。

9.3.2 发布信息：工具与技术

1. 沟通方法

个别会谈、集体会议、视频会议、电话会议、计算机聊天和其他远程沟通方法，都可用于发布信息。

2. 信息发布工具

可以使用以下几种工具来发布项目信息。
(1) 纸质文件发布工具、手工归档系统、新闻发布系统和共享电子数据库等。
(2) 电子通信和会议工具，如电子邮件、传真、语音邮件、电话、视频会议、网络会议、网站和网络出版等。
(3) 项目管理电子工具，如进度计划的网络界面、项目管理软件、会议和虚拟办公室支持软件、门户以及协同工作管理工具等。

9.3.3 发布信息：输出

组织过程资产(更新)。可能需要更新的组织过程资产包括(但不限于)以下几个方面：

(1) 干系人通知。可向干系人提供有关已解决的问题、已批准的变更和总体项目状态的信息。

(2) 项目报告。采用正式和非正式的项目报告来描述项目状态。项目报告也包括经验教训报告、问题日志、项目收尾报告和其他知识领域的输出。

(3) 项目演示资料。项目团队需要正式或非正式地向任一或全部干系人提供信息。信息及其演示方法要契合受众的需要。

(4) 项目记录。项目记录可包括往来函件、备忘录、会议纪要以及描述项目情况的其他文件。应该尽可能以适当方式、有条理地保存这些信息。项目团队成员也可能在自己的项目笔记本或登记册(可以是纸质或电子的)中保留相关记录。

(5) 干系人的反馈意见。应该发布干系人对项目工作的意见，并用于调整或提高项目的未来绩效。

(6) 经验教训文档。包括问题的起因、所选纠正措施的理由，以及有关信息发布的其他经验教训。应该记录和发布经验教训，使它们成为本项目和执行组织的历史数据的一部分。

9.4 管理干系人期望

管理干系人期望是为满足干系人的需要而与之沟通和协作，并解决所发生的问题的过程。如图 9.14 和图 9.15 所示。管理干系人期望涉及针对项目干系人开展沟通活动，以便影响他们的期望，处理他们的关注点并解决问题。

(1) 通过与干系人谈判以及对干系人实现和保持项目目标的意愿施加影响，来积极管理干系人的期望，提高干系人验收项目的可能性。

(2) 处理目前还没有成为问题、但预计以后会成为问题的各种关注点。要及时发现和讨论这些关注点，并进行风险评估。

(3) 澄清并解决已经识别的问题。可能需要发布变更请求来解决问题，也可能需要借助外部力量来解决问题，例如把问题推迟到另一项目或阶段，或把问题转交给另一个组织。

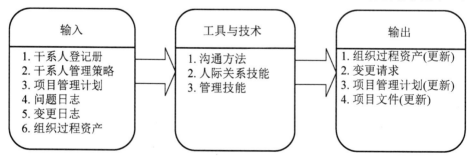

图 9.14　管理干系人期望：输入、工具与技术和输出

第9章 项目沟通管理

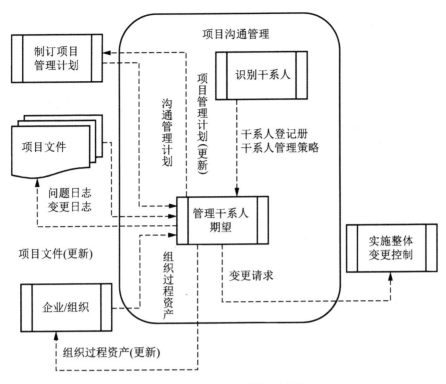

图 9.15　发布信息的数据流向图

9.4.1　管理干系人期望:输入

1. 干系人登记册
2. 干系人管理策略
3. 项目管理计划
4. 问题日志
5. 变更日志
6. 组织过程资产

可能影响管理干系人期望过程的组织过程资产包括(但不限于)以下几个方面:
(1) 组织对沟通的规定。
(2) 问题管理程序。
(3) 变更控制程序。
(4) 以往项目的历史信息。

9.4.2　管理干系人期望:工具与技术

1. 沟通方法
2. 人际关系技能

项目经理需要使用恰当的人际关系技能来管理干系人期望。人际关系技能包括以下几个方面:

(1) 建立信任。
(2) 解决冲突。
(3) 积极倾听，倾听是沟通的一个重要部分。
(4) 克服对变化的抗拒。

3. 管理技能

管理是指导和控制一群人，以便协调他们的行为，来完成个人无法完成的目标。项目经理需要使用的管理技能包括(但不限于)以下几个方面：

(1) 演示技能。
(2) 谈判，区分形势，了解双方想要的需要的，关注利益和问题而非立场，索取高给予少，让步不是简单放弃，双赢，认真倾听清楚表达。
(3) 写作技能。
(4) 公开演讲。

当然，项目经理人还需具备领导力，团队建设能力，对团队以及个人的激励能力，很好的沟通能力，影响力决策能力和在管理文化多样性时的政治和文化意识。

9.4.3 管理干系人期望：输出

1. 组织过程资产(更新)

2. 变更请求

3. 项目管理计划(更新)

项目管理计划中可能需要更新的内容包括(但不限于)沟通管理计划。在沟通需求发生变化时，或者在识别出新的沟通需求时，就需要对沟通管理计划进行更新。例如，有些沟通可能不再必要、某个无效的沟通方法可能要被另一个方法所取代，或者要增加一个新的沟通需求。

4. 项目文件(更新)

可能需要更新的项目文件包括(但不限于)包括以下 3 个方面：

(1) 干系人管理策略。在处理关注点和解决问题之后，可能需要对干系人管理策略进行更新。例如，确定某个干系人产生了新的信息需求。
(2) 干系人登记册。在干系人信息发生变化、识别出新干系人、原有干系人不再参与或影响项目，或者需要对特定干系人进行其他更新时，就需要更新干系人登记册。
(3) 问题日志。在识别出新问题或解决了当前问题时，就需要更新问题日志。

 案例分析

老张是某个系统集成公司的项目经理。他身边的员工始终在抱怨公司的工作氛围不好，沟通不足。老张非常希望能够通过自己的努力改善这一状况，因此要求项目组成员无论如何每周必须按时参加例会并发言，但对例会具体应如何进行，老张却不知如何规定。很快，项目组成员就开始抱怨例会的目的不明、时间太长、效率太低和缺乏效果等，而且由于例会上意见相左，很多组员开始互相争吵，甚至影响到了人际关系的融洽。为此，老张非常苦恼。

【问题】

1. 针对上述情况，分析问题产生的可能原因。
2. 针对上述情况，除了项目例会之外，老张还可以采取哪些措施来促进有效地沟通？

案例分析

1. 缺乏对项目组成员的沟通需求和沟通风格分析；缺乏完整的会议规程、目的、议程和职责不清；会议缺乏控制，导致会议效率低下，缺乏效果；会议没有产生记录；会议没有产生相应的行动；沟通方式单一；没有进行冲突管理。

2. ①应对项目组成员的沟通需求和沟通风格进行分析；②采用不同的沟通方式，做到因人而异，因时而异，针对不同的人不同的事采用最合适最有效的沟通方式；③采用多种方式进行沟通，除项目例会外，还可以采用电话、邮件和项目管理软件等多种沟通方式；④对于正式沟通的结果要有记录，要进行落实；⑤可以引入一些标准的沟通模板，如项目章程、绩效报告和口头状态报告等；⑥在项目组内培养团结的氛围并注意冲突管理。

9.5 报 告 绩 效

报告绩效是收集并发布绩效信息(包括状态报告、进展测量结果和预测情况)的过程，如图9.16和图9.17所示。绩效报告过程包括定期收集、对比和分析基准与实际数据，以便了解和沟通项目进展与绩效情况，并预测项目结果。

绩效报告需要向每个受众适度地提供信息。绩效报告的格式可以从简单的状态报告到详细的描述报告。简单的状态报告可显示诸如"完成百分比"的绩效信息，或每个领域(如范围、进度、成本和质量)的状态指示图。详细的描述报告可以包括以下几个方面：

(1) 对过去绩效的分析。
(2) 当前的风险和问题状态。
(3) 本期完成的工作。
(4) 下一时期需要完成的工作。
(5) 本期批准的变更的汇总。
(6) 必须审查和讨论的其他相关信息。

一份完整的报告还应包括预测的项目完工时间和完工成本。绩效报告可定期编制或基于特殊情况而编制。

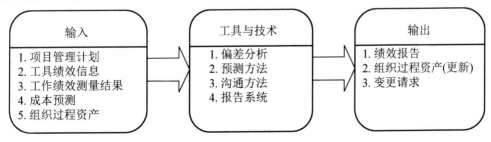

图9.16 报告绩效：输入、工具与技术和输出

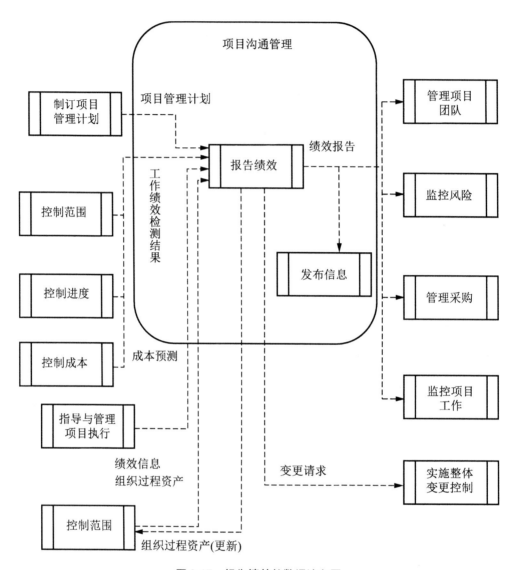

图 9.17 报告绩效的数据流向图

9.5.1 报告绩效：输入

1. 项目管理计划
2. 绩效信息

绩效信息是从项目活动中收集的实施情况信息。工作绩效信息包含的内容如下：
(1) 可交付成果的状态。
(2) 进度进展情况。
(3) 已发生的成本。

3. 工作绩效测量结果

采用绩效信息来计算项目活动的测量指标，以便对照计划的要求，评估项目活动的实际进展。这些测量指标包括(但不限于)以下 3 个方面：

(1) 实际进度绩效(与计划比较)。

(2) 实际成本绩效(与计划比较)。

(3) 实际技术性能(与计划比较)。

4. 成本预测

5. 组织过程资产

可能影响报告绩效过程的组织过程资产包括(但不限于)以下 3 个方面：

(1) 报告模板。

(2) 关于如何确定测量方法和测量指标的政策和程序。

(3) 组织规定的偏差界限。

9.5.2 报告绩效：工具与技术

1. 偏差分析

偏差分析是一种事后审查，以便找出导致基准与实际绩效之差异的原因。偏差分析的流程可能因应用领域、所用标准和所在行业而异，通用的步骤如下所述过程。

(1) 验证所收集的信息质量，确保其完整性、与过去数据的可比性，以及与其他项目或状态信息相比较的可靠性。

(2) 把实际信息与项目基准进行比较，确定偏差。应该注意各种有利和不利偏差。挣值管理使用具体的公式来计算偏差。确定偏差对项目成本、进度以及其他方面(如质量绩效调整和范围变更等)的影响。如果可行，还要分析偏差的发展趋势，并记录关于偏差原因与影响领域的任何发现。

2. 预测方法

预测是指以截至目前的实际绩效为基础，来预估未来的项目绩效。预测方法可分为以下类别：

(1) 时间序列方法。时间序列方法以历史数据为基础来估算未来结果。此类方法的例子包括挣值、移动平均数、外推法、线性预测、趋势估算以及成长曲线法。

(2) 因果/计量经济学方法。有些预测方法认为，可以找出影响被预测变量的根本因素。例如，雨伞的销售可能与天气情况有关。知道了这种因果关系，就可以先估计自变量的值，然后以此来预测因变量。此类方法的例子包括回归分析(线性回归或非线性回归)、自动回归移动平均数(ARMA)以及经济计量方法。

(3) 判断方法。判断预测方法是直觉判断、主观判断和概率估算的综合。此类方法的例子包括组合预测、调查、德尔菲法、情景规划、技术预测和类比预测。

(4) 其他方法。其他方法可能包括模拟预测、概率预测和总体预测。

3. 沟通方法

可以在状态审查会上交流和分析有关项目进展和绩效的信息。项目经理通常使用推式沟通技术来发布绩效报告。

4. 报告系统

报告系统是项目经理获取、存储和向干系人发布项目成本、进度和绩效信息的标准工具。软件包有助于项目经理把来自不同系统的报告综合起来，并向干系人发布。报告的发布方式可包括表格、电子数据表和演示。可以使用图形，直观、形象地展示项目绩效信息。

9.5.3 报告绩效：输出

1. 绩效报告

绩效报告对收集到的信息进行组织与归纳，并通过与绩效测量基准的比较，来分析和展示绩效。应按照沟通管理计划中的规定，以各干系人所要求的详细程度，向他们提供项目状态和进展信息。绩效报告的常用格式包括横道图、S 曲线图、直方图和表格。绩效报告中经常包括偏差分析、挣值分析和预测数据。表 9-2 所示为以表格形式展现的挣值数据。

绩效报告应该定期发布，其格式可以从简单的状态报告到详细的描述报告。简单的状态报告可能仅显示诸如"完成百分比"的绩效信息，或每个领域(如范围、进度、成本和质量)的状态指示图。详细的绩效报告可能包括图 9.18 所示的内容。

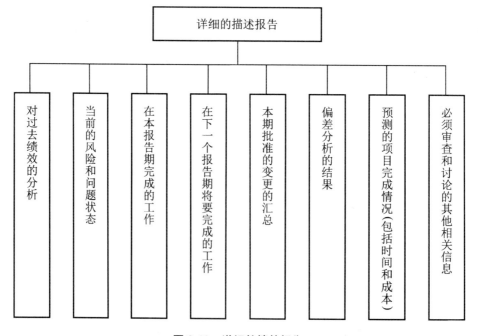

图 9.18 详细的绩效报告

第 9 章
项目沟通管理

表 9-2 表格形式的绩效报告示例

WBS 要素	价 值			偏 差		绩效指数	
	计划价值(PV)	挣值(EV)	实际成本(AC)	进度(EV-PV)	成本(EV-AC)	进度(EV/PV)	成本(EV/AC)
1.0 小规模试点计划	63 000	58 000	62 500	(5 000)	(4 500)	0.92	0.93
2.0 核对表	64 000	48 000	46 800	(16 000)	1 200	0.75	1.03
3.0 课程	23 000	20 000	23 500	(3 000)	(3 500)	0.87	0.85
4.0 期中评估	68 000	68 000	72 500	——	(4 500)	1.00	0.94
5.0 实施支援	12 000	10 000	10 000	(2 000)	——	0.83	1.00
6.0 实践手册	7 000	6 200	6 000	(800)	−200	0.89	1.03
7.0 推广计划	20 000	13 500	18 100	(6 500)	(4 600)	0.68	0.75
总计	257 000	223 700	239400	(33 300)	(15 700)	0.87	0.93

2. 组织过程资产(更新)

可能需要更新的组织过程资产包括(但不限于)报告格式和经验教训文档。经验教训文档中可包括问题的起因、所选纠正措施的理由以及有关绩效报告的其他经验教训。应该记录经验教训，使之成为本项目和执行组织的历史数据库的一部分。

3. 变更请求

通过分析项目绩效，经常可以提出变更请求。这些变更请求应该由实施整体变更控制过程来处理。变更请求可包括以下两个方面：

(1) 推荐的纠正措施。为使项目的预期未来绩效与项目管理计划一致而进行的变更。

(2) 推荐的预防措施。为了降低未来出现不良项目绩效的概率。

本 章 小 结

> 项目沟通管理包括为确保项目信息及时且恰当地生成、收集、发布、存储、调用并最终处置所需的各个过程。项目经理的大多数时间都用在与团队成员和其他干系人的沟通上，无论这些成员和干系人是来自组织内部(位于组织的各个层级上)还是组织外部。有效地沟通能在各种各样的项目干系人之间架起一座桥梁，把具有不同文化和组织背景、不同技能水平以及对项目执行或结果有不同观点和利益的干系人联系起来。

习　　题

1. 在各种绩效报告工具或技巧中，哪一种方法综合了范围、成本(或资源)和进度信息作为关键因素？( )

　　A．绩效评审　　　　B．偏差分析　　　C．趋势分析　　　D．挣值分析

2. 绩效报告被用于向项目干系人提供有关项目范围、进度、成本和质量的信息。以下哪条最精确地描述了这一过程？( )

　　A．结构控制委员会收到绩效报告并产生变更申请以改变项目的一些方面
　　B．绩效报告聚焦于检查已获价值分析，以决定成本透支是否需要预算的修改
　　C．绩效报告包括：状态报告，它详细报告项目现在的位置；进度报告，它描述已取得的成就；预测报告，它预测未来的状态和进展
　　D．绩效报告包括历史图、流程图和柱状图，用它们来显示网络依赖关系

3. 绩效报告过程的输出是( )。

　　A．绩效报告，绩效测量　　　　　　B．绩效报告，需求变更
　　C．绩效偏差分析，项目预测　　　　D．绩效测量，需求变更

4. 币值波动，政治动荡，中央和地方政府之间的竞争，以及不同利益集团之间的冲突可能会干扰国际项目的管理。管理国际项目的项目奖励应该意识到跨文化环境的主要影响因素，并特别重视( )。

　　A．建立绩效报告制度
　　B．建立沟通管理系统
　　C．建立和执行生产进度表以方便信息分配，避免在定期会面之间出现情况的变化
　　D．通过翻译服务起草正式的项目报告

5. 在项目生命周期的几个阶段中，一个项目的文化能在很大程度上影响项目的成功。你是个项目经理，团队成员来自不同的文化背景，在项目进行过程中你必须要创造一个好的环境最大程度地挖掘大家的潜力。大多数人都是以自己的文化背景为基础来看待其他文化，而一个项目的文化也会随着项目生命周期的改变而改变。在项目收尾阶段，文化的重点是( )。

　　A．参与性　　　　　　　　　　　B．竞争性
　　C．专注于信息的传递　　　　　　D．合作性

案　例　分　析

案例分析

一个典型的早晨

每天去工作之前，我会照例查看他的电子邮件。我之所以在家里安排上网，主要是在单位里不需要特别地抽时间收发邮件。今天早晨我一边喝着早餐咖啡，一边浏览一位陌生人的邮件：退休舞会、电脑检修期、加入信用联盟的机会。然后，我又回复了3个需要答复的信息。而此时，我还穿着睡衣。

沐浴更衣后，我查看了语音信箱，有4个电话。其中一个是来自和我同一个俱乐部的朋友，他通知我参加下星期某个晚上举办的一个宴会。我草草记下了这个约会，开始听其他3个留言。

有一个令我忍俊不禁，来电话的人原本打算打电话来和我聊天，知道我不在，他感到很遗憾，而在我的语音信箱里记录的是：他会晚些打给我，听口气好像又不是想和我聊家常的。第三个信息是来自一个

学生。他希望我为他的俱乐部做个演讲——有关管理沟通、领导艺术等问题。第四个是一则通告：提醒所有的教师员工报名参加这次全校性的趣味运动会。不过，今年的运动会报名方法与往年不同，现在是要求我们直接进入学校相应的网站上直接登记自己能参加的项目。在我刚要出门的时候，妻子告诉我昨天小区物业管理公司来过电话，还在家用答复机上留了一个短信。这是因为我们小区住户们要举办一个听证会，说是小区住户对这次的汽车停车位的分配问题存在意见，要各个家庭尽可能安排成员参加这次讨论会。通知还说，要大家对车位的分配提出一个合理的方案，然后由业主委员会与物业公司交涉。

现在是早晨8点。我还没有吃任何东西。我还要参加两个会和一个报告。我已经回复了4封电子邮件并涉及5个组织和学生：我所在的学院、学校的一个学生社团、杭州市发改委和两个我指导的MBA学生。我接着查看了当天的日程安排：中午12:30学校EMBA中心的午餐工作会；1:30与一个EMBA学员讨论毕业论文；2:15与课题组讨论课题；接着，还要在我的办公室里与几个同事聊聊一本书的写作，要在学校网站上报名趣味运动会的项目；18:30还要给上管理沟通的课。在开车去上班的路上，我开始给今天要见面或讨论问题的各个人打电话约定时间，结果，我给5个人打电话，发现有3个人的手机处于忙碌状态，我忍不住抱怨：什么事情那么忙？怎么电话也打不进去？正巧，当车子开到一个红灯口的时候，我看到我的一位读博士期间的同学也刚好在路口。如果说我和他之间的联系可以用一句话来概括的话，那就是：毕业后已经八年没有时间凑在一起聊聊了，尽管两家的路途不到十分钟车程。不禁有些感慨起来：当初一起打扑克的哥们儿，怎么一转眼那么多年没有在一起好好聊聊了？

当我到达办公楼，还没有到办公室时，就遇到了本系的办公室秘书，他给我拿来了几份材料：一份是一个学校副教授晋升教授的评审材料，上面写着×月×日交，也就是3天内要评审完；还有一份是要评阅的博士生毕业论文，又要花费一番时间，还好，10天之内寄出评阅结果。可拿到这两份材料粗粗一翻，头痛！又有大量的数据、公式、晦涩的文字要读。唉，每年在读这些晦涩的文字上，不知道花费多少时间！我到了办公室门口，我在门上的信箱里看到了一个学院会议通知——要我参加一个关于研究生培养的工作会议，以及一张来自教科书销售商的广告卡片。但我一对照日程，发现会议时间与我一个上课时间冲突。我打算马上向组织者打电话说我不能参加这个会议，结果发现，通知上面竟然没有组织者的联系电话，我还得向别人去了解组织者的电话。广告卡片倒好办，丢到垃圾桶就可以了。

可直到现在，我还没有打开办公室的门。

【问题】

1. 生活中的沟通是怎么四处渗透的？
2. 在开始新的一天之前，你已经做了多少沟通？
3. 这些沟通哪些是必要的？哪些是不必要的？

第 10 章 项目风险管理

学习目标

本章着重展现项目风险管理在整个项目过程中的作用,体现其提高项目积极事件的概率和影响,降低项目消极事件的概率和影响的目的。项目风险管理包括风险管理规划、风险识别、风险分析、风险应对规划和风险监控等各个过程,本章将会围绕着这几个过程的输入、工具与技术和输出展开讨论。

知识结构

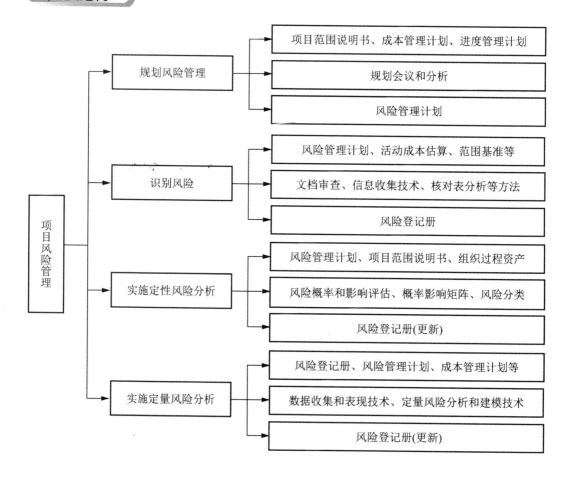

第10章 项目风险管理

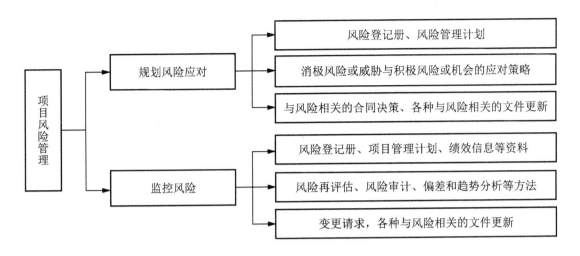

英国诺森罗克银行挤兑事件

2007年受美国次级债危机导致的全球信贷紧缩影响，英国第五大抵押贷款机构——诺森罗克银行(Northern Rock)发生储户挤兑事件。自2007年9月14号全国范围的挤兑发生以来，截止到18号，仅仅几天的时间就有30多亿英镑从诺森罗克银行流出，占该行240多亿英镑存款总量的12%左右，其电话银行和网上银行业务一度出现崩溃。受此影响，几天来，诺森罗克银行股价下跌了将近70%，创下7年来新低，成为英国遭遇本次信贷危机以来的最大受害者。为防止系统性银行危机的出现，英国财政部、英格兰银行(英国央行)与金融管理局先后采取了注资以及存款账户担保等救助措施，至18号，诺森罗克银行的储户挤兑情况才有所缓解，各大银行的股价也出现不同程度的上涨，银行体系的恐慌局面才得以控制。

思考题

1. 你是某一项目的项目经理，你刚刚遇到一个已经影响该项目费用和进度的风险事件，该风险对该项目总费用的15%产生影响。请问：最适合的应对措施是什么？

2. 作为公司项目办公室的经理，你必须要经常判断哪个项目需要额外的资源。你还要建议应该启动哪个项目，要继续进行哪个项目或者取消哪个项目。有利于你做出这些决策的一个方法是什么？

项目风险管理包括风险管理规划、风险识别、风险分析、风险应对规划和风险监控等各个过程。项目风险管理的目标在于提高项目积极事件的概率和影响，降低项目消极事件的概率和影响。

风险对于项目是与生俱来的。假设条件是有风险的，要时常确定假设条件是否存在。

项目风险管理的目标：提高项目积极事件的概率和影响，降低消极事件的概率和影响。风险管理影响有正负两个方面：机会和威胁。一般讨论的是风险的负面影响和结果。

风险的构成因素包括如下几方面：

(1) 风险的起因：一般指一个具体的事件——需求、假设条件、制约因素或某种状况。

(2) 风险的条件：一种环境——各种项目或组织环境因素。

(3) 触发因素：表明风险已经发生或即将发生的迹象，触发因素可在风险识别过程中发现，可在风险监控过程中监视，也叫风险征兆或预警信号。

风险的不确定性(不确定性是项目的显著特征)，不确定性不论是正面还是负面，概率既不是 0 也不是 100%，这是在缺乏信息的情况下做出的决定。风险分为已知风险和未知风险，已知风险是已识别并分析过的，而未知风险是无法主动管理的，应创建应急计划。已发生的风险可视为一个问题，解决风险会启动一个项目。

个人和团队对风险所持的态度分为风险厌恶者和风险接受者，将影响其应对风险的方式。人们接受风险的倾向是通过效用函数得到描述风险承受力：能承受的风险程度、数量和容量，干系人主观上对风险的忍受程度风险临界值：能承受的风险的严重性的最高限度。应该尽可能弄清楚他们的认知、承受力和成见。应为每个项目制定统一的风险管理方法，并开诚布公地就风险及其应对措施进行沟通。风险应对措施可以反映组织在冒险与避险之间的权衡。

要想取得成功，组织应致力于在整个项目期间积极、持续地开展风险管理。在整个项目过程中，组织的各个层级都必须有意地积极识别并有效管理风险。项目从构思那一刻起，就存在风险。在项目推进过程中，如果不积极进行风险管理，实际发生的风险就可能给项目造成严重影响，甚至导致项目失败。

10.1 规划风险管理

规划风险管理是定义如何实施项目风险管理活动的过程，如图 10.1 和图 10.2 所示。认真、明确地进行规划，可以提高其他 5 个风险管理过程的成功概率。规划风险管理非常重要，它可以确保风险管理的程度、类型和可见度，与风险以及项目对组织的重要性相匹配。规划风险管理的重要性还在于为风险管理活动安排充足的资源和时间，并为评估风险奠定一个共同认可的基础。规划风险管理过程在项目构思阶段就应开始，并在项目规划阶段的早期完成。

10.1.1 规划风险管理：输入

规划风险管理：输入包括以下几方面：

(1) 项目范围说明书。
(2) 成本管理计划。
(3) 进度管理计划。
(4) 沟通管理计划。
(5) 事业环境因素。
(6) 组织过程资产。

影响规划风险管理过程的组织过程资产的组成如图 10.3 所示。

第 10 章 项目风险管理

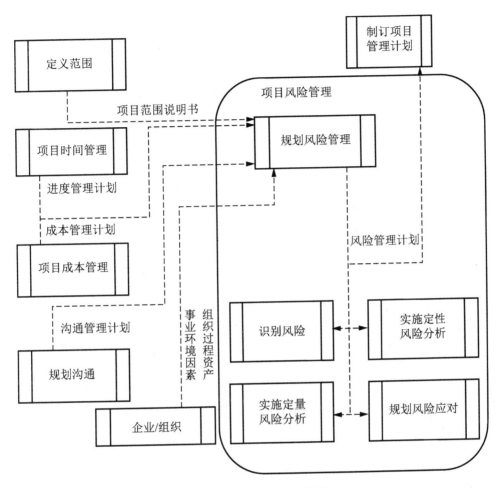

图 10.1　规划风险管理的数据流向图

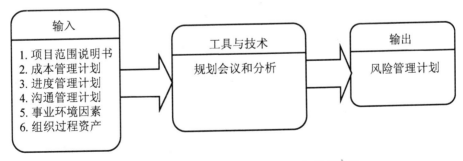

图 10.2　规划风险管理：输入、工具与技术输出

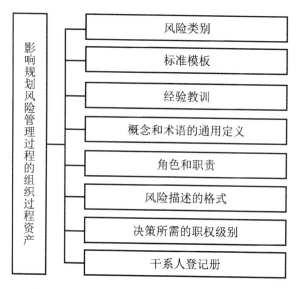

图 10.3　影响规划风险管理过程的组织过程资产

注：干系人登记册是指在编制风险管理计划的过程中，应该把干系人登记册作为重要资料之一加以分析。

10.1.2　规划风险管理：工具与技术

规划会议和分析。项目团队需要举行规划会议，来制定风险管理计划。参会者可包括项目经理、相关项目团队成员和干系人、组织中负责管理风险规划和应对活动的人员以及其他相关人员。

会议确定实施风险管理活动的总体计划；确定用于风险管理的成本种类和进度活动，并将其分别纳入项目的预算和进度计划中；建立或评审风险应急储备的使用方法；分配风险管理职责；并根据具体项目的需要，来"剪裁"组织中有关风险类别和术语定义等的通用模板，如风险级别、不同风险的概率、对不同目标的影响以及概率影响矩阵。如果组织中缺乏可供风险管理其他步骤使用的模板，会议也可能要制定这些模板。这些活动的输出将汇总在风险管理计划中。

10.1.3　规划风险管理：输出

风险管理计划。风险管理计划描述将如何安排与实施项目风险管理，它是项目管理计划的子计划。风险管理计划包括以下几个方面：

(1) 方法论。

(2) 角色与职责。

(3) 预算。

(4) 时间安排。

(5) 风险类别。风险类别提供了一个框架，确保在同一细节水平上全面、系统地识别各种风险，并提高识别风险过程的效果和质量。组织可使用预先准备好的分类框架，它可能是一个简易分类清单或风险分解结构(RBS)。RBS 是按风险类别和子类别来排列已识别的项目风险的一种层级结构，用来显示潜在风险的所属领域和产生原因，如图 10.4 所示。

第10章 项目风险管理

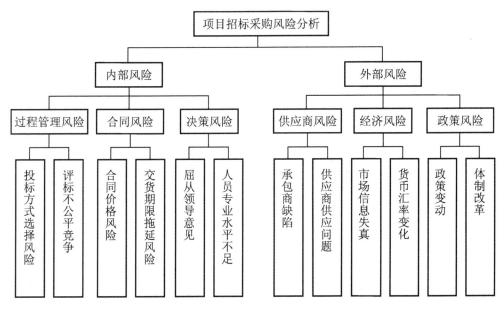

图10.4 风险分解结构(RBS)示例

(6) 风险概率和影响的定义。需要对风险的概率和影响划分层次,来确保实施定性风险分析过程的质量和可信度。在规划风险管理过程中,应该根据具体项目的需要来"剪裁"通用的风险概率和影响定义,供实施定性风险分析过程使用。表10-1所示是关于消极影响的定义的例子,可用于评估风险对4个项目目标的影响(可对积极影响建立类似的表格)。表10-1显示了用来表示影响的两种方法,即相对量表和数字量表(在本例中是非线性的)。

表10-1 风险对4个项目目标的影响量表

风险对主要项目目标的影响量表 (仅反映消极影响)					
项目目标	相对量表或数字量表				
	很低 0.05	低 0.10	中等 0.20	高 0.40	很高 0.80
成本	成本增加不显著	成本增加小于10%	成本增加10%~20%	成本增加20%~40%	成本增加大于40%
进度	进度拖延不显著	进度拖延小于5%	进度拖延5%~10%	进度拖延10%~20%	进度拖延大于20%
范围	范围减少微不足道	范围的次要方面受到影响	范围的主要方面受到影响	范围缩小到发起人不能接受	项目最终结果没有实际用途
质量	质量下降微不足道	仅有要求极高的部分受到影响	质量下降需要发起人审批	质量降低到发起人不能接受	项目最终结果没有实际用途

(7) 概率影响矩阵。应该根据风险可能对项目目标产生的影响,对风险进行优先排序。进行风险优先排序的典型方法是,使用查询表或概率影响矩阵。根据概率和影响的各种组

合,把风险划分成高、中、低级别,以便进行相应的风险应对规划。通常由组织来设定概率影响矩阵。

(8) 修订的干系人承受力。

(9) 报告格式。包括风险登记册的内容和格式,以及所需的其他风险报告的内容和格式,用于规定将如何对风险管理过程的结果进行记录、分析和沟通。

(10) 跟踪。

10.2 识别风险

识别风险是判断哪些风险会影响项目并记录其特征的过程如图 10.5 和图 10.6 所示。风险识别活动的参与者可包括:项目经理、项目团队成员、风险管理团队(如有)、客户、项目团队之外的主题专家、最终用户、其他项目经理、干系人和风险管理专家。虽然上述人员往往是风险识别过程的关键参与者,但还应鼓励全体项目人员参与风险识别工作。

识别风险是一个反复进行的过程,因为在项目生命周期中,随着项目的进展,新的风险可能产生或为人所知。反复的频率以及每一轮的参与者因具体情况而异。应该采用统一的格式对风险进行描述,确保可以把项目中一个风险事件的影响与其他事件进行比较。项目团队应参与识别风险过程,以便创造并维持团队成员对风险及其应对措施的主人翁感和责任感。项目团队之外的干系人可以提供其他客观信息。

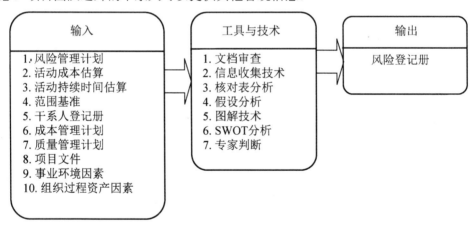

图 10.5 识别风险:输入、工具与技术和输出

10.2.1 识别风险:输入

识别风险:输入包括以下几个方面:

(1) 风险管理计划。

(2) 活动成本估算。

(3) 活动持续时间估算。

(4) 范围基准。

(5) 干系人登记册。

第10章 项目风险管理

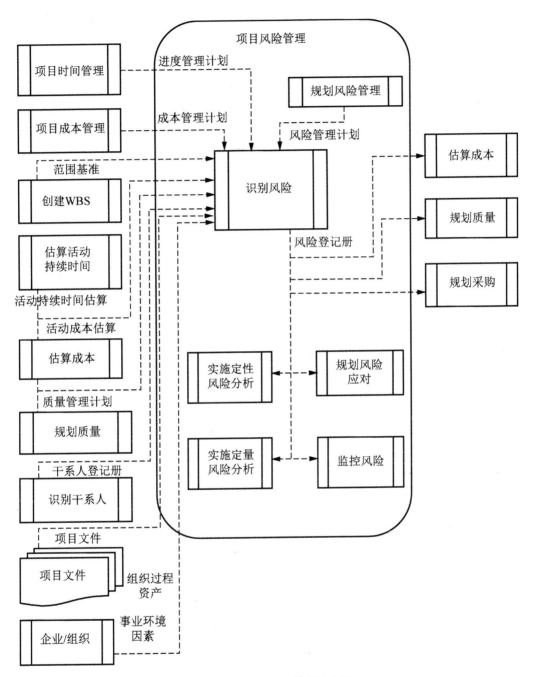

图10.6 识别风险的数据流向图

(6) 成本管理计划。
(7) 进度管理计划。
(8) 质量管理计划。
(9) 项目文件。

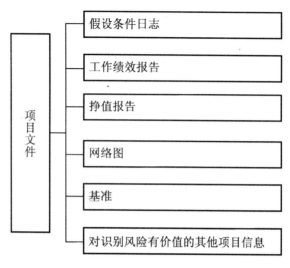

图 10.7 项目文件

(10) 事业环境因素。可能影响识别风险过程的事业环境因素包括(但不限于)以下几方面内容。

① 公开发布的信息，包括商业数据库。
② 学术研究资料。
③ 公开发布的核对表。
④ 标杆。
⑤ 行业研究资料。
⑥ 风险态度。

(11) 组织过程资产。可能影响识别风险过程的组织过程资产包括(但不限于)以下几方面内容。

① 项目档案，包括实际数据。
② 组织和项目的流程控制规定。
③ 风险描述的模板。
④ 经验教训。

10.2.2 识别风险：工具与技术

1. 文档审查

对项目文档(包括各种计划、假设条件、以往的项目档案和其他信息)进行结构化审查。项目计划的质量以及项目计划与项目需求和假设条件的匹配程度，都是项目的风险指示器。

2. 信息收集技术

可用于风险识别的信息收集技术包括以下几个方面：

(1) 头脑风暴。头脑风暴的目的是获得一份综合的项目风险清单。通常由项目团队开展头脑风暴，团队以外的多学科专家也经常参与其中。在主持人的引导下，参加者提出各种关于项目风险的主意。头脑风暴可采用由参加者畅所欲言的传统自由模式；也可采用结构化的集体访谈方法，如名义小组技术(结构化方法)，先头脑风暴再分类、评判、打分和排序。

(2) 德尔菲技术。德尔菲技术是组织专家就某个专题达成一致意见的一种方法。项目风险专家匿名参与。组织者使用调查问卷就重要的项目风险征询意见,然后对专家的答卷进行归纳,并把结果反馈给专家,请他们做进一步评论。这个过程重复几轮后,就可能取得一致意见。德尔菲技术有助于减轻对数据的偏倚,防止任何个人对结果产生不恰当的影响。

(3) 访谈。访谈有经验的项目参与者、干系人或相关主题专家,可以识别出某些风险。

(4) 根本原因分析。根本原因分析是发现问题,找到其深层原因并制定预防措施的一种特定技术。

3. 核对表分析

可以根据以往类似项目或从其他渠道积累的历史信息与知识,编制风险识别核对表。也可用风险分解结构的底层作为风险核对表。团队应该注意考察未在核对表中列出的事项。在项目收尾过程中,应对核对表进行审查,并根据新的经验教训改进核对表,供未来的项目使用。

4. 假设分析

每个项目和每个已识别的风险都是基于一套特定的假想、设想或假设的。假设分析是检验假设条件在项目中的有效性,并识别因其中的错误、变化、矛盾或片面性所致的项目风险。

5. 图解技术

风险图解技术可包括以下几个方面:

(1) 因果图往往又称为石川图或鱼骨图,用于识别风险的起因。

(2) 系统或过程流程图,显示系统各要素之间的相互联系以及因果传导机制。

(3) 影响图。用图形方法表示变量与结果之间的因果关系、事件时间顺序以及其他关系。

6. SWOT 分析

最常用的一种分析工具是 SWOT 分析,如图 10.8 所示。SWOT 是优势(Strengths)、弱点(Weaknesses)、机会(Opportunities)、威胁(Threats)词首字母的缩写。这种分析为研究组织的内部和外部环境提供了一个框架。组织的优势、弱点、机会和威胁将需要文件证明、调查和讨论。优势和弱点通常发生在组织的内部环境(目前的产品或项目、顾客、职员、士气和信息流)中,机会和威胁发生在组织的外部环境(竞争、经济环境、潜在市场和立法)中。这些外部因素包括社会、技术、经济、生态和政治因素。

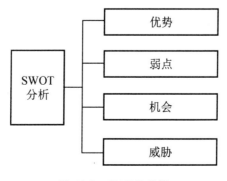

图 10.8 SWOT 分析

7. 专家判断

拥有类似项目或业务领域经验的专家,可以直接识别风险。项目经理应该选择相关专家,邀请他们根据以往经验和专业知识指出可能的风险,需要注意专家的偏见。

10.2.3 识别风险:输出

识别风险过程的主要输出通常都载入风险登记册。

识别风险过程的主要输出就是风险登记册中的最初内容。随着其他风险管理过程的实施,风险登记册还将包括这些其他过程的输出,其中所包含的信息也就逐渐增加。风险登记册的编制始于风险识别过程,之后都要对其进行更新,供其他管理过程使用和项目管理过程使用。最初的风险登记册包括如下信息:

(1) 已识别风险清单。对已识别风险进行尽可能详细的描述。

(2) 潜在应对措施清单。在识别风险过程中,有时可以识别出风险的潜在应对措施。这些应对措施(如果已经识别出)可作为规划风险应对过程的输入。

思考题

某一项目经理正在对他的项目风险进行定量分析。在这些定量分析的专家中,有几位并不在场,但该项目经理却希望将这些专家也包括到项目的风险评估当中去。据此,这该如何做?(　　)

A. 在使用因特网作为一个工具时,就要用到蒙特卡罗模拟法
B. 使用关键路径法
C. 确定纠正措施的选项
D. 应用德尔斐法

答案解释:

D. 在技术问题上、项目必要的工作范围上或风险问题上获取专家意见时,最通常的使用方法是德尔斐技术。

思考题

甲公司为一项汽车开发管理进行了风险分析,并且需要一个风险分解结构 RBS,来对该项目可能发生的风险和子风险进行了分类。不同的 RBS 适用于不同类型的项目和组织。这种方法的好处是提醒风险识别人员风险产生的原因是多种多样的。已知该项目主要受技术、外部、组织和项目管理等因素影响。其中技术因素主要受需求、技术、复杂性和界面、绩效和可靠性以及质量影响。外部因素则包括分包和供应商、管理规定、市场、客户和气候。组织因素则受项目依赖关系、资源、资金和优先级影响。项目管理因素就包括估算、计划编制、控制和沟通。

请你为甲公司写出这个汽车开发的风险项目结构。

图10.9所示的风险分解结构 RBS 列出了一个典型项目中可能发生的风险分类和风险子分类。不同的 RBS 适用于不同类型的项目和组织。这种方法的好处是提醒风险识别人员风险产生的原因是多种多样的。

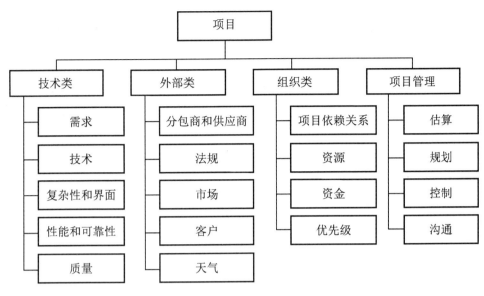

图 10.9 风险分解结构 RBS

10.3 实施定性风险分析

实施定性风险分析是评估并综合分析风险的发生概率和影响,对风险进行优先排序,从而为后续分析或行动提供基础的过程,如图 10.10 和图 10.11 所示。组织可以通过关注高优先级的风险来提升项目绩效。实施定性风险分析根据风险发生的相对概率或可能性、风险发生后对项目目标的相应影响以及其他因素(如应对时间要求,与项目成本、进度、范围和质量等制约因素相关的组织风险承受力),来评估已识别风险的优先级。这类评估会受项目团队和其他干系人的风险态度的影响。因此,为了实现有效评估,就需要清晰地识别和管理实施定性风险分析过程的关键参与者的风险态度。如果他们的风险态度会导致风险评估中的偏颇,则应该注意对偏颇进行分析,并加以纠正。

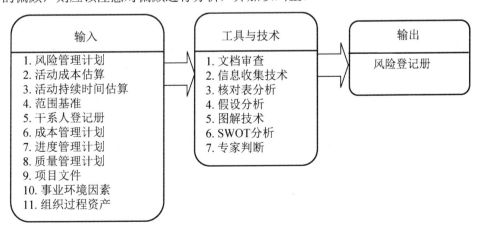

图 10.10 实施定性风险分析:输入、工具与技术和输出

建立概率和影响层级定义,有助于减少偏见的影响。风险行动的时间紧迫性可能会放大风险的重要性。对项目风险相关信息的质量进行评估,也有助于澄清关于风险重要性的评估结果。

实施定性风险分析通常可以快速且经济有效地为规划风险应对建立优先级,可以为实施定量风险分析(如果需要)奠定基础。为了确保与项目风险的实时变化保持同步,在整个项目生命周期内应该反复开展定性风险分析。本过程完成后,可进入实施定量风险分析过程或直接进入规划风险应对过程。

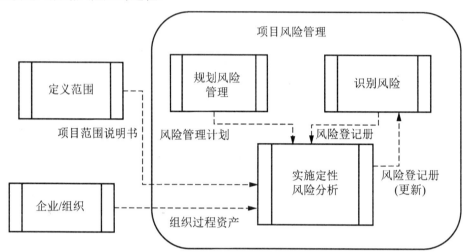

图 10.11 实施定性风险分析的数据流向图

10.3.1 实施定性风险分析:输入

实施定性风险分析:输入包括以下几个方面:

(1) 风险登记册。
(2) 风险管理计划。
(3) 项目范围说明书。
(4) 组织过程资产。可能影响实施定性风险分析过程的组织过程资产包括(但不限于)以下几个方面:①以往类似项目的信息;②风险专家对类似项目的研究;③可从行业或专有渠道获得的风险数据库。

10.3.2 实施定性风险分析:工具与技术

1. 风险概率和影响评估

风险概率评估旨在调查每个具体风险发生的可能性。风险影响评估旨在调查风险对项目目标(如进度、成本、质量或性能)的潜在影响,既包括威胁所造成的消极影响,也包括机会所产生的积极影响。对已识别的每个风险都要进行概率和影响评估。可以选择熟悉相应风险类别的人员,对他们进行访谈或与他们召开会议,来进行风险评估。这些人员中应该包括项目团队成员,也可包括项目外部的经验丰富人员。

通过访谈或会议,评估每个风险的概率级别及其对每个目标的影响。还应记录相应的说明性细节,例如,确定风险级别所依据的假设条件。根据风险管理计划中的定义,对风险概率和影响进行评级。具有低等级概率和影响的风险，将被列入观察清单中，供将来进一步监测。

2. 概率影响矩阵

应该基于风险评级结果，对风险进行优先排序，以便进一步进行定量分析和风险应对。通常，在项目开始之前，组织者就要制定风险评级规则，并将其纳入组织过程资产。可以在规划风险管理过程中，把风险评级规则"剪裁"成适合某具体项目。通常用查询表或概率影响矩阵(见图 10.12)来评估每个风险的重要性和所需的关注优先级。根据概率和影响的各种组合，该矩阵把风险划分为低、中、高风险。其中≥0.90(数值最大，图中用深灰色表示)的区域代表高风险；≤0.01(数值最小，图中用中度灰色表示)的区域代表低风险，而介于 0.01~0.90(图中用浅灰色)的区域代表中等风险。

概率影响矩阵										
概率	威胁					机会				
0.90	0.05	0.09	0.18	0.36	0.72	0.72	0.36	0.18	0.09	0.05
0.70	0.04	0.06	0.13	0.25	0.50	0.50	0.25	0.13	0.06	0.04
0.50	0.03	0.05	0.09	0.18	0.36	0.36	0.18	0.09	0.05	0.03
0.30	0.02	0.03	0.05	0.11	0.22	0.22	0.11	0.05	0.03	0.02
0.10	0.01	0.01	0.02	0.04	0.07	0.07	0.04	0.02	0.01	0.01

对目标(如成本、时间、范围或质量)的影响(相对量表)按发生概率及一旦发生所造成的影响，对每一个风险进行评级。在矩阵中显示组织对低风险、中等风险与高风险所规定的临界值。根据这些临界值，把每个风险分别归入高风险、中等风险或低风险。

图 10.12 概率影响矩阵

如图 10.12 所示，组织可分别针对每个目标(如成本、时间和范围)评定风险等级。另外，也可制定相关方法为每个风险确定一个总体等级。可以编制一个全面的项目风险评级方案，来反映组织对各个目标的偏好程度，并据此为各个目标分配风险影响的权重。最后，可以在同一矩阵中，分别列出机会和威胁的影响水平定义，同时显示机会和威胁。

风险评级有助于指导风险应对。如果风险发生会对项目目标产生消极影响(即威胁)，并且处于矩阵高风险(深灰色)区域，就可能需要采取优先措施和积极的应对策略。而对处于低风险(中度灰色)区域的威胁，可能只需将之列入观察清单或为之增加应急储备，而不需采取积极管理措施。同样，处于高风险(深灰色)区域的机会，是最容易实现而且能够带来最大利益的，故应该首先抓住。对于低风险(中度灰色)区域的机会，则应加以监督。图 10.12 中给出的数值仅是代表性的，组织应根据自己的需要来决定量表中刻度的数量。

3. 风险数据质量评估

定性风险分析要具有可信度，就应该使用准确和无偏倚的数据。风险数据质量分析就是评估有关风险数据对风险管理的有用程度的一种技术。它考察人们对风险的理解程度，以及考察风险数据的准确性、质量、可靠性和完整性。如果数据质量不可接受，就可能需要收集更高质量的数据。

4. 风险分类

可以按照风险来源(如使用风险分解结构)、受影响的项目工作(如使用工作分解结构)，或其他分类标准(如项目阶段)，对项目风险进行分类，以明确受不确定性影响最大的项目区域。根据共同的根本原因对风险进行分类，有助于制定有效的风险应对措施。

5. 风险紧迫性评估

可以把近期就需应对的风险当作更紧急的风险。风险应对的时间要求、风险征兆和预警信号以及风险等级等，都是确定风险优先级应考虑的指标。在某些定性分析中，可以综合考虑风险的紧迫性以及从概率影响矩阵中得到的风险等级，从而得到最终的风险严重性级别。

6. 专家判断

为了确定风险在图 10.12 所示的矩阵中的位置，就需要使用专家判断来评估每个风险的概率和影响。专家通常是那些具有类似项目的经验的人。另外，那些正在规划和管理某特定项目的人员也是专家，他们对该项目的具体方面特别有发言权。经常可采取风险研讨会或访谈，来获取专家判断。应该注意专家的偏见。

10.3.3 实施定性风险分析：输出

风险登记册(更新)。可对风险登记册做如下更新。

(1) 项目风险的相对排序或优先级清单。可根据各风险的重要程度，使用概率影响矩阵，对风险进行分类。综合考虑每个风险的发生概率及其一旦发生对目标的影响，就可以把各风险归类为"高风险"、"中等风险"和"低风险"，使各风险之间有相对的优先级关系。由于组织对不同目标的重视程度可能不同，所以可分别针对进度、成本和性能目标排列风险优先级。然后，项目经理可利用风险优先级列表，去关注那些对最重要目标有重要影响的风险(高风险)，对这些风险的应对会带来更好的项目结果。对评定为十分重要的风险，应该说明其概率和影响的评定基础。

(2) 按类别分类的风险。进行风险分类，可揭示风险的共同原因或需特别关注的项目领域。发现风险集中的领域，有利于提高风险应对的有效性。

(3) 风险成因或需特别关注的项目领域。发现风险集中的领域，有利于提高风险应对的有效性。

(4) 近期就需应对的风险清单。需紧急应对的风险和可在晚些时候处理的风险，可以归入不同的组别。

(5) 需进一步分析与应对的风险清单。有些风险可能需要进一步分析(包括定量风险分析)和采取进一步的应对措施。

(6) 低优先级风险观察清单(低风险不能删掉，不积极措施)。在实施定性风险分析过程中被评定为不重要的风险，应该列入观察清单，加以持续监测。

(7) 定性风险分析结果的趋势。随着分析的反复进行，具体风险可能呈现出某种明显的趋势，从而使风险应对或进一步分析变得更紧迫(更重要)或不太紧迫(不太重要)。

思考题

1. 下列哪一项是描述风险识别的成果的最佳方式？（　　）
   A. 风险列表
   B. 风险触发因素的列表
   C. 风险负责人的列表
   D. 项目风险的理解
2. 在风险概率影响矩阵中，高风险区域的机会。（　　）
   A. 最容易抓住，但产生的效益最低
   B. 最容易抓住，且产生的效益最高
   C. 最难抓住，应该得到最大程度的监控
   D. 最难抓住，但是产生的效益最高

答案解释：

1. AB。风险识别的成果当然是一个风险和风险触发因素的列表(风险负责人自风险应对计划里产生)，然而更是对风险的理解，这对于能够把风险进行定性化或定量分析很重要。
2. B。在风险概率影响矩阵中，高风险区域的机会最容易抓住，且产生的效益最高。

10.4　实施定量风险分析

　　实施定量风险分析是就已识别风险对项目整体目标的影响进行定量分析的过程，如图 10.13 和图 10.14 所示。实施定量风险分析的对象是在定性风险分析过程中被认为对项目的竞争性需求存在潜在重大影响的风险。它可以为每个风险单独进行量化评级，或者可以评估所有风险对项目的总体影响，它也是在不确定情况下进行决策的一种量化方法。

　　实施定量风险分析通常在定性风险分析之后进行。有时，不需要实施定量风险分析，就可以制定出有效的风险应对措施。在特定的项目中，究竟采用哪种(些)方法进行风险分析，取决于可用的时间和预算，以及对风险及其后果进行定性或定量描述的需要。在规划风险应对之后，应该通过反复进行定量风险分析，可以了解风险的发展趋势，并揭示增减风险管理措施的必要性。

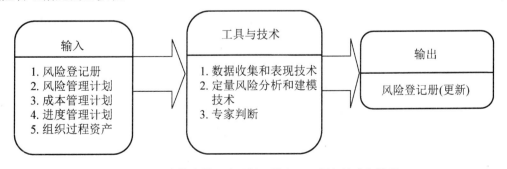

图 10.13　实施定量风险分析：输入、工具与技术和输出

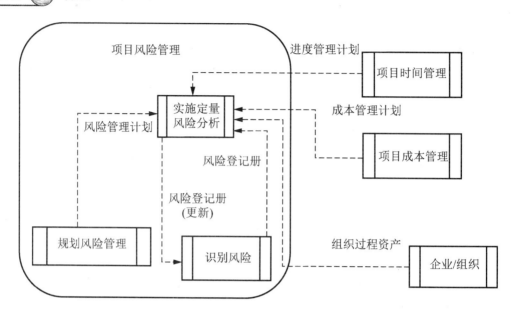

图 10.14 实施定量风险分析的数据数据流向图

10.4.1 实施定量风险分析：输入

实施定量风险分析：输入包括以下几个方面：

(1) 风险登记册。
(2) 风险管理计划。
(3) 成本管理计划。
(4) 进度管理计划。
(5) 组织过程资产。

10.4.2 实施定量风险分析：工具与技术

1. 数据收集和表现技术

(1) 访谈：访谈中的三点估算见表 10-2。

表 10-2 项目成本估算的区间

单位：百万美元

WBS 要素	低	最可能	高
设计	4	6	10
建造	16	20	35
试验	11	15	23
整个项目	31	41	68

注：对有关干系人进行访谈，有助于确定每个 WBS 要素的三点估计(用于三角分布、贝塔分布或其他分布)。在本例中，以等于或小于 4 100 万美元(最可能估计)完成项目的可能性很低，如图 10.18 的模拟结果所示(成本风险模拟结果)。

(2) 概率分布：在建模和模拟中广泛使用的连续概率分布，代表着数值的不确定性。而不连续分布则表示不确定的事件。

(3) 贝塔分布和三角分布：用于定量风险分析，纵轴表示时间和成本的可能值，横轴表示相对概率。对称分布是特例，一般是不对称的。

① 贝塔分布。贝塔分布 Beta(P, q)是随机建模和统计推断的重要工具。贝塔分布密度函数曲线随参数的取值有不同的形状，参数 P 和 q 都小于 1 时为 u 形状，P 和 q 仅有一个小于 1 时呈 J 状，当 P 和 q 都大于 1 时为单峰曲线。贝塔密度函数上述特性使得很难设计出对所有参数都有效的贝塔分布随机数的抽样方法。

② 三角分布。在概率论与统计学中，三角分布是低限为 a、众数为 c、上限为 b 的连续概率分布。

工程项目成本风险的理论分布是指工程项目各种风险理论上概率分布情况，这可以通过理论推导和使用风险事件的模拟仿真等方法去获得。从理论上来说，不同种类风险所形成的风险性成本的概率分布都是不同的，因此如果一个一个地将每个具体活动的具体分布找出来，并且使用这些分布去计算求得一项具体活动的风险性成本是不现实的。

(4) 概率分布。在建模和模拟中广泛使用的连续概率分布，代表着数值的不确定性，如进度活动的持续时间和项目组成部分的成本的不确定性；而不连续分布则用于表示不确定性事件，如测试结果或决策树的某种可能情景等。图 10.15 显示了广为使用的两种连续概率分布。这些分布的形状与量化风险分析中得出的典型数值相符。如果在具体的最高值和最低值之间，没有哪个数值的可能性比其他数值更高，就只能使用均匀分布，如在早期的概念设计阶段。

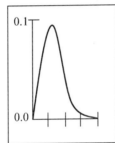 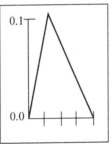

贝塔分布和三角分布常用于定量风险分析。左图中的贝塔分布是由两个"形状参数"决定此类分布族的一个例子。其他常用的分布包括均匀分布、正态分布和对数分布。图中的纵轴表示时间或成本的可能值，而横轴表示相对概率。

图 10.15　常用概率分布示例

2. 定量风险分析和建模技术

(1) 敏感性分析：确定哪些风险有最大的潜在影响。

① 把所有其他不确定的因素都固定在基准值，再来考察每个因素的变化产生多大的影响(一次调整一个因素，试验设计 DOE 是一次调整多个因素)。

② 表现形式。龙卷风图：很不确定的变量与相对稳定的变量之间的相对重要性的相对影响。

③ 优点：简单经济。

④ 缺点：没有考虑各不稳定变量的关系，没有概率。

(2) 预期货币价值分析(EMV)某些情况在未来可能发生、不可能发生时，计算平均结果的一种统计方法(不确定性下的分析)不是对最终收入和成本的预测；是进一步分析的输入。

① 机会的 EMV 为正值，风险的 EMV 为负值。

② 建立在风险中立的假设上，不冒险不避险。

(3) 在决策树分析(tree plan)中使用。风险定量方法中 EMV 用图形的形式展示决策的过程(综合可选项的费用和概率以及逻辑路径的收益)如图 10.16 所示

模型和模拟：蒙特卡洛技术(项目的总体风险，随机函数)。

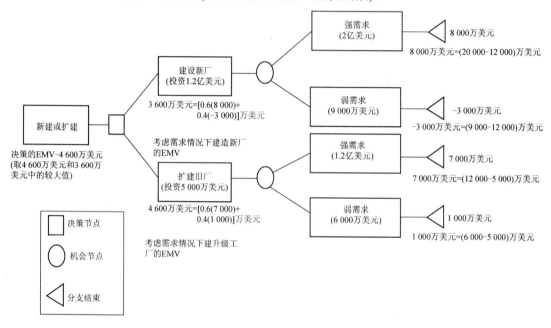

图 10.16　决策树分析示例

① 此决策树反映了在环境中存在不确定性因素(机会节点)时，如何在各种可选投资方案中进行选择(决策节点)。

② 本例中，需要就投资 1.2 亿美元建设新厂或投资 5 000 万美元扩建旧厂进行决策。进行决策时，必须考虑需求(因具有不确定性，所以是"机会节点")。例如，在强烈需求情况下，建设新厂可得到 2 亿美元收入，而扩建旧厂只能得到 1.2 亿美元收入(可能因为生产能力有限)。每个分支的末端列出了收益减去成本后的净值。对于每条决策分支，把每种情况的净值与其概率相乘，然后再相加，就得到该方案的整体 EMV(见阴影区域)。计算时要记得考虑投资成本。从阴影区域的计算结果看，扩建旧厂方案的 EMV 较高，即 4 600 万美元——也是整个决策的 EMV。选择扩建旧厂，也代表选择了风险最低的方案，避免了可能损失 3 000 万美元的最坏结果。

计算过程如下所述。

决策的 EMV-4 600 万美元(取 4 600 万美元和 3 600 万美元中的较大值)

考虑需求情况下建造新厂的 EMV 为

$$[0.6(8\,000)+ 0.4(-3\,000)]\text{万美元}=3\,600\text{万美元}$$

考虑需求情况下建升级工厂的 EMV 为

[0.6(7 000)+ 0.4(1 000)]万美元=4 600 万美元

[20 000-12 000]万美元=8 000 万美元

[9 000-12 000]万美元=-3 000 万美元

[12 000-5 000]万美元=7 000 万美元

[6 000-5 000]万美元=1 000 万美元

(4) 建模和模拟。项目模拟旨在使用一个模型，计算项目各细节方面的不确定性对项目目标的潜在影响。反复模拟通常采用蒙特卡洛技术。在模拟中，要利用项目模型进行多次计算。每次计算时，都从这些变量的概率分布中随机抽取数值(如成本估算或活动持续时间)作为输入。通过多次计算，得出一个概率分布(如总成本或完成日期)。对于成本风险分析，需要使用成本估算进行模拟。对于进度风险分析，需要使用进度网络图和持续时间估算进行模拟。图 10.17 显示了成本风险模拟结果。它表明了实现各个特定成本目标的相应可能性。对进度风险模拟的结果，也能画出类似的曲线。

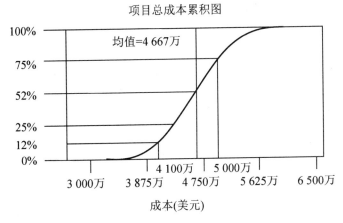

图 10.17 成本风险模拟结果

使用图 10.17 中的数据和三角分布得到本累积分布曲线，显示该项目以 4 100 万美元完成的可能性是 12%。如果组织比较保守，想要有 75%的成功可能性，那就需要把预算定为 5 000 万美元[约包括 22%(5 000 万美元-4 100 万美元)/4 100]万美元的应急储备。

10.4.3 实施定量风险分析：输出

风险登记册(更新)。风险登记册需要进一步更新，把详细记录量化方法、结果和建议的量化风险报告添加进去。风险登记册的更新主要包括以下内容。

(1) 项目的概率分析(估算进度和成本，可能完工时间和成本)。对项目可能的进度与成本结果进行估算，列出可能的完工日期和完工成本及其相应的置信水平。分析的结果通常表现为累积分布。可以综合考虑分析的结果与干系人的风险承受力，来量化所需的成本和时间应急储备。应急储备旨在把不能实现成本和时间目标的风险降低到组织可接受的水平。例如，在图 10.17 中，对应于 75%的成本应急储备为 900 万美元，大约相当于图 10.17 中最可能估算值 4 100 万美元的 22%。

(2) 实现成本和时间目标的概率。当项目面临风险时，可根据定量风险分析的结果来估算在现行计划下实现项目目标的概率。例如，在图 10.17 中，实现成本估算值 4 100 万美元(取自图 10.17)的可能性大约为 12%。

(3) 量化风险优先级清单(对应急储备,关键路径有最大风险)。此风险清单中包括对项目造成最大威胁或提供最大机会的风险。它们是对成本应急储备影响最大的风险，以及最可能影响关键路径的风险。在某些情况下，可使用模拟分析中生成的龙卷风图来识别这些风险。

(4) 定量风险分析结果的趋势。随着分析的反复进行，风险可能呈现出某种明显的趋势。可以从这种趋势中得到某些结论，并据此调整风险应对措施。应该把从实施定量风险分析过程中得到的新知识，加进关于项目进度、成本、质量和性能的历史信息中。这些新知识可能以定量风险分析报告的形式呈现。该报告可以独立于风险登记册，也可以与风险登记册合并在一起。

思考题

1. 决策树的目的是什么？（　　）
   A. 决策树展示项目中各项活动的路径
   B. 决策树计算某一项输出的概率
   C. 决策树确定将发生哪些项目活动
   D. 决策树在提出当前选择性的解决办法时，会考虑到将来的项目活动
2. 在项目的早期，只知道某项目最短的工期为 30 天，最长的工期为 60 天。这时，可用以下哪种概率分布来表示各种可能工期的概率大小？（　　）
   A. 贝塔分布
   B. 三角分布
   C. 对数分布
   D. 均匀分布

答案解释：

1. C。决策树使你能够根据对概率和影响的分析来做出当前精确的决定，你可以根据你的每一种解决办法的期望价值来做出决定。
2. D。信息不足，无法使用贝塔分布、三角分布和对数分布。只能使用均匀分布，即假设各种可能工期的概率都是相同的。

10.5 规划风险应对

规划风险应对是针对项目目标，制定提高机会、降低威胁的方案和措施的过程如图 10.18 和图 10.19 所示。规划风险应对过程在实施定性风险分析过程和实施定量风险分析过程(如已使用)之后进行，包括确定和分配某个人(即"风险应对责任人")，来实施已获同意和资金支持的风险应对措施。在规划风险应对的过程中，需要根据风险的优先级来制定应对措施，并把风险应对所需的资源和活动加进项目的预算、进度计划和项目管理计划中。

拟定的风险应对措施必须与风险的重要性相匹配，能经济有效地应对挑战，在当前项

目背景下现实可行,能获得全体相关方的同意,并由一名责任人具体负责。风险应对措施还必须及时,经常需要从几个备选方案中选择一项最佳的风险应对措施。

本节介绍常用的风险应对规划方法。风险包括能影响项目成功的威胁和机会。

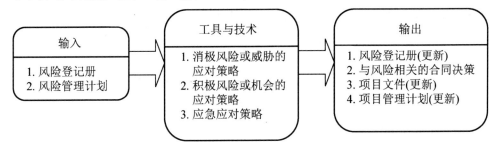

图 10.18 规划风险应对:输入、工具与技术和输出

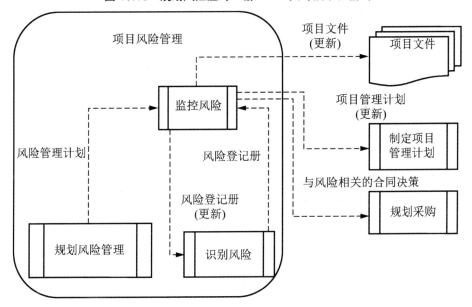

图 10.19 规划风险应对的数据流向图

10.5.1 规划风险应对:输入

规划风险应对:输入包括以下两部分内容:

(1) 风险登记册。
(2) 风险管理计划。

10.5.2 规划风险应对:工具与技术

有若干种风险应对策略可供使用。应该为每个风险选择最可能有效的策略或策略组合。可利用风险分析工具,来选择最适当的应对策略。然后,应制定具体行动去实施该策略,包括主要策略和备用策略(如果必要)。可以制定弹回计划,以便在所选策略无效或发生已接受的风险时加以实施。还应该对次生风险(由应对策略导致的风险)进行审查。经常要为时间或成本分配应急储备。制定应急储备时,可能需要说明动用应急储备的触发条件。

1. 消极风险或威胁的应对策略

消极风险或威胁的应对策略包括：减轻、回避、转移和接受，如图 10.20 所示。通常可用前三种策略来应对威胁或可能给项目目标带来消极影响的风险。第四种策略，即接受，既可用来应对消极风险或威胁，也可用来应对积极风险或机会。

```
                          接受程度
                            ▲
减轻：把不利的风险事件的概率影  │  接受：不可能消除项目的全部威胁，
响降低到可接受的临界值范围。提  │  不变更项目管理计划主动：建立应急
前采取措施，从关联点入手。例如： │  储备，安排一定的时间资金资源来对
复杂性较低的流程，更多测试，稳  │  付被动：只记录，待风险发生时再由
定的供应商。                   │  项目团队进行处理（听天由命）
                            │
                            │                     项目复杂性
  ──────────────────────────┼──────────────────────────▶
                            │
回避：改变项目管理计划，已完全  │  转移：把部分或全部消极影响连同应
消除威胁，最极端的方法是取消整  │  对责任转移给第三方。并没有消除风
个项目。                     │  险而是转移影响，是要花代价的。财
                            │  务金融风险多用这种方法。
```

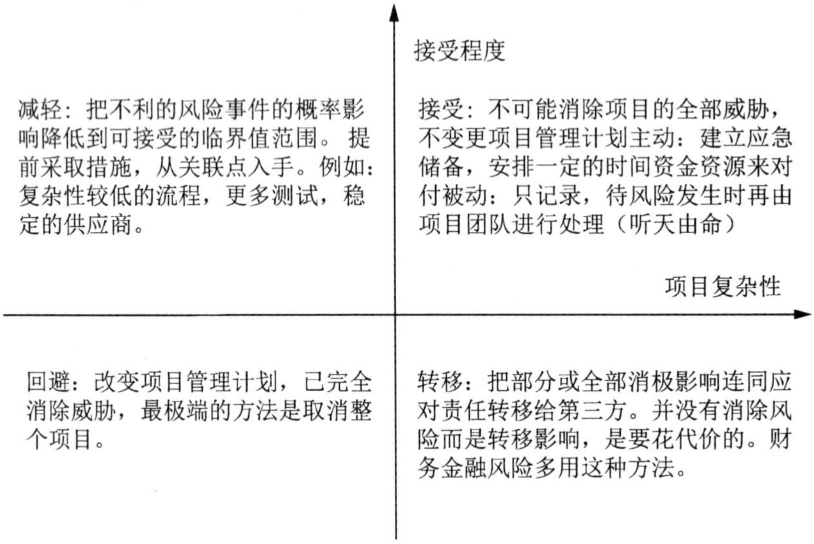

图 10.20　消极风险或威胁的应对策略

2. 积极风险或机会的应对策略

积极风险或机会的应对策略包括：开拓、分享、提高和接受，如图 10.21 所示。前三种是专为对项目目标有潜在积极影响的风险而设计的。第四种策略，即接受，既可用来应对消极风险或威胁，也可用来应对积极风险或机会。

```
                          主动性
                            ▲
提高：与减轻对应。提高机会的发  │  开拓：与回避相对。消除不确定
生概率和影响。识别产生机会的关  │  性，确保机会出现。把组织中最
键因素，使之最大化提高发生概率。│  有能力的资源分配给项目，来缩
例如增加资源。                 │  短时间和节约成本。
                            │
                            │                     发生概率
  ──────────────────────────┼──────────────────────────▶
                            │
接受：当机会发生时善于利用，不  │  分享：把机会的责任给最能抓住机
主动追求。                    │  会的第三方。目的是充分利用机会
                            │  和各方收益。
```

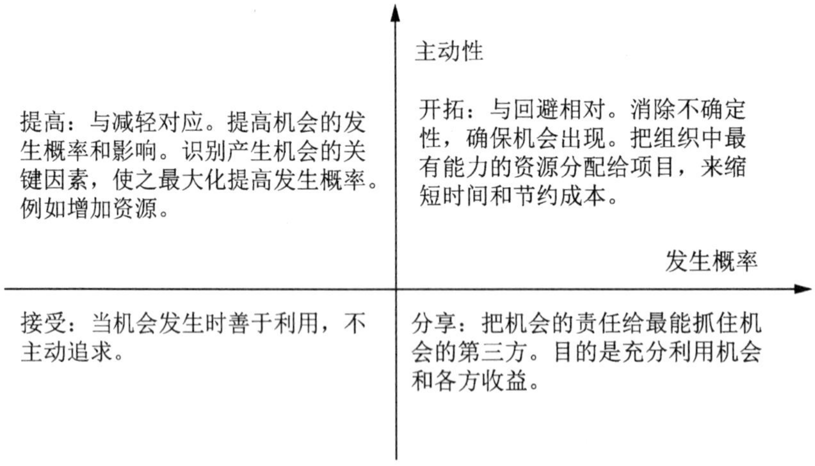

图 10.21　积极风险或机会的应对策略

3. 应急应对策略

可以针对某些特定事件，专门设计一些应对措施。如果确信风险的发生会有充分的预警信号，就应该制定应急应对策略。应该对触发应急策略的事件进行定义和跟踪，如未实

现阶段性里程碑,或获得供应商更高程度的重视。

10.5.3 规划风险应对:输出

1. 风险登记册(更新)

风险登记册如图 10.22 所示。

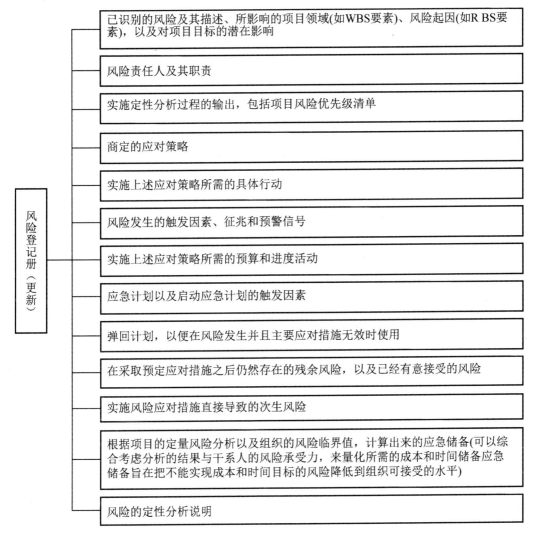

图 10.22 风险登记册

(1) 利用标准的量表,来说明风险发生的概率和风险造成的影响。
(2) 建立概率和影响层级,有助于减少偏见的影响。
(3) 风险行动时间的紧迫性有可能夸大风险的重要性。
(4) 对风险信息的质量也要进行评估(风险数据质量评估:准确性、理解度)。

2. 与风险相关的合同决策

3. 项目管理计划(更新)

4. 项目文件(更新)

可能需要更新的项目文件包括(但不限于)以下几个方面：

(1) 假设条件日志(更新)。随着风险应对措施的制定，会产生一些新信息，假设条件会因此发生变化。必须重新审查假设条件日志，以便把新信息包括进去。假设条件可纳入范围说明书或形成单独的假设条件日志。

(2) 技术文件(更新)。随着风险应对措施的制定，会产生一些新信息，技术方法和实体的可交付成果可能因此发生变化。必须重新审查各种支持性文件，以便把新信息包括进去。

下列哪项能最佳描述应急计划？（　　）
A. 为风险事件计划的应对动作
B. 计划的风险控制程序
C. 计划的权变措施
D. 基于概率分析计划的应对动作

答案解释：

A. 选项 B 风险控制程序包括了所有的风险管理动作，不只是应急计划。选项 C 权变措施从定义可知是未经计划的事件。选项 D 尽管应对动作应该基于概率分析，但选项 D 范围太窄。选项 A 是最佳答案。

10.6　监 控 风 险

监控风险是在整个项目中，实施风险应对计划、跟踪已识别风险、监测残余风险、识别新风险和评估风险过程有效性的过程如图 10.23 和图 10.24 所示。应该在项目生命周期中，实施项目管理计划中所列的风险应对措施，还应该持续监督项目工作，以便发现新风险、风险变化以及过时的风险。监控风险过程需要采用诸如偏差和趋势分析的各种技术。这些技术需要以项目实施中生成的绩效信息为基础。监控风险过程的其他目的在于确定以下各种情况。

(1) 项目的假设条件是否仍然成立。
(2) 某一已评估过的风险是否发生了变化，或已经消失。
(3) 风险管理政策和程序是否已得到遵守。
(4) 根据当前的风险评估，是否需要调整成本或进度应急储备。

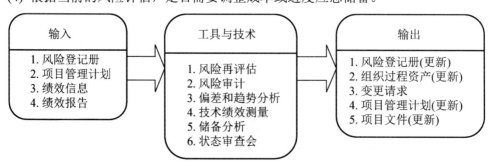

图 10.23　监控风险：输入、工具与技术和输出

第 10 章
项目风险管理

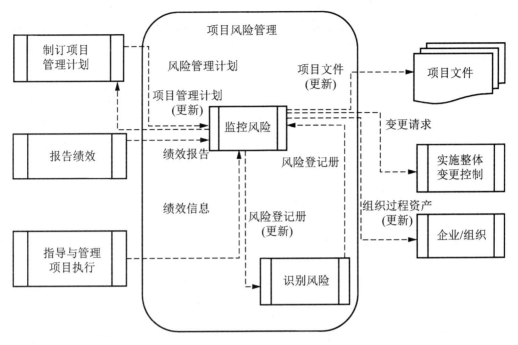

图 10.24 控制风险的数据数据流向图

监控风险可能涉及选择替代策略、实施应急或弹回计划、采取纠正措施,以及修订项目管理计划。风险应对责任人应定期向项目经理汇报计划的有效性、未曾预料到的后果,以及为合理应对风险所需采取的纠正措施。在监控风险过程中,还应更新组织过程资产(如项目经验教训数据库和风险管理模板),以使未来的项目受益。

10.6.1 监控风险:输入

1. 风险登记册

2. 项目管理计划

项目管理计划中包含风险管理计划。风险管理计划中又包括风险承受力、人员安排(包括风险责任人)、时间以及用于项目风险管理的其他资源。

3. 绩效信息

与各种实施情况相关的绩效信息包括(但不限于)以下几方面:
(1) 可交付成果的状态。
(2) 进度进展情况。
(3) 已经发生的成本。

4. 绩效报告

10.6.2 监控风险:工具与技术

1. 风险再评估

监控风险经常需要识别新风险,对现有风险进行再评估以及删去已过时的风险。应该定期进行项目风险再评估。反复进行再评估的次数和详细水平,应该根据相对于项目目标的项目进展情况而定。

2. 风险审计

通过风险审计,检查并记录风险应对措施在处理已识别风险及其根源方面的有效性,以及风险管理过程的有效性。项目经理要确保按项目风险管理计划所规定的频率来实施风险审计。既可以在日常的项目审查会中进行风险审计,也可单独召开风险审计会议。在实施审计前,要明确定义审计的格式和目标。

3. 偏差和趋势分析

很多控制过程都会借助偏差分析来比较计划结果与实际结果。为了监控风险事件,应该利用绩效信息对项目执行的趋势进行审查。可使用挣值分析以及项目偏差与趋势分析的其他方法,对项目总体绩效进行监控。这些分析的结果可以揭示项目在完成时可能偏离成本和进度目标的程度。与基准计划的偏差,可能表明威胁或机会的潜在影响。

4. 技术绩效测量

技术绩效测量是把项目执行期间所取得的技术成果与项目管理计划所要求的技术成果进行比较。它要求对技术绩效的量化测量指标进行定义,以便据此比较实际结果与计划要求。这些技术绩效测量指标可包括重量、处理时间、缺陷数量和存储容量等。偏差值(如在某里程碑点,实现了比计划更多或更少的功能)有助于预测项目范围方面的成功程度,还能揭示项目面临的技术风险程度。

5. 储备分析

在项目实施过程中,可能发生一些对预算或进度应急储备有积极或消极影响的风险。储备分析是指在项目的任何时点比较剩余应急储备与剩余风险量,从而确定剩余储备是否仍然合理。

6. 状态审查会

项目风险管理应该是定期状态审查会中的一项议程。该议程所占用的会议时间长短取决于已识别的风险及其优先级和应对难度。越经常开展风险管理,风险管理就会变得越容易。经常讨论风险,可以促使人们识别风险的机会。

10.6.3 监控风险:输出

1. 风险登记册(更新)

2. 组织过程资产(更新)

上述 6 个项目风险管理过程都会生成可供未来项目借鉴的各种信息。应该把这些信息加进组织过程资产中。可能需要更新的组织过程资产包括(但不限于)以下 3 个方面:
(1) 风险管理计划的模板,包括概率影响矩阵、风险登记册。
(2) 风险分解结构。
(3) 从项目风险管理活动中得到的经验教训。应该在需要和项目收尾时,对上述文件进行更新。组织过程资产中应该包括风险登记册、风险管理计划模板、核对表和风险分解结构的最终版本。

3. 变更请求

变更请求要提交给实施整体变更控制过程审批。变更请求也可包括以下两方面：

(1) 推荐的纠正措施。推荐的纠正措施包括应急计划和权变措施。后者是针对以往未曾识别或被动接受的、目前正在发生的风险而采取的未经事先计划的应对措施。

(2) 推荐的预防措施。采用推荐的预防措施，使项目实施符合项目管理计划的要求。

4. 项目管理计划(更新)

5. 项目文件(更新)

10.7 识别风险

识别风险是判断哪些风险会影响项目并记录其特征的过程(图 10.5 和图 10.6)。风险识别活动的参与者可包括：项目经理、项目团队成员、风险管理团队(如有)、客户、项目团队之外的主题专家、最终用户、其他项目经理、干系人和风险管理专家。并且鼓励全体项目人员参与风险识别工作。

识别风险是一个反复进行的过程，因为在项目生命周期中，随着项目的进展，新的风险可能产生。项目团队应参与识别风险过程，以便创造并维持团队成员对风险的敏感度及其对应对措施的实施把控。

本 章 小 结

> 项目风险管理是指通过风险识别、风险分析和风险评价去认识项目的风险，并以此为基础合理地使用各种风险应对措施、管理方法技术和手段，对项目的风险实行有效地控制，妥善地处理风险事件造成的不利后果，以最少的成本保证项目总体目标实现的管理工作。风险管理与项目管理的关系通过界定项目范围，可以明确项目的范围，将项目的任务细分为更具体、更便于管理的部分，避免遗漏而产生风险。在项目进行过程中，各种变更是不可避免的，变更会带来某些新的不确定性，风险管理可以通过对风险的识别、分析来评价这些不确定性，从而向项目范围管理提出任务。

习 题

1. 风险回避与风险接受策略的主要区别是？(   )

    A. 风险回避不改变项目计划，风险接受要改变项目计划

    B. 风险回避针对消极风险，风险接受针对积极风险

    C. 风险回避改变项目计划，风险接受不改变项目计划

    D. 风险回避针对积极风险，风险接受针对消极风险

2. 概率和影响评估是哪个过程的工具与技术？( )
   A．规划风险管理　　　　　　　　B．识别风险
   C．实施定性风险分析　　　　　　D．实施定量风险分析
3. 在项目即将进入收尾阶段时，你发现了一项原来没有考虑到的新风险。该风险一旦发生，可能给最终的可交付成果带来重要影响，甚至可能使其不能通过客户验收。你应该( )。
   A．把该风险的影响通知管理层和客户　　B．进行定性风险分析
   C．制定风险缓解措施　　　　　　　　　D．增加应急储备
4. 作为识别风险过程的输出，风险登记册中应包括？( )
   A．已识别风险清单、风险的初步排序
   B．已识别风险清单、潜在应对措施清单
   C．已识别风险清单、初步估计的风险概率与后果
   D．已识别的风险清单、对风险的尽可能详细的描述
5. 你所负责的一个为期3年的项目，刚刚进入收尾阶段，再过3周就可以宣布正式结束。这时，发现了一个已定义的重大缺陷。这很可能是以下哪个过程没有做好？( )
   A．识别风险　　　　　　　　　　B．规划风险管理
   C．监控风险　　　　　　　　　　D．应对风险

案 例 分 析

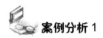

案例分析1

"中航油"事件

一、案情

2003年下半年：中国航油公司(新加坡)(以下简称"中航油")开始交易石油期权(option)，最初涉及200万桶石油，中航油在交易中获利。

2004年一季度：油价攀升导致公司潜亏580万美元，公司决定延期交割合同，期望油价能回跌，交易量也随之增加。

2004年二季度：随着油价持续升高，公司的账面亏损额增加到3 000万美元左右。公司因而决定再延后到2005年和2006年才交割，交易量再次增加。

2004年10月：油价再创新高，公司此时的交易盘口达5 200万桶石油，账面亏损再度大增。

10月10日：面对严重资金周转问题的中航油，首次向母公司呈报交易和账面亏损。为了补加交易商追加的保证金，公司已耗尽近2 600万美元的营运资本、1.2亿美元银团贷款和6 800万元应收账款资金。账面亏损高达1.8亿美元，另外已支付8 000万美元的额外保证金。

10月20日：母公司提前配售15%的股票，将所得的1.08亿美元资金贷款给中航油。10月26日和28日：公司因无法补加一些合同的保证金而遭逼仓，蒙受1.32亿美元实际亏损。

11月8日到25日：公司的衍生商品合同继续遭逼仓，截至25日，实际亏损达3.81亿美元。

12月1日，在亏损5.5亿美元后，中航油宣布向法庭申请破产保护令。

二、原因

(1) 中航油的交易一开始就存在巨大隐患，因为其从事的期权交易所面临的风险敞口是巨大的。期权交易中，期权卖方收益是确定的，最大收益限于收取买方的期权费，然而其承担的损失却可能很大(在看跌期权中)，以致无限量(在看涨期权中)。中航油恰恰选择了风险最大的做空期权。

第10章 项目风险管理

(2) 管理层风险意识淡薄。企业没有建立起防火墙机制，在遇到巨大的金融投资风险时，没有及时采取措施，进行对冲交易来规避风险，使风险无限量扩大直至被逼仓。事实上公司是建立起了由安永会事务所设计的风险控制机制来预防流动、营运风险的，但因为总裁的独断专行，该机制完全没有启动，造成制定制度的人却忘了制度对自己的约束的局面，那么就有必要加强对企业高层决策权的有效监控，保障风险控制机制的有效实施。

(3) 企业内部治理结构存在不合理现象。作为中航油总裁的陈久霖，手中权力过大，绕过交易员私自操盘，发生损失也不向上级报告，长期投机违规操作酿成苦果。这反映了公司内部监管存在大缺陷。中航油(新加坡)的风险管理系统从表面上看确实非常科学，可事实并非如此，公司风险管理体系的虚设导致对陈久霖的权利缺乏有效的制约机制。

(4) 监管机构监管不力。中国航油集团公司归国资委管理，中航油造成的损失在5.3亿至5.5亿美元之间，其开展的石油指数期货业务属违规越权炒作行为。该业务严重违反决策执行程序，这样的监管漏洞无疑为后事埋下伏笔。

【问题】
中航油交易失败的原因是什么？

案例分析2

冰岛的"国家破产"

一、案情

冰岛，一个美丽富饶的北欧温泉岛国，被联合国选为全球最适宜居住的国家。由于受到世界金融危机的影响，一度面临着"国家破产"的危险。

在2005年，冰岛人均国内生产总值达到54 975美元，位居世界第三。除了人均国内生产总值高之外，原来冰岛还是世界上第二长寿的国家，以及世界排名第一的人类发展指数，被誉为"世上最幸福国家"。而如今，冰岛市值排名前三位的银行已全部被政府接管，冰岛货币克朗今年以来贬值已超过一半，很多冰岛人甚至产生了移民的想法。

(1) 2008年10月9日，冰岛市值排名前三位的银行已全部被政府接管。数据显示，这三家银行的债务总额为610亿美元，大约相当于冰岛GDP的12倍。

(2) 冰岛出现严重金融动荡，冰岛克朗今年1月份以来贬值超过一半。

(3) 冰岛政府向国际货币基金组织(IMF)、俄罗斯等申请援助，以应对金融危机。

二、原因

(1) 直接原因：此次席卷全球的金融危机。金融危机某种程度上是一个偿债能力的危机，冰岛的资本不足够偿还这种债务。一开始是流动性的危机，中央银行帮助解决流动性的问题，但中央银行的责任没有得到很好的履行。冰岛这样的一个小国家有自己的货币，流动性的问题是致命性的。

(2) 根本原因：政府没有进行有效的金融监管，反而鼓励银行的投机行为。冰岛和欧洲的其他国家一样，对自己的金融体系进行了私有化、放松了管制。私有化之后带来了投资的繁荣，以及资产价格的上升，以及资产价值的泡沫。国际的贷款人愿意把资金无限制地贷到冰岛，而且房价在上升，股票市场也在上升。银行体系出现了问题这是因为冰岛从一个简单的存款制度变成了一个全球的国际金融的中介机构，银行体系没有得到很好的监管，银行监管机构也就是中央银行，没有能力完全了解银行所面临的风险。雷曼兄弟破产之后，银行没有任何生存的机会，投资者的信心消失了。

【问题】
冰岛"国家破产"带来什么启示？

第 11 章 项目采购管理

学习目标

本章讨论的是项目采购管理在项目组织外部采购或获得所需产品、服务或成果的各个过程的情况下会有使用,而其中包括了规划采购、实施采购、管理采购、结束采购这四项过程。这些过程不仅相互作用,并且与其他的知识体系的个别过程相互作用。

知识结构

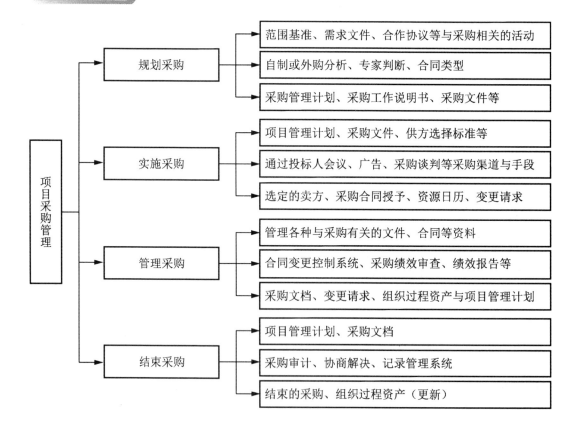

第11章 项目采购管理

案例导入

通用公司的全球化采购

1993 年，通用汽车提出了全球化采购的思想，并逐步将各部分的采购权集中到总部统一管理。目前，通用下设 4 个地区的采购部门：北美采购委员会、亚太采购委员会、非洲采购委员会、欧洲采购委员会。4 个区域的采购部门定时召开电视会议，把采购信息放到全球化的平台上来共享，在采购行为中充分利用联合采购组织的优势，协同杀价，并及时通报各地供应商的情况，把某些供应商的不良行为在全球采购系统中备案。

在资源得到合理配置的基础上，通用开发了一整套供应商关系管理程序，对供应商进行评估。对好的供应商采取持续发展的合作策略，并针对采购中出现的技术问题与供应商一起协商，寻找解决问题的最佳方案，而在评估中表现糟糕的供应商，则请其离开通用的业务体系。同时，通过对全球物流路线的整合，通用将各个公司原来自行拟定的繁杂的海运路线集成为简单的洲际物流线路。采购和海运路线经过整合后，不仅使总体采购成本大大降低，而且使各个公司与供应商的谈判能力也得到了质的提升。

思考题

1. 在项目执行中，合同经理和项目经理可能会发生冲突，因为什么原因？
2. 在你项目的执行中，卖方失去了为你项目工作关键的人员。通常，项目经理要做的最佳操作是什么？
3. 卖方没能为你的项目提供主要的部件，你应该做什么？

项目采购管理包括从项目组织外部采购或获得所需产品、服务或成果的各个过程。项目组织既可以是项目产品、服务或成果的买方，也可以是卖方。

项目采购管理包括合同管理和变更控制过程。通过这些过程，编制合同或订购单，并由具备相应权限的项目团队成员加以签发，然后再对合同或订购单进行管理。

项目采购管理还包括管理外部组织(买方)，为从执行组织(卖方)获取项目产品、服务或成果而签发的合同，以及管理该合同所规定的项目团队应承担的合同义务。

11.1 规划采购

规划采购是记录项目采购决策、明确采购方法、识别潜在卖方的过程，如图 11.1 和图 11.2 所示。

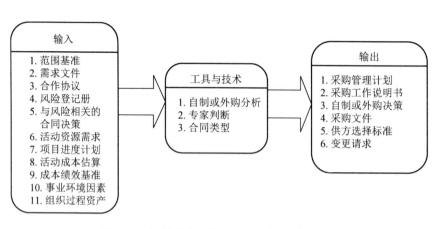

图 11.1　规划采购：输入、工具与技术和输出

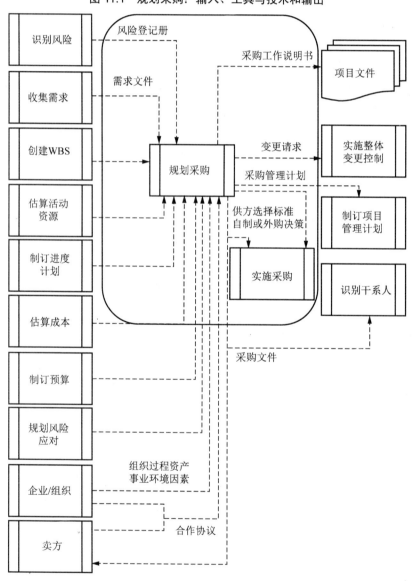

图 11.2　规划采购的数据流向图

11.1.1 规划采购：输入

1. 范围基准

范围基准描述了项目的需要、合理性、需求和现行边界。范围基准包括以下组成部分。

(1) 范围说明书。项目范围说明书包括产品范围描述、服务描述和成果描述、可交付成果清单和验收标准，以及有关技术问题的重要信息或可能影响成本估算的事项，还包括各种制约因素，如要求的交付日期、可用的熟练资源以及相关组织政策。

(2) WBS。

(3) WBS 词典。可从 WBS 词典和相关的工作详细说明中查到各个可交付成果，以及为完成每个可交付成果而需进行的 WBS 组成部分的工作内容。

2. 需求文件

需求文件中可能包括以下两方面内容：

(1) 与采购规划有关的、关于项目需求的重要信息。

(2) 带有合同和法律含义的需求，如健康、安全、安保、绩效、环境、保险、知识产权、同等就业机会、执照和许可证。在规划采购时，需要全部考虑这些因素。

3. 合作协议

合作协议是指两个或多个实体为形成伙伴关系、合资关系或由各方商定的其他关系而订立的合同协议。该协议确定各方的买方—卖方角色。一旦新商业机会结束，合作协议也告终止。合作协议一旦生效，就会对项目的规划过程产生显著影响。所以，项目一旦有了合作协议，买方和卖方角色就已被预先安排，而诸如工作范围、竞争需求和其他重要问题等事项通常也已被事先确定。

4. 风险登记册

风险登记册中包括与风险有关的信息，如已识别的风险、风险责任人和风险应对措施。

5. 与风险相关的合同决策

与风险相关的合同决策包括保险协议、担保协议、服务协议和其他协议。这些协议明确了各方对特定风险的责任。

6. 活动资源需求

活动资源需求中包括诸如所需人员、设备或地点的信息。

7. 项目进度计划

项目进度计划中包括有关时间表或强制交付日期的信息。

8. 活动成本估算

可使用采购活动所编制的成本估算，来评价潜在卖方提交的投标书或建议书的合理性。

9. 成本绩效基准

成本绩效基准提供了基于时间段的预算细节。

10. 事业环境因素

可能影响规划采购过程的事业环境因素包括(但不限于)以下几方面内容：
(1) 市场条件。
(2) 可从市场获得的产品、服务和成果。
(3) 供应商情况，包括以往绩效或声誉。
(4) 适用于产品、服务和成果的典型条款和条件，或适用于特定行业的典型条款和条件。
(5) 当地的独特要求。

11. 组织过程资产

可能影响规划采购过程的组织过程资产包括(但不限于)以下3方面内容：
(1) 正式的采购政策、程序和指南。大多数组织都有正式的采购政策和采购机构。如果没有，项目团队自身就必须拥有相关的资源和专业技能，来实施采购活动。
(2) 与编制采购管理计划和选择合同类型相关的管理系统。
(3) 基于以往经验的、现有的多层次供应商系统(由已通过资格预审的卖方组成)。

11.1.2 规划采购：工具与技术

1. 自制或外购分析

自制或外购分析是一种通用的管理技术，用来确定某项工作最好是由项目团队自行完成，还是必须从外部采购。

预算制约因素可能影响自制或外购决策。如果决定购买，则应继续做出购买或租赁的决策。自制或外购分析应考虑全部相关成本，包括直接成本与间接成本。

2. 专家判断

专家的技术判断常用来评估本过程的输入和输出。专家的采购判断可用来制订或修改卖方建议书评价标准。专家的法律判断可以是法律工作者所提供的相关服务，用来协助判断一些比较特殊的采购事项、条款和条件。

3. 合同类型

合同类型见表11-1。

表11-1 合同类型

合同类型		适用范围	
总价合同	固定总价合同(FFP)	对买方有利，最常见合同类型，大多数买方喜欢，采购价格一旦确定就不允许改变，除非工作范围发生改变，买方必须准确定义产品和服务	买方必须明确定义产品服务、范围

合同类型		适用范围	
总价合同	总价加激励费用合同(FPIF)	1. 对双方都有利 2. 绩效目标一开始就要确定，最终的合同价格要待全部工作结束，工作结束后根据卖方的绩效(成本、进度、技术)确定 3. 有价格上限，卖方要承担高于上限的全部成本，付款总价不得超过最高限价 4. 激励是买方和卖方的桥梁	买方必须明确定义产品服务、范围
	总价加经济价格调整合同(FP-EPA)	1. 周期很长，对卖方风险很大 2. 跨越相当长的周期，维持多种长期关系 3. 允许条件变化，以事先确定的方式对合同价格进行调整，规定确定可靠的财务指数 4. 保护双方免受外界不可控情况的影响	
成本补偿合同(报销合同)	成本加固定费用合同(CPFF)	买方报销一切可列成本，加固定费用，固定费用只针对已完成工作，除非项目范围发生变化，否则固定费用不会变化	买方支付所有成本加利润，对买方风险很大，吸引卖方来投标，工作范围在开始时无法明确，风险大
	成本加激励费用合同(CPIF)	买方报销一切可列成本，加激励费用，合同事先规定低于/高于原始估算的成本，要按比例分摊	
	成本加奖励费用合同(CPAF)	买方报销一切可列成本，完全由买方根据自己对卖方绩效的主观判断来决定奖励费用，并且卖方通常无申诉权	
成本酬金合同(CPF)		对卖方没有任何限制，最好不要采用买方在卖方的实际成本基础上再加成本一定百分比的费用向卖方付款	
工料合同(T&M)		在不能很快写出准确工作说明书的情况下，使用此合同来增加人员，聘请专家外部支持	

11.1.3 规划采购：输出

1. 采购管理计划

采购管理计划描述如何管理从编制采购文件直到合同收尾的各个采购过程。采购管理计划可包括如下内容：

(1) 拟采用的合同类型。
(2) 风险管理事项。
(3) 是否需要编制独立估算，以及是否应把独立估算作为评价标准。
(4) 如果执行组织设有采购、发包或采办部门，项目管理团队可独自采取的行动。
(5) 标准化的采购文件(如需要)。
(6) 如何管理多个供应商。
(7) 如何协调采购工作与项目的其他工作，如制订进度计划与报告项目绩效。
(8) 可能影响采购工作的制约因素和假设条件。
(9) 如何确定采购工作所需的提前时间，以便与项目进度计划相协调。
(10) 如何进行自制或外购决策，并把该决策与估算活动资源和制订进度计划等过程联系在一起。

(11) 如何在每个合同中规定合同可交付成果的进度日期，以便与进度计划编制和进度控制过程相协调。

(12) 如何识别对履约担保或保险合同的需求，以减轻某些项目风险。

(13) 如何指导卖方编制和维护工作分解结构(WBS)。

(14) 如何确定采购合同工作说明书的形式和格式。

(15) 如何识别预审合格的卖方(如果有)。

(16) 用于管理合同和评价卖方的采购测量指标。根据每个项目的需要，采购管理计划可以是正式或非正式的，非常详细或高度概括的。它是项目管理计划的子计划。

2. 采购工作说明书

依据项目范围基准，为每次采购编制工作说明书，对将要包括在相关合同中的那一部分项目范围进行定义。采购说明书要清晰、完整、简练，在采购过程中要对采购说明书进行修订和改进，直到合同签订。

3. 自制或外购决策

自制或外购决策记录了关于哪些产品、服务或成果需要从项目组织外部采购的决定，或者哪些产品、服务或成果应该由项目团队自行提供的决定。它也可能包括为应对某些已识别风险而购买保险或履约担保的决定。自制或外购决策文件可以比较简单，只包括一份清单和简要的决策理由。如果后续的采购活动表明需要采用不同的方法，则可以修改自制或外购决策。

4. 采购文件

可作为鱼饵，吸引潜在的投标者(注意它和采购文档的区别)，要对卖方做出准确、完整的应答，还要便于对卖方的应答进行评价，其复杂和详细程度取决于风险和价值。

5. 供方选择标准

供方选择标准通常是采购文件的一部分。制定这些标准是为了对卖方建议书进行评级或打分。标准可以是客观或主观的。如果很容易从许多合格卖方获得采购品；则选择标准可局限于购买价格。这种情况下，购买价格既包括采购品本身的成本，也包括所有附加费用，如运输费。对于比较复杂的产品、服务或成果，还需要确定和记录如下的其他选择标准。

(1) 对需求的理解。卖方的建议书对采购工作说明书的响应情况如何？

(2) 总成本或生命周期成本。如果选择某个卖方，是否能导致总成本(采购成本加运营成本)最低？

(3) 技术能力。卖方是否拥有或能合理获得所需的技能与知识？

(4) 风险。工作说明书中包含多少风险？卖方将承担多少风险？卖方如何减轻风险？

(5) 管理方法。卖方是否拥有或能合理获得相关的管理流程和程序，确保项目成功？

(6) 技术方案。卖方建议的技术方法、技术、解决方案和服务是否满足采购文件的要求？或者，他们的技术方案将导致比预期更好或更差的结果？

(7) 担保。卖方承诺在多长时间内为最终产品提供何种担保？

(8) 财务实力。卖方是否拥有或能合理获得所需的财务资源？

(9) 生产能力和兴趣。卖方是否有能力和兴趣来满足潜在的未来需求？

(10) 企业规模和类型。如果买方或政府机构规定了合同必须授给特定类型的企业，如小型企业、妇女开办的企业或弱势小型企业，那么卖方企业是否属于相应的类型？

(11) 卖方以往的业绩。卖方过去的经验如何？

(12) 证明文件。卖方能否出具来自先前客户的证明文件，以证明卖方的工作经验和履行合同情况。

(13) 知识产权。对其将使用的工作流程或服务，或者对其将生产的产品，卖方是否已声明拥有知识产权？

(14) 所有权。对其将使用的工作流程或服务，或者对其将生产的产品，卖方是否已声明拥有所有权。

6. 变更请求

规划采购过程可能导致对项目管理计划、子计划以及其他组成部分提出变更请求。通过实施整体变更控制过程对变更请求进行审查和处理。

思考题

1. 项目经理要做出决定，如何在一个令人激动的新项目采购，团队已经收集了信息和要求。在这一点上，应该忽视下列哪项？（　　）

   A. 制造或购买分析
   B. 来自包括行业小组、顾问和组织其他分支等的多种资源的专家判断
   C. 选择合同类别，包括固定价格单价和成本补偿合同
   D. 工作说明书

2. 在工作范围说明书的绩效中，要求描述为（　　）。

   A. 客户期望达成的功能性
   B. 精确地完成什么样的工作
   C. 在该项目的进行过程中最终要求的结果以及项目的交付成果
   D. 应该能够完成什么样的项目产品

3. 成本加固定酬金合同(CPFF)中，费用如何变更？（　　）

   A. 不能变
   B. 如发布变更请求，就可以变
   C. 若意外成本超支，费用只能增加10%
   D. 在某种情况下可减少

4. 以下哪项用于决定项目中使用的合同类别？（　　）

   A. 公司业务如何运作
   B. 工作范围完整程度
   C. 法律要求的合同类别
   D. 你有经验的合同类别

答案解释：

1. D。采购规划的工具和技术包括制造或购买分析、专家判断和选择合同类别。

2. C。工作范围说明书的绩效描述客户对项目所要求的绩效，既不是功能性，也不是描述每一件需要完成的确切工作(或事情)。

3. B。变更固定酬金的唯一方式是磋商变更合同。通常以变更请求的方式，如增加工作就要增加费用。

4. B。最重要的事情是工作范围的详细程度。如果工作范围详细，就可以达成固定的投标合同。没有详细的工作范围，卖方的风险很高，合同价格就很高。

11.2 实施采购

实施采购是获取卖方应答、选择卖方并授予合同的过程，如图11.3和图11.4所示。

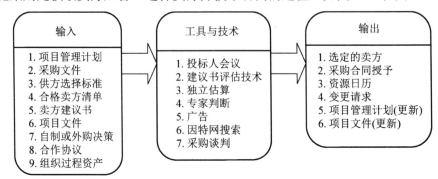

图 11.3 实施采购：输入、工具与技术和输出

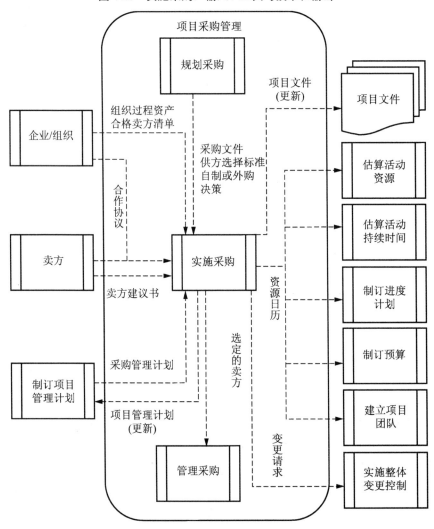

图 11.4 实施采购的数据流向图

11.2.1 实施采购：输入

1. 项目管理计划

作为项目管理计划的一部分，采购管理计划是实施采购的输入，它描述了如何管理从编制采购文件到合同收尾的各采购过程。

2. 采购文件

3. 供方选择标准

供方选择标准可包括供方能力、交付日期、产品成本、生命周期成本、技术专长以及拟使用的方法等。

4. 合格卖方清单

根据卖方资质及其以往经验而预先筛选出来的卖方名单，以便只向那些能够履行未来合同的卖方进行采购。

5. 卖方建议书

卖方为响应采购文件包而编制的建议书，是一套基本的信息组合。评价小组将对其进行评价，来选择一个或多个中标人(卖方)。

6. 项目文件

常用的项目文件包括以下两个方面内容：
(1) 风险登记册。
(2) 与风险相关的合同决策。

7. 自制或外购决策

8. 合作协议

一旦签署合作协议，高级管理层就决定了买方和卖方的角色。在某些情况下，卖方可能已经在某种临时合同下开展工作(由买方出资或双方合资)。在本过程中，买方和卖方要共同编制一份符合项目需要的采购工作说明书，并就最后的合同进行谈判。

9. 组织过程资产

可能影响实施采购过程的组织过程资产包括(但不限于)以下两个方面内容：
(1) 潜在的和以往的合格卖方清单。
(2) 关于卖方以往相关经验的信息，包括正反两方面的信息。

11.2.2 实施采购：工具与技术

1. 投标人会议

投标人会议又叫承包商会议、供应商会议、投标前会议。会议的目的是保证所有期望卖方对本项目采购目的(技术要求、合同要求等)都有清楚的共同理解。对会上所提出的问题的解答，可作为修正案纳入采购文件。在此过程中，所有潜在卖方都应保证得到同等对待。

买方向卖方澄清技术要求，合同要求，说明项目的实际情况。公平起见信息一致，买方项目经理的职责：提供项目风险，技术澄清。

2. 建议书评价技术

对于复杂的采购，如果要基于卖方对既定加权标准的响应情况来选择卖方，则应该根据买方的采购政策，规定一个正式的建议书评审流程。在授予合同之前，建议书评价委员会将做出他们的选择，并报管理层批准。

3. 独立估算

采购组织可自行编制独立预算，也可由外部估算做出成本估算，将此作为标杆和潜在卖方的应答作比较，有差异是因为：采购工作说明书编写有缺陷不明确，潜在卖方误解或未能完全响应采购说明书，市场条件已发生变化。

4. 专家判断

专家判断可用来评价卖方建议书。可以组建一个多学科评审团队对建议书进行评价。团队中应包括采购文件和相应合同所涉及的全部领域的专家。

5. 广告

在大众出版物(如报纸)或专业出版物上刊登广告，可以扩充现有的潜在卖方名单。对于某些类型的采购，政府机构可能要求公开发布广告；对于政府采购，大部分政府机构都会要求公开发布广告。

6. 因特网搜索

因特网对许多项目采购和供应链建立都有很大作用。其优点为：在因特网上可以快速找到很多商品、零配件以及其他现货，并以固定价格订购；缺点为：这种方法不适用于那些风险高、复杂程度高、必须严密监督的采购工作。

7. 采购谈判

采购谈判是指在合同签署之前，对合同的结构、要求以及其他条款加以澄清，以取得一致意见。最终的合同措辞应该反映双方达成的全部一致意见。谈判的内容应包括责任、进行变更的权限、适用的条款和法律、技术和商务管理方法、所有权、合同融资、技术解决方案、总体进度计划、付款以及价格等。

谈判过程以形成买卖双方均可执行的合同文件而结束。对于复杂的采购，合同谈判可以是一个独立的过程，有自己的输入(如各种问题或待决定事项清单)和输出(如记录下来的决定)。对于简单的采购，合同的条款和条件可能是以前就已确定且不可谈判的，只需卖方接受。项目经理可以不是采购谈判的主谈人。项目经理和项目管理团队的其他人员可以出席谈判会议，以便提供协助，并在必要时澄清项目的技术、质量和管理要求。

11.2.3 实施采购：输出

1. 选定的卖方

根据建议书或投标书评价结果，那些被认为有竞争力，并且已与买方商定了合同草案(在授予之后，该草案就成为正式合同)的卖方，就是选定的卖方。对于较复杂、高价值和高风险的采购，在授予合同前需要得到组织高级管理层的批准。合同文件的主要内容会有所变化，但经常包括以下几种，见表11-2。

表11-2 合同文件主要内容

合同文件的主要内容	工作说明书或可交付成果描述
	进度基准
	绩效报告
	履约期限
	角色和责任
	卖方履约地点
	价格
	支付条款
	交付地点
	检查和验收标准
	担保
	产品支持
	责任限制
	费用和保留金
	罚款
	奖励
	保险和履约担保
	对分包商的批准
	变更请求处理
	合同终止和替代争议解决方法。ADR方法可事先确定，作为采购合同授予的一部分

2. 采购合同授予

向每个选定的卖方授予一项采购合同。合同可以是简单的订购单或复杂的文件。无论合同文件的复杂程度如何，合同都是对双方具有约束力的法律协议。它强制卖方提供指定的产品、服务或成果，强制买方给予卖方相应补偿。合同是一种可诉诸法院的法律关系。

3. 资源日历

在资源日历中记载签约资源的数量和可用性，以及每个特定资源的工作日或休息日。

4. 变更请求

可以提出对项目管理计划、子计划和其他组成部分的变更请求，并提交实施整体变更控制过程审查与处理。

5. 项目管理计划(更新)

项目管理计划中可能需要更新的内容包括(但不限于)以下几个方面：
(1) 成本基准。
(2) 范围基准。
(3) 进度基准。
(4) 采购管理计划。

6. 项目文件(更新)

可能需要更新的项目文件包括(但不限于)以下几个方面：
(1) 需求文件。
(2) 需求跟踪文件。
(3) 风险登记册。

案例分析

某国家重点大学教学楼施工招标案例

某国家重点大学教学楼(建筑面积 28 000m^2)进行施工招标，要求投标企业具有二级以上资质。共有13家单位报名参加，其中3家为民营企业(资质为二级)。在现场勘察时，有两家企业未参加。该工程投标保证金为30万元，共有12家单位在规定时间内交齐。在开标时，一家企业因路上堵车迟到30min(事先打过电话)，一家企业标书未按规定加盖企业法人章。在评审过程中，发现一家企业报价大写金额与小写金额不符，最后专家评委按照招标要求推荐了3家候选单位，但排名第一的企业未说明原因拒绝与建设单位签订工程合同。

【问题】
1. 该工程应该选用哪种招标方式，为什么？
2. 在资格预审时，有人提出不能用民营企业，请说明你的观点。
3. 未参加现场勘查的企业是否可以继续参加投标？共有几家企业可参加开标会？最后有几家企业可参与到正式评审？
4. 评委一般如何组成？
5. 专家评委推荐的候选单位拒绝签订工程合同，应如何处理？
6. 所有投标企业的投标保证金应该如何处理？

思考题

1. 你在与卖方谈判。时间是极其重要的,但你的预算也有限,卖方了解这些,那么你的最佳谈判策略是什么?( )
   A. 聚焦于在卖方的边际利润上谈判,以降低项目成本
   B. 谈判工作完成的时间必须要早,以便增加储备
   C. 谈判识别出的风险
   D. 安排重新开展谈判的进度直到获得卖方不知道的信息为止
2. 在实施采购时,投标人会议创建什么类型的成果?( )
   A. 对工作说明书的纠正
   B. 建议书
   C. 清楚的和共同的理解
   D. 合同
3. 一位项目经理在参加他第一次投标人会议,咨询你在会议上做什么。以下哪项是你可以给他的最好的建议?( )
   A. 你不用参加会议,合同经理会主持
   B. 确保你的谈判项目范围
   C. 确认你给了所有的卖方足够的时间问问题。当竞争者都在房内时,他们可能不想问问题
   D. 让项目发起人应付会议,使你可以在谈判阶段成为好买家

答案解释:

1. C。本例的关键之处在于时间很重要,因此,谈判必须尽快结束,选项 D 不现实。储备是基于风险创建的,不是基于谈判。谈判更多的是关注风险以降低价格,而不是关注边际利润。
2. C。举行投标人会议是为所有的投标人提供所要求工作的清楚的和共同的理解。
3. C。选项 A 不对,项目经理应该参加投标人会议;选项 B 谈判在卖方选定之后发生,不是在投标人会议上;选项 D 不对,合同经理通常主持投标人会议;选项 C 描述了投标人会议的诸多挑战之一,因此是最佳答案。

11.3 管 理 采 购

管理采购是管理采购关系、监督合同绩效以及采取必要的变更和纠正措施的过程,如图 11.5 和图 11.6 所示。

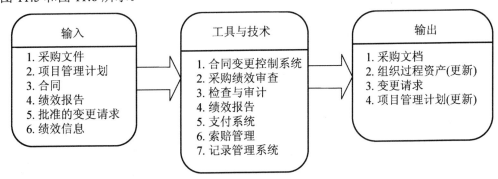

图 11.5 管理采购:输入、工具与技术和输出

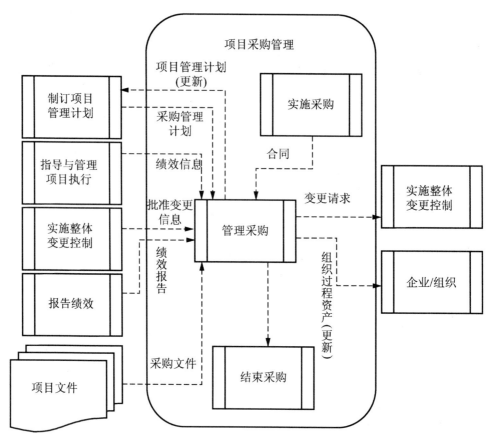

图 11.6 管理采购的数据流程图

11.3.1 管理采购：输入

1. 采购文件

采购文件中包含管理各采购过程所需的各种支持性信息，如关于采购合同授予的规定和工作说明书。

2. 项目管理计划

作为项目管理计划的一部分，采购管理计划是管理采购过程的一个输入，它描述了如何管理从编制采购文件到合同收尾的一系列采购过程。

3. 合同

4. 绩效报告

与卖方绩效相关的文件包括以下两个方面。

(1) 按照合同规定，由卖方编制的技术文件和其他文件。

(2) 卖方绩效报告，卖方绩效报告显示哪些可交付成果已经完成，哪些还没有完成。

5. 批准的变更请求

批准的变更请求可能包括对合同条款和条件的修改。例如，修改采购工作说明书、合同价格以及对合同产品、服务或成果的描述。在把变更付诸实施前,应该以书面形式正式记录变更并取得正式批准。

6. 绩效信息

需要在项目执行过程中收集绩效信息,包括满足质量标准的程度、已发生或已承诺的成本,以及已经付讫的卖方发票等。

11.3.2 管理采购:工具与技术

1. 合同变更控制系统

合同变更控制系统规定了修改合同的流程。它包括文书工作、跟踪系统、争议解决程序,以及各种变更所需的审批层次。合同变更控制系统应当与整体变更控制系统整合起来。

2. 采购绩效审查

采购绩效审查是一种结构化的审查,旨在依据合同来审查卖方在规定的成本和进度内完成项目范围和达到质量要求的情况。它可以包括买方开展的检查、对卖方所编相关文件的审查,以及在卖方实施工作期间进行的质量审计。

绩效审查的目标在于发现履约情况的好坏、相对于采购工作说明书的进展情况以及未遵循合同的情况,以便买方能够量化评价卖方在履行工作时所表现出来的能力。这些审查可能是项目状态审查的一个部分。在项目状态审查时,通常要考虑关键供应商的绩效情况。

3. 检查与审计

在项目执行过程中,应该根据合同规定,由买方开展相关的检查和审计,卖方应对此提供支持。通过检查与审计,可以验证卖方的工作过程或所完成的可交付成果对合同的遵守程度。如果合同条款允许,某些检查和审计团队中可以包括买方的采购人员。

4. 绩效报告

绩效报告向管理层提供关于卖方正在如何向合同目标迈进的信息。

5. 支付系统

首先,由项目团队中具有相应权力的成员证明卖方已经令人满意地完成了相关工作;然后,通过买方的应付账款系统(通常如此)向卖方支付。所有支付都必须严格按照合同条款进行并加以记录。

6. 索赔管理

如果买卖双方不能就变更补偿达成一致意见,甚至对变更是否已经发生都存在分歧,那么被请求的变更就成为有争议的变更或潜在的推定变更。在整个合同生命周期中,通常应该按照合同规定对索赔进行记录、处理、监督和管理。如果合同双方无法自行解决索赔问题,则需要按照合同中规定的替代争议解决(ADR)程序进行处理。谈判是解决所有索赔和争议的首选方法。

7. 记录管理系统

项目经理采用记录管理系统来管理合同、采购文件、相关记录、流程和控制功能，作为项目信息系统的一部分，合同保管在记录管理系统中。

11.3.3 管理采购：输出

1. 采购文档

采购文档中包括(但不限于)采购合同以及全部支持性进度计划、未获批准的合同变更请求和已获批准的变更请求。采购文档中也包括由卖方编制的技术文件和其他绩效信息，例如，可交付成果、卖方绩效报告、担保、包括发票和付款记录在内的财务文件，以及与合同相关的检查结果。

2. 组织过程资产(更新)

可能需要更新的组织过程资产包括(但不限于)以下几个方面：

(1) 往来函件。合同条款和条件往往要求买方与卖方之间的某些沟通采用书面形式。例如，对不良绩效提出警告、提出合同变更请求或进行合同澄清等。往来函件中可包括关于买方审计与检查结果的报告，该报告指出了卖方需纠正的不足之处。除了合同规定应保留的文档外，双方还应完整、准确地保存关于全部书面和口头沟通以及全部行动和决定的书面记录。

(2) 支付计划和请求。所有支付都应按合同条款和条件进行。

(3) 卖方绩效评估文件。卖方绩效评估文件是由买方准备的。该文件记录卖方继续实施现有合同工作的能力，说明是否允许卖方继续实施未来项目的工作，或对卖方执行项目工作的绩效进行评级。这些文件可成为提前终止合同、收缴合同罚款，以及支付合同费用或奖金的依据。这些绩效评估的结果也可纳入相关的合格卖方清单中。

3. 变更请求

有争议的变更，推定变更。有争议的变更也称为索赔、争议、诉求。双方无法自行解决，按ADR处理。谈判是解决所有索赔和争议的首选方法，诉讼是劳民伤财的。

4. 项目管理计划(更新)

项目管理计划中可能需要更新的内容包括(但不限于)以下两方面：

(1) 采购管理计划。需要更新采购管理计划，以反映影响采购管理的、已批准的变更请求，包括这些变更对成本或进度的影响。

(2) 进度基准。如果发生了对整体项目绩效有影响的进度延误，则可能需要更新进度基准，以反映当前的期望。

思考题

1. 采购审计的主要目的是：(　　)。
    A. 验证合同收取的费用是有效的和正确的
    B. 宽松地审查项目
    C. 识别成功以转移到其他的采购
    D. 承认实质性完成

2. 下列关于变更控制的说明是不正确的，除了( )。
   A. 固定总价合同将把变更控制的需求最小化
   B. 变更很少为项目提供收益
   C. 合同应该包括适应变更的程序
   D. 更多详细的规格消除了变更的原因

答案解释：

1. 根据 PMI，审计是用来提升过程。
2. C。选项 A 不正确，因在任意形式的合同中都有变更；选项 B 不对，因一直会有好的主意或好的变更可以为项目增加收益；选项 D 不对，词语"消除"暗示着变更不会发生。

11.4 结束采购

结束采购是完结单次项目采购的过程，如图 11.7 和图 11.8 所示。

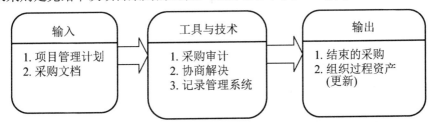

图 11.7 结束采购：输入、工具与技术和输出

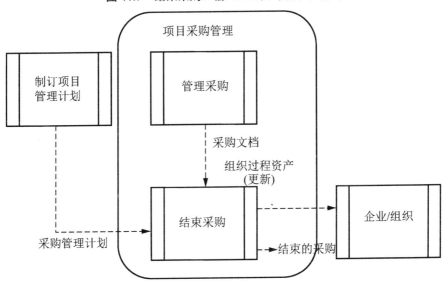

图 11.8 结束采购的数据流向图

11.4.1 结束采购：输入

1. 项目管理计划

2. 采购文档

为结束合同，需要收集全部采购文档，并建立索引和加以归档。有关合同进度、范围、

质量和成本绩效的信息，以及全部合同变更文件、支付记录和检查结果，都要编入目录。这些信息可用于总结经验教训，并可为以后合同的承包商评价工作提供基础。

11.4.2 结束采购：工具与技术

1. 采购审计

采购审计是指对从规划采购过程到管理采购过程的所有采购过程进行结构化审查。其目的是找出可供本项目其他采购合同或执行组织内其他项目借鉴的成功经验与失败教训。

2. 协商解决

在每个采购关系中，通过谈判公正地解决全部未决事项、索赔和争议，都是一个重要的目标。如果通过直接谈判无法解决，则可以尝试替代争议解决(ADR)方法，如调解或仲裁。如果所有方法都失败了，就只能选择向法院起诉这种最不可取的方法。

3. 记录管理系统

11.4.3 结束采购：输出

1. 结束的采购

买方(通常由其授权的采购管理员)向卖方发出关于合同已经完成的正式书面通知。对正式采购收尾的要求，通常已在合同条款和条件中定义，并包括在采购管理计划中。

2. 组织过程资产(更新)

可能需要更新的组织过程资产包括(但不限于)以下3个方面：

(1) 采购文档。一套完整的、带索引的合同文档(包括已结束的合同)。采购档案应该纳入最终的项目档案中。

(2) 可交付成果验收。买方(通常由其授权的采购管理员)向卖方发出关于可交付成果已通过验收或未通过验收的正式书面通知。合同中通常都会规定对可交付成果的正式验收要求，以及如何处理不符合要求的可交付成果。

(3) 经验教训文档。应该编制经验教训文件、工作体会和过程改进建议，作为项目档案的一部分，用来改进未来的采购。

本 章 小 结

项目采购管理是从项目资金的合理使用角度出发，探讨在项目的采购管理中应该如何降低成本、减少现金流出，并提高项目资金的使用效率。本章重点学习项目采购管理的4项过程，也就是规划采购、实施采购、管理采购、结束采购。4项过程不仅相互作用，并且与其他知识体系的个别过程相互作用。采购管理在项目管理中是十分重要的，项目的执行除了需要必备的人力资源之外，还必须具备相应的设备、设施、原材料等物质资源，离开了这些物质资源，再高明的项目经理也不可能按要求完成项目的任务。在市场经济条件下，这些产品和服务是通过采购活动来实现的。

第11章 项目采购管理

习 题

一、选择题

1. 在执行项目时，客户联络你说他们为了方便正在终止合同。鉴于此，项目现在应该(　　)。
   A. 谈判　　　　　　　　　　　　B. 执行
   C. 收尾　　　　　　　　　　　　D. 采购审计

2. 你的项目已经快速跟进，你在尽快找到分包商。没有时间发布征求建议书，所以你选择使用过去用过多次的一家公司。在这种情形下，主要关注的是(　　)。
   A. 分包商围标　　　　　　　　　B. 分包商的资质
   C. 分包商的评估标准　　　　　　D. 召开投标人会议

3. 一家卖方在项目的执行过程中退出，另外执行人员和另外一家卖方接手了该业务。项目经理与新到的卖方和他的全体队员开会。在这次会议上，项目经理第一件要做的事情是什么？(　　)。
   A. 介绍团队成员　　　　　　　　B. 沟通项目目标
   C. 显示权威　　　　　　　　　　D. 创建一个沟通计划

4. 你刚被分配到一个项目，而且你已被通知该项目已经"失控"，当你问你的管理部门其问题何在时，他们则没有详述原因，但说项目已经落后于正常的日程，并且超出预算，客户对此并不满意。下列选项中，你最关注的陈述是(　　)。
   A. 项目超支，超时
   B. 项目的相关文件太少
   C. 客户对项目的进程非常不满
   D. 你的管理部门所需要的是快速的、可见的行动，来解决该项目存在的问题

5. 你的项目在成本补偿合同下执行，终于进入收尾。买方必须记得做什么？(　　)
   A. 降低项目的风险等级
   B. 审计卖方的费用提交
   C. 评估在付款的费用
   D. 确保卖方没有增加资源

二、计算题

1. 有一个总价加激励费用(FPIF)合同。合同规定目标成本为100万，承包商的目标利润为10万，价格上限为130万，客户、承包商以80/20的比例分成，项目的实际成本是110万。那么实际总付款是多少？

2. 有一个CPIF合同，目标价格10 000，卖方目标利润1 500，卖方目标利润下限1 200，卖方目标利润上限1 800，分担比例80/20，实际成本12 000，问卖方实际利润是多少？

3. 有一个CPIF合同，目标价格10 000，卖方目标利润1 500，卖方目标利润下限1 200，卖方目标利润上限1 800，分担比例80/20，实际成本7 000，问合同总价是多少？

案 例 分 析

案例分析1

审计人员审查某企业材料采购业务时，发现一笔业务处理如下：从外地购买原材料一批，共8 500kg，财会部门依照购货单将价款29 300元记入"原材料"账户，运杂费1 450元记入管理费用。材料入库后，仓库转来验收单，才发现短缺20kg，查明是运输途中合理损耗。

【问题】

根据上述资料，指出企业采购管理中存在的问题？

案例分析 2

采购"猫腻"行为有哪些呢？

1. 虚开数量入账报销。拿了回扣，羊毛出在羊身上，采购价格高了，如何抹平？提供方便的是供应商，在总价不变的前提下，采购数量人为加大，采购价格自然降低。

2. 《采购申请单》和发票上不标注具体采购规格型号，模糊采购行为，给监督审核人员制造无从下手的障碍。

3. 虚构供应商。采购的基本原则是货比三家，采购人员为了只进和自己有关系供应商的货，凭空拉来别的供应商垫背，而且报价肯定要高。一般有两种情况：其一，虚构供应商；其二，虚构供应商价格。

4. 拖延结算货款，目的很直接，等着供应商"表示"。

5. 工作时间和场合之外，私会供应商。

6. 供应商不更新。公司应该培养战略性合作伙伴关系，长期稳定供货，但是稳定供货不等于价格稳定合理，必须有别的供应商的制约和平衡。

7. 允许供应商以次充好(但不一定不合格)。

【问题】

1. 上述"猫腻"与本章内容存在哪些联系？
2. 为何会出现上述"猫腻"？
3. 该如何解决上述"猫腻"？

第 12 章　单个项目的项目管理过程

学习目标

本章是以单个项目的项目管理过程为题,将项目管理过程分为制定项目章程、制定项目管理计划、指导与管理项目执行和监控项目工作。详细地阐述了单个项目的项目管理过程中所需要运用的知识与工具。在本章中每一项工具与技术都将会有输入与输出,本章将以此为全书做基础。

知识结构

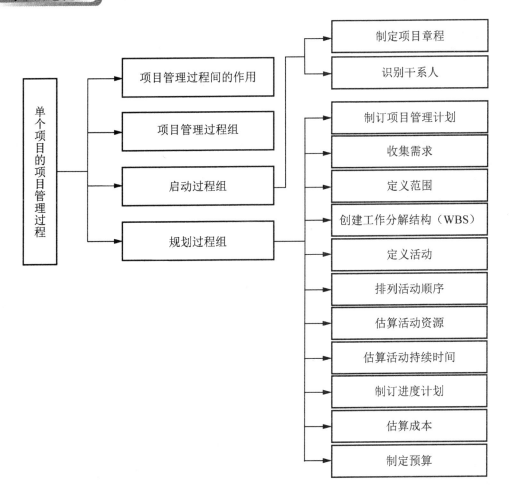

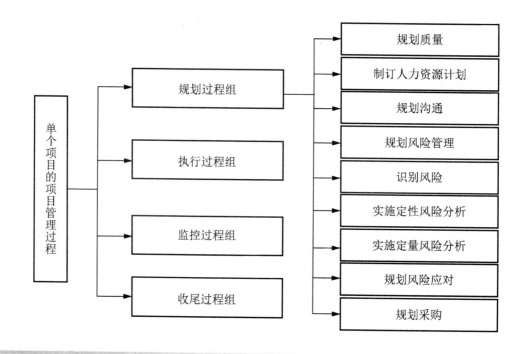

如何修好皇宫

宋朝真宗年间，皇宫失火，大片宫殿变成一片废墟。真宗皇帝令曾经做过宰相的丁谓负责建造新皇宫。丁谓到现场一察看，发觉有三大问题最难办。一是建房用土量大。若到郊外取土，路途太远。二是运输难。大批建筑材料，从外地只能由水路运到汴水。若再运到皇宫建筑工地，只能靠车马了。三是大片废墟垃圾，要运到远处倒掉。这样不知要花费多少人力、物力和时间。丁谓再三思量，最后终于想出了一举三得的办法。他先让人从施工现场到汴水之间挖几条大深沟，挖出来的土堆在两旁，作烧砖瓦用。这样解决了用土的问题。接着，他把汴水引入沟中，使它成为运输的河流。等到工程结束，它将水排掉，把所有垃圾倒在沟内，重新填为平地，又成了良田。丁谓一举三得，使工程顺利进行，这真是位有计谋的人。

1. 什么是项目管理？
2. 利害关系者可以在哪一项目管理过程组中识别？
3. 公司为其项目管理专业人员建立一个认可与奖励系统，项目成本绩效被用来作为确定是否给予奖励的一个标准，应该怎样才能确保奖励反映真实的绩效？

项目管理就是将知识、技能、工具和技术应用于项目活动，以满足项目的要求。需要对相关过程进行有效管理，来实现知识的应用。

过程是为完成预定的产品、成果或服务而执行的一系列相互关联的行动和活动。每个过程都有各自的输入、工具和技术以及相应输出。如第1章和第2章所述，项目经理必须考虑组织过程资产和事业环境因素。即使它们在过程规范中没有被明确地列为输入，也必须在每个过程中予以考虑。为满足项目的具体要求，组织过程资产为"裁剪"组织的过程提供指南和准则。而事业环境因素则可能限制项目管理的灵活性。

为了取得项目成功，项目团队必须：①选择适用的过程来实现项目目标；②使用经定义的方法来满足要求；③遵守要求以满足干系人的需要和期望；④平衡对范围、时间、成本、质量、资源和风险的相互竞争的要求，以完成特定的产品、服务或成果。

项目过程由项目团队实施，一般可分为以下两大类。

(1) 项目管理过程。确保项目自始至终顺利进行。这些过程借助各种工具和技术来应用各知识领域的技能和能力。

(2) 产品导向过程。说明并创造项目的产品。产品导向过程通常用项目生命周期来定义，并因应用领域而异。对如何创造特定的产品缺乏基本了解，就无法确定项目范围。例如，要确定房屋建造项目的整体复杂性，就必须了解各种建筑技术和工具。

本标准仅描述项目管理过程。尽管本标准不讨论产品导向过程，但项目经理不应忽视它。从项目开始到结束，项目管理过程和产品导向过程始终彼此重叠、相互作用。

项目管理过程适用于全球各行各业。应用项目管理过程能够提高各类项目成功的可能性，这已得到一致公认。

这并不意味着本标准所描述的知识、技能和过程必须一成不变地运用于所有项目。对于任一具体项目，项目经理都要与项目团队共同负责，确定应采用哪些过程以及应多么严格地运用每个过程。

项目经理及其项目团队应认真考虑每一个过程及其输入和输出。应在本章的指导下，对具体项目所必需的过程进行认真考虑并做必要调整。这一调整叫作"裁剪"。

项目管理是一种综合性工作，要求每一个项目和产品过程都同其他过程恰当地配合与联系，以便彼此协调。在一个过程中采取的行动通常会对这一过程和其他相关过程产生影响。例如，项目范围变更通常会影响项目成本，但不一定会影响沟通计划或产品质量。各过程间的相互作用往往要求在项目要求(目标)之间进行权衡。究竟如何权衡，会因项目和组织而异。成功的项目管理包括积极地管理过程间的相互作用，以满足发起人、客户和其他干系人的需求。在某些情况下，为得到所需结果，需要反复数次实施某个过程或某组过程。

项目存在于组织中，不是一个封闭系统。项目需要从组织内外部得到各种输入，并向组织交付所形成的能力。项目过程会产生出一些可用于改进未来项目管理的信息。

本标准从各过程之间的整合、相互作用以及各过程的不同用途等方面，来描述项目管理过程。这些过程可归纳为如下5类，即5大项目管理过程组。

(1) 启动过程组。获得授权，定义一个新项目或现有项目的一个新阶段，正式开始该项目或阶段的一组过程。

(2) 规划过程组。明确项目范围，优化目标，为实现目标而制定行动方案的一组过程。

(3) 执行过程组。完成项目管理计划中确定的工作以实现项目目标的一组过程。

(4) 监控过程组。跟踪、审查和调整项目进展与绩效，识别必要的计划变更并启动相应变更的一组过程。

(5) 收尾过程组。为完结所有过程组的所有活动以正式结束项目或阶段而实施的一组过程。

项目 管理

本章将针对单个项目，讨论由一系列相互联系的过程所组成的项目管理网络，并详述这些过程。

思考题

你开始执行的一个新项目，在过去的几年里屡败屡试。以前的项目因为"政治"问题而被取消(即为项目利害关系者不同的观点和不同的指示)，这是一个(　　)例子。
A. 利害关系者分析
B. 项目章程
C. 历史信息
D. 风险识别

答案解释：
仅仅是启动的依据。所以答案选 B。

12.1 项目管理过程间的作用

在本标准中，项目管理各过程之间彼此独立，界面清晰。但是，在实践中，它们会以本标准未详述的某些方式相互重叠和作用。大多数经验丰富的项目管理工作者都认识到，管理项目的方式不止一种。在项目期间，人们应该在项目管理过程组及其所含过程的指导下，恰当地应用项目管理知识和技能。项目管理过程的采用具有重复性。在一个项目中，很多过程要反复多次。

项目管理的整合性要求监控过程组与其他所有过程组相互作用，如图 12.1 所示。另外，既然项目是临时性工作，就需要以启动过程组开始项目，以收尾过程组结束项目。

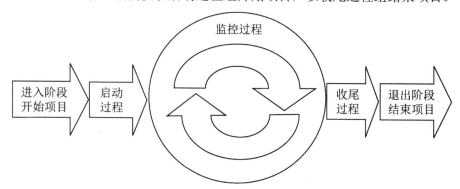

图 12.1 项目管理过程组

各项目管理过程组以它们所产生的输出相互联系。过程组极少是孤立的或一次性事件，而是在整个项目期间相互重叠。一个过程的输出通常成为另一个过程的输入，或者成为项目的可交付成果。规划过程组为执行过程组提供项目管理计划和项目文件，而且随项目进展，不断更新项目管理计划和项目文件。图 12.2 显示了各过程组如何相互作用以及在不同时间的重叠程度。如果将项目划分为若干阶段，各过程组会在每个阶段内相互作用。

例如要结束设计阶段，就需要客户验收设计文件。设计文件一旦可用，就将为一个或多个后续阶段的规划和执行过程组提供产品描述。当项目被划分成若干阶段时，应该合理采用过程组，有效推动项目以可控的方式完成。在多阶段项目上，各过程在每一个阶段中重复进行，直至符合阶段完成标准。

第12章
单个项目的项目管理过程

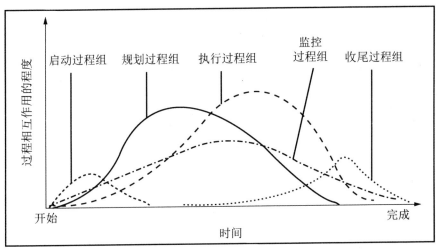

过程组在项目或阶段中的相互作用

图 12.2　过程组在项目或阶段中的相互作用

高层的进度制约已经确定，现在处于(　　)项目管理过程组。
A．启动　　　　　　　　　　B．规划
C．执行　　　　　　　　　　D．监控

答案解释：
高层的进度制约在启动过程组确定，所以答案选 A。

12.2　项目管理过程组

本章将识别并描述任何项目都必需的 5 大项目管理过程组。这 5 大过程组有清晰的相互依赖关系，而且在每个项目上一般都按同样的顺序进行。它们与应用领域或行业无关。在项目完成之前，往往需要反复实施各过程组及其所含过程。各过程可能在同一过程组内或跨越不同过程组相互作用。过程之间的相互作用因项目而异，并可能按或不按某种特定的顺序进行。

图 12.3 的流程图概述过程组之间以及过程组与具体干系人之间的基本流程和相互作用。一个过程组包含若干项目管理过程，这些过程以相应的输入输出相联系，即一个过程的成果或结果成为另一个过程的输入。过程组不同于项目阶段。大型或复杂项目可以分解为不同的阶段或子项目，如可行性研究、概念开发、设计、建模、建造和测试等，每个阶段或子项目通常都要重复所有过程组。

表 12-1 把图 12.2 单个项目管理过程归入 5 大项目管理过程组和 9 大项目管理知识领域。各项目管理过程都被归入其大多数活动所在的那个过程组。例如，某个通常在规划过程组进行的过程，即便在执行过程组重新进行，也不被视为一个新过程。

项目经理正在确认项目产品已经根据项目管理计划完成。处于项目管理过程的哪一部分？(　　)
A．规划　　　　　　　　　　B．执行
C．监控　　　　　　　　　　D．收尾

项目管理

答案解释：
问题问的是产品核实，不是范围核实。范围核实在项目的监控过程组完成，产品核实在项目收尾过程组完成。所以选择 D。

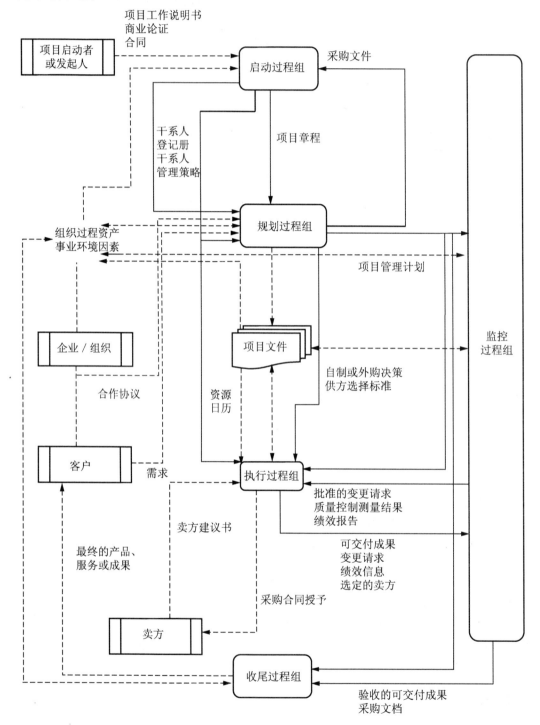

图 12.3　项目管理过程组之间的相互作用

注：实线表示过程组之间的关系，虚线表示过程组与外部因素的关系。

表 12-1　项目管理过程组与知识领域表

知识领域	项目管理过程组				
	启动过程组	规划过程组	执行过程组	监控过程组	收尾过程组
项目整合管理	制定项目章程	制订项目管理计划	指导与管理项目执行	监控项目工作 实施整体变更控制	结束项目或阶段
项目范围管理		收集需求 定义范围 创建工作分解结构		核实范围 控制范围	
项目时间管理		定义活动 排列活动顺序 估算活动资源 估算活动持续时间		控制进度	
项目成本管理		估算成本 制定预算		控制成本	
项目质量管理		规划质量	实施质量保证	实施质量控制	
项目人力资源管理		制定人力资源计划	组建项目团队 建设项目团队 管理项目团队		
项目沟通管理	识别干系人	规划沟通	发布信息 管理干系人期望	报告绩效	
项目风险管理		规划风险管理 识别风险 实施定性风险分析 实施定量风险分析 规划风险应对		监控风险	
项目采购管理		规划采购	实施采购	管理采购	结束采购

12.3　启动过程组

启动过程组包含获得授权，定义一个新项目或现有项目的一个新阶段，正式开始该项目或阶段的一组过程。通过启动过程，定义初步范围和落实初步财务资源，识别那些将相互作用并影响项目总体结果的内外部干系人，选定项目经理(如果尚未安排)。这些信息应反映在项目章程和干系人登记册中。一旦项目章程获得批准，项目也就得到了正式授权。虽然项目管理团队可以协助编写项目章程，但对项目的批准和资助却是在项目边界之外进行的(图 12.4)。

作为启动过程组的一部分，可以把大型或复杂项目划分为若干阶段。在此类项目中，随后各阶段也要进行启动过程，以便确认在最初的制定项目章程和识别干系人过程中所做出的决定是否合理。在每一个阶段开始时进行启动过程，有助于保证项目符合其预定的业务需要，验证成功标准，审查项目干系人的影响和目标。然后，决定该项目是否继续、推迟或中止。

让客户和其他干系人参与启动过程，通常能提高他们的主人翁意识，使他们更容易接受可交付成果，更容易对项目表示满意。

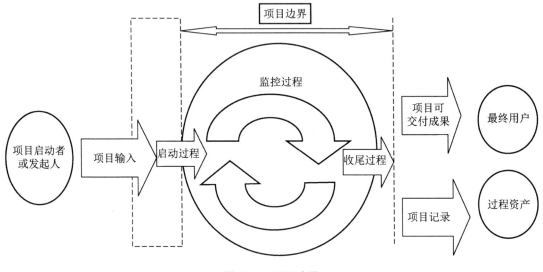

图 12.4　项目边界

启动过程可以由项目控制范围以外的组织、项目集或项目组合过程来完成。例如，在开始项目之前，可以在更高层的组织计划中记录项目的总体需求；可以通过评价备选方案，确定新项目的可行性；可以提出明确的项目目标，并说明为什么某具体项目是满足相关需求的最佳选择。关于项目启动决策的文件还可以包括初步的项目范围描述、可交付成果、项目工期以及为进行投资分析所做的资源预测。启动过程也要授权项目经理为开展后续项目活动而动用组织资源。启动过程组如图 12.5 所示。

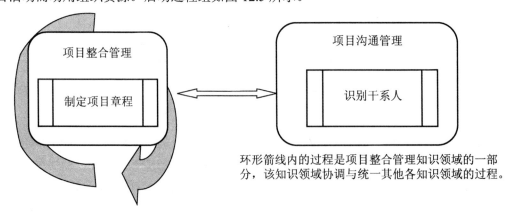

图 12.5　启动过程组

12.3.1 制定项目章程

制定项目章程(图 12.6)是制定一份正式批准项目或阶段的文件，并记录能反映干系人的需要和期望的初步要求的过程。在多阶段项目中，这一过程可用来确认或优化在以前的制定项目章程过程中所做的相关决策。

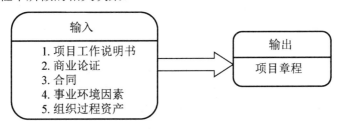

图 12.6　制定项目章程：输入与输出

12.3.2 识别干系人

识别干系人(图 12.7)是识别所有受项目影响的人或组织，并记录其利益、参与情况和对项目成功的影响力的过程。

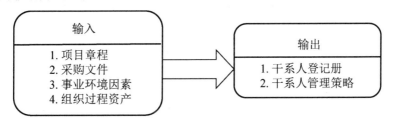

图 12.7　识别干系人：输入与输出

12.4 规划过程组

规划过程组包含明确项目总范围，定义和优化目标，以及为实现上述目标而制定行动方案的一组过程。规划过程组制定用于指导项目实施的项目管理计划和项目文件。由于项目管理的多维性，就需要通过多次反馈来做进一步分析。随着收集和掌握的项目信息或特性不断增多，项目可能需要进一步规划。项目生命周期中发生的重大变更可能会引发重新进行一个或多个规划过程，甚至某些启动过程。这种项目管理计划的渐进明细通常叫作"滚动式规划"，表明项目规划和文档编制是反复进行的持续性过程。

作为规划过程组的输出，项目管理计划和项目文件将对项目范围、时间、成本、质量、沟通、风险和采购等各方面作出规定。在项目过程中，经批准的变更可能从多方面对项目管理计划和项目文件产生显著影响。项目文件的更新可使既定项目范围下的进度、成本和资源管理更加可靠。

在规划项目、制定项目管理计划和项目文件时，项目团队应当鼓励所有相关干系人参与。由于反馈和优化过程不能无止境地进行下去，组织应该制定程序来规定初始规划过程何时结束。制定这些程序时，要考虑项目的性质、既定的项目边界、所需的监控活动以及项目所处的环境等。

规划过程组内各过程之间的其他关系取决于项目的性质。例如，对某些项目，只有在进行了相当程度的规划之后才能识别出风险。这时候项目团队可能意识到成本和进度目标过分乐观，因而风险就比原先估计的多得多。反复规划的结果，应该作为项目管理计划或项目文件的更新而记录下来。

规划过程组(图 12.8)包括图 12.9 到图 12.28 所示的项目管理过程。

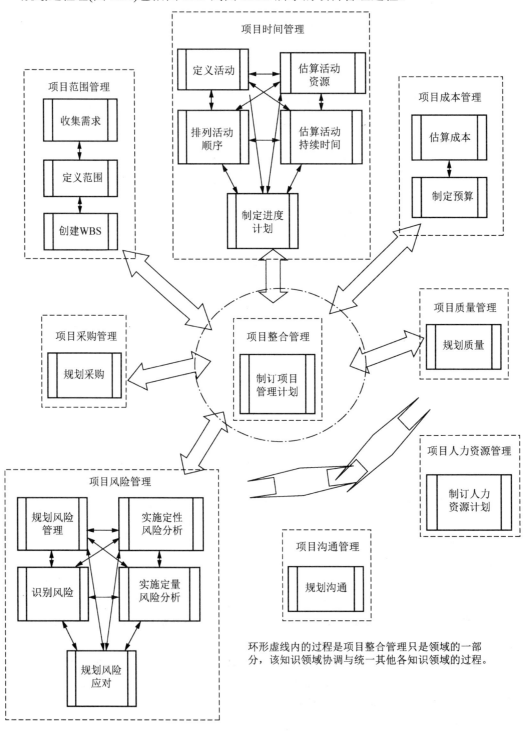

图 12.8　项目管理过程组之间的相互作用

12.4.1 制订项目管理计划

制订项目管理计划(图12.9)是对定义、编制、整合和协调所有子计划所必需的行动进行记录的过程。项目管理计划是关于如何对项目进行规划、执行、监控和收尾的主要信息来源。

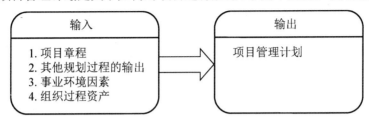

图 12.9　制订项目管理计划：输入与输出

12.4.2 收集需求

收集需求(图12.10)是为实现项目目标而定义并记录干系人的需求的过程。

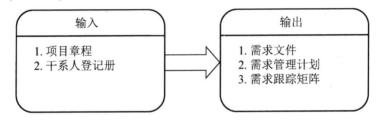

图 12.10　收集需求：输入与输出

12.4.3 定义范围

定义范围(图12.11)是制定项目和产品的详细描述的过程。

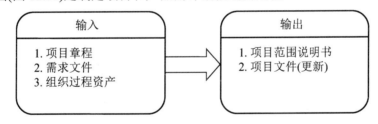

图 12.11　定义范围：输入与输出

12.4.4 创建工作分解结构

创建工作分解结构(WBS)(图12.12)是把项目可交付成果和项目工作分解成较小的、更易于管理的组成部分的过程。

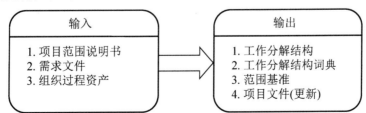

图 12.12　创建工作分解结构(WBS)：输入与输出

12.4.5 定义活动

定义活动(图 12.13)是识别为完成项目可交付成果而需采取的具体行动的过程。

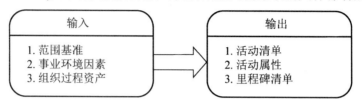

图 12.13 定义活动：输入与输出

12.4.6 排列活动顺序

排列活动顺序(图 12.14)是识别和记录项目活动间逻辑关系的过程。

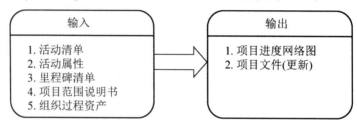

图 12.14 排列活动顺序：输入与输出

12.4.7 估算活动资源

估算活动资源(图 12.15)是估算各项活动所需材料、人员、设备和用品的种类和数量的过程。

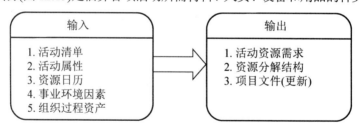

图 12.15 估算活动资源：输入与输出

12.4.8 估算活动持续时间

估算活动持续时间(图 12.16)是根据资源估算的结果，估算完成单项活动所需工作时段数的过程。

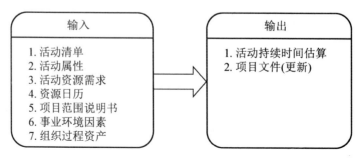

图 12.16 估算活动持续时间：输入与输出

12.4.9 制订进度计划

制订进度计划(图12.17)是分析活动顺序、持续时间、资源需求和进度约束并编制项目进度计划的过程。

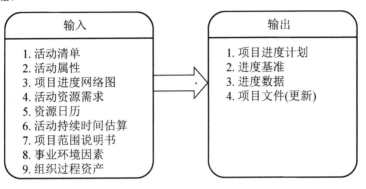

图 12.17　制订进度计划：输入与输出

12.4.10 估算成本

估算成本(图12.18)是对完成项目活动所需资金进行近似估算的过程。

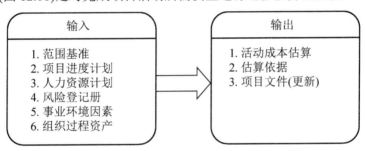

图 12.18　估算成本：输入与输出

12.4.11 制订预算

制订预算(图12.19)是汇总所有单个活动或工作包的估算成本，建立一个经批准的成本基准的过程。

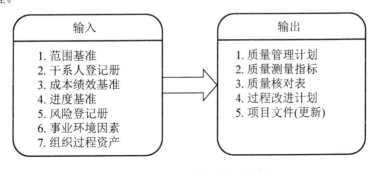

图 12.19　制订预算：输入与输出

12.4.12 规划质量

规划质量(图 12.20)是识别项目及其产品的质量要求或标准,并书面描述项目将如何达到这些要求或标准的过程。

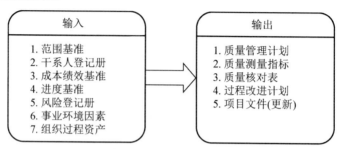

图 12.20　规划质量:输入与输出

12.4.13 制订人力资源计划

制订人力资源计划(图 12.21)是识别和记录项目角色、职责、所需技能以及报告关系,并编制人员配备管理计划的过程。

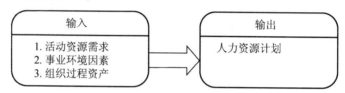

图 12.21　制订人力资源计划:输入与输出

12.4.14 规划沟通

规划沟通(图 12.22)是确定项目干系人的信息需求并定义沟通方法的过程。

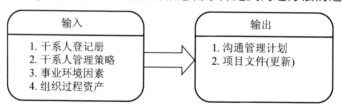

图 12.22　规划沟通:输入与输出

12.4.15 规划风险管理

规划风险管理(图 12.23)是定义如何实施项目风险管理活动的过程。

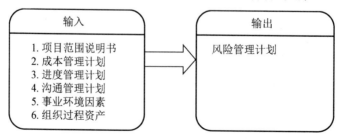

图 12.23　规划风险管理:输入与输出

12.4.16 识别风险

识别风险(图 12.24)是判断哪些风险可能影响项目并记录其特征的过程。

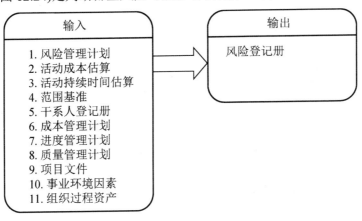

图 12.24　识别风险：输入与输出

12.4.17 实施定性风险分析

实施定性风险分析(图 12.25)是评估并综合分析风险的概率和影响，对风险进行优先排序，从而为后续分析或行动提供基础的过程。

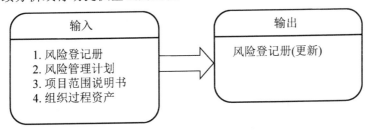

图 12.25　实施定性风险分析：输入与输出

12.4.18 实施定量风险分析

实施定量风险分析(图 12.26)是就已识别的风险对项目整体目标的影响进行定量分析的过程。

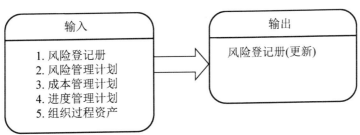

图 12.26　实施定量风险分析：输入与输出

12.4.19 规划风险应对

规划风险应对(图 12.27)是针对项目目标，制定提高机会、降低威胁的方案和措施的过程。

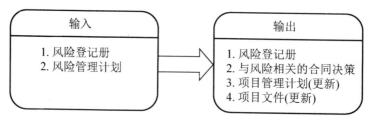

图 12.27　规划风险应对：输入与输出

12.4.20 规划采购

规划采购(图 12.28)是记录项目采购决策，明确采购方法，识别潜在卖方的过程。

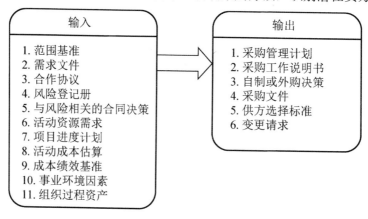

图 12.28　规划采购：输入与输出

某超大规模的住宅项目，屋面刚性防水层内钢筋设计间距 200mm，施工单位实际放大到 500mm。购房者发现后，要求施工单位加密，但施工单位阳奉阴违。竣工之后，购房者拒绝收房，委托律师朋友向开发商交涉。由于钢筋间距乃是强制性规范，且加密重做已不可能，经过 30 个月的艰难诉讼，开发商无奈之下只好赔偿 11 万元。而施工单位偷省下来的钢筋，值不了 2 000 块钱。

【问题】

如果你是开发商经理在项目起初如何控制质量?

12.5　执行过程组

执行过程组包含完成项目管理计划中确定的工作以实现项目目标的一组过程。这个过程组不但要协调人员和资源，还要按照项目管理计划整合并实施项目活动(图 12.29)。

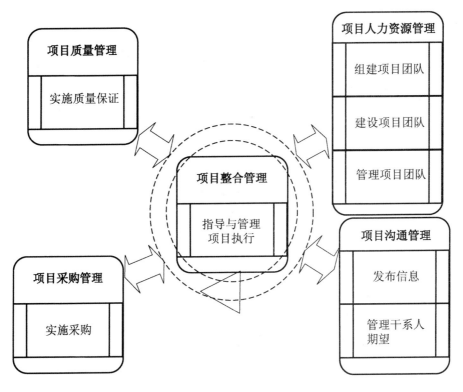

图 12.29 执行过程组

项目执行的结果可能引发更新项目计划和重新确立基准,包括变更预期的活动持续时间,变更资源生产力与可用性以及考虑未曾预料到的风险。执行中的偏差可能影响项目管理计划或项目文件,需要加以仔细分析,并制定适当的项目管理应对措施。分析的结果可能引发变更请求。变更请求一旦得到批准,就可能需要对项目管理计划或其他项目文件进行修改,甚至还要建立新的基准。项目的一大部分预算将花费在执行过程组中。执行过程组包括以下项目管理过程(图 12.30 到图 12.37)。

12.5.1 指导与管理项目执行

指导与管理项目执行(图 12.30)是为实现项目目标而执行项目管理计划中所确定的工作的过程。

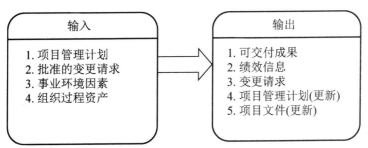

图 12.30 指导与管理项目执行:输入与输出

12.5.2 实施质量保证

实施质量保证(图 12.31)是审计质量要求和质量控制测量结果，确保采用合理的质量标准和操作性定义的过程。

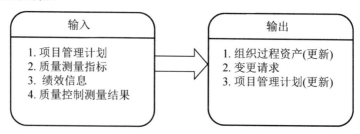

图 12.31　实施质量保证：输入与输出

12.5.3 组建项目团队

组建项目团队(图 12.32)是确认可用人力资源并组建项目所需团队的过程。

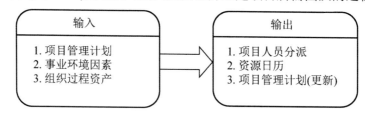

图 12.32　组建项目团队：输入与输出

12.5.4 建设项目团队

建设项目团队(图 12.33)是提高工作能力、促进团队互动和改善团队氛围，以提高项目绩效的过程。

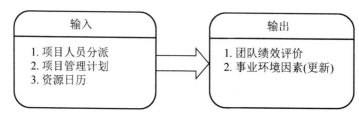

图 12.33　建设项目团队：输入与输出

12.5.5 管理项目团队

管理项目团队(图 12.34)是跟踪团队成员的表现、提供反馈、解决问题并管理变更，以优化项目绩效的过程。

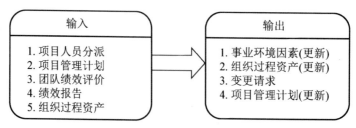

图 12.34　管理项目团队：输入与输出

12.5.6 发布信息

发布信息(图 12.35)是按计划向项目干系人提供有关信息的过程。

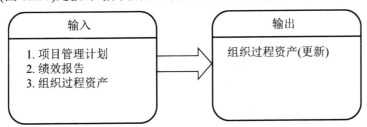

图 12.35　发布信息：输入与输出

12.5.7 管理干系人期望

管理干系人期望(图 12.36)是为满足干系人的需要而与之沟通和协作，并解决所发生的问题的过程。

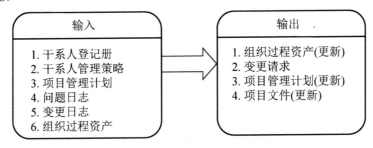

图 12.36　管理干系人期望：输入与输出

12.5.8 实施采购

实施采购(图 12.37)是获取卖方应答，选择卖方，授予合同的过程。

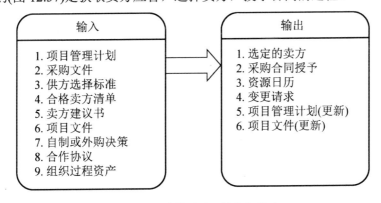

图 12.37　实施采购：输入与输出

思考题

在项目的执行阶段，来自于信息系统部门的项目经理试图完成项目，然而，常常要面对来自于工程部门经理的干扰。工程部门经常更改指派给项目的团队资源。这里出现的组织是矩阵型当中的哪一种？(　　)

　　A. 强矩阵　　　　　　　　　　　　B. 弱矩阵

C. 职能矩阵   D. 紧密矩阵

答案解释：

在弱矩阵，职能经理有权力。职能型的矩阵没有这些，而紧密矩阵意味着集中办公。所以选择 A。

案例分析

某高校新建一学生食堂，建筑面积 3 645m²，地上二层。基础为独立柱基础，结构为框架结构，填充墙为加气混凝土砌块；顶棚为石膏板吊顶，墙面刷乳胶漆；地面 600×600 地砖地面；外墙为面砖墙面；水暖、电气工程配套。进度计划见图 12.38。

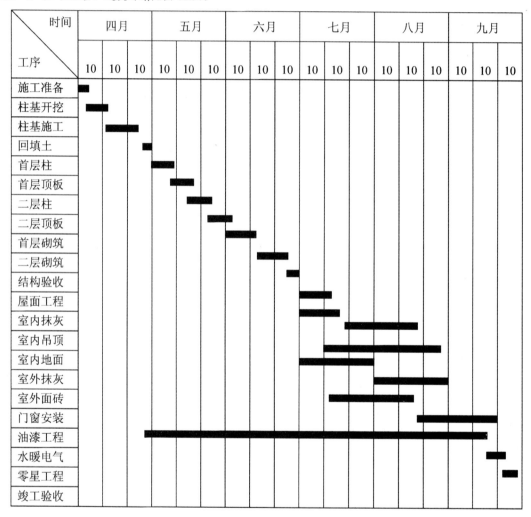

图 12.38 进度计划横道图

【问题】

1. 计划中，结构工程于 4 月 12 日开始施工，6 月 26 日结束；室内地面于 7 月 10 日开始施工，8 月 26 日结束，各安排了多少施工时间？

2. 计划中，开工时间 4 月 1 日，竣工时间 9 月 25 日，总工期是多少？

3. 上述计划中，室内抹灰与室内地面计划时间有 7 日时间重叠，实际施工是否能够实现？为什么？

12.6 监控过程组

监控过程组包含跟踪、审查和调整项目进展与绩效，识别必要的计划变更并启动相应变更的一组过程。这一过程组的关键作用是持续并有规律地观察和测量项目绩效，从而识别与项目管理计划的偏差。监控过程组的作用包括：①控制变更，并对可能出现的问题推荐预防措施；②对照项目管理计划和项目绩效基准，监督正在进行中的项目活动；③干预那些规避整体变更控制的因素，确保只有经批准的变更才能付诸执行。

持续的监督使项目团队得以洞察项目的健康状况，并识别需要格外注意的方面。监控过程组不仅监控一个过程组内的工作，而且监控整个项目的工作。在多阶段项目中，监控过程组要对各项目阶段进行协调，以便采取纠正或预防措施，使项目实施符合项目管理计划。监控过程组也可能提出并批准对项目管理计划的更新。例如，未按期完成某项活动，就可能需要调整现行的人员配备计划，安排加班或重新权衡预算和进度目标。监控过程组(图 12.39)。包括以下过程(图 12.40 到图 12.49)。

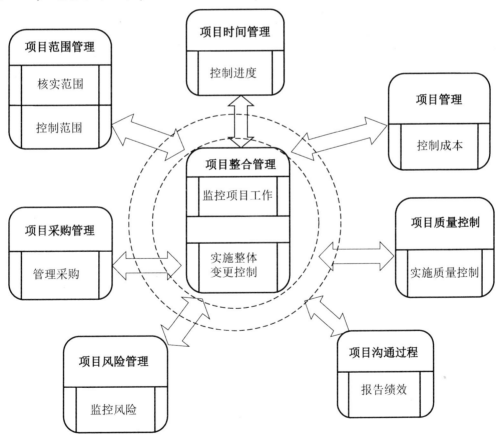

图 12.39　监控过程组

12.6.1 监控项目工作

监控项目工作(图 12.40)是跟踪、审查和调整项目进展，以实现项目管理计划中确定的绩效目标的过程。项目监督包括报告项目状态，测量项目进展以及预测项目情况等。需要编制绩效报告，来提供项目各方面的绩效信息，如范围、进度、成本、资源、质量和风险等。这些信息可用作其他过程的输入。

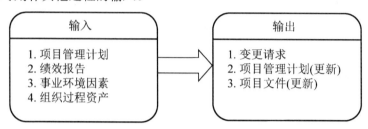

图 12.40　监控项目工作：输入与输出

12.6.2 实施整体变更控制

实施整体变更控制(图 12.41)是审查所有变更请求，批准变更，并管理对可交付成果、组织过程资产、项目文件和项目管理计划的变更的过程。

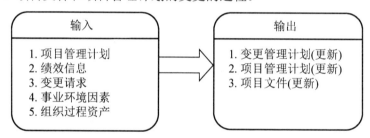

图 12.41　实施整体变更控制：输入与输出

12.6.3 核实范围

核实范围(图 12.42)是正式验收项目已完成的可交付成果的过程。

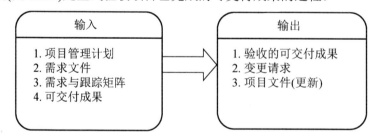

图 12.42　核实范围：输入与输出

12.6.4 控制范围

控制范围(图 12.43)是监督项目和产品的范围状态，管理范围基准变更的过程。

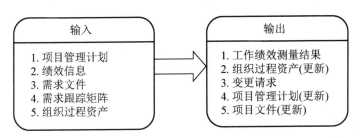

图 12.43　控制范围：输入与输出

12.6.5　控制进度

控制进度(图 12.44)是监督项目状态以更新项目进展、管理进度基准变更的过程。

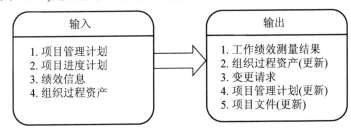

图 12.44　控制进度：输入与输出

12.6.6　控制成本

控制成本(图 12.45)是监督项目状态以更新项目预算、管理成本基准变更的过程。

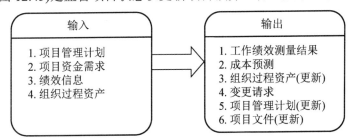

图 12.45　控制成本：输入与输出

12.6.7　实施质量控制

实施质量控制(图 12.46)是监督并记录执行质量活动的结果，从而评估绩效并建议必要的变更的过程。

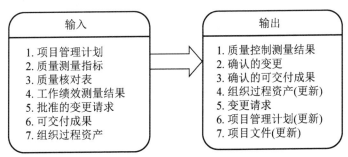

图 12.46　实施质量控制：输入与输出

12.6.8 报告绩效

报告绩效(图 12.47)是收集并发布绩效信息的过程,包括状态报告、进展测量结果和预测情况。

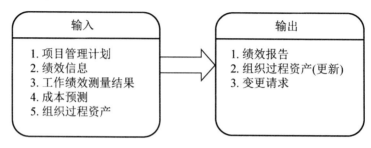

图 12.47 报告绩效:输入与输出

12.6.9 监控风险

监控风险(图 12.48)是在整个项目中实施风险应对计划,跟踪已识别风险,监测残余风险,识别新风险,并评估风险过程有效性的过程。

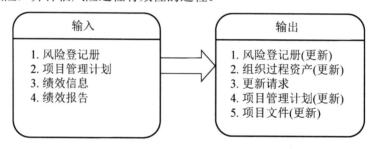

图 12.48 监控风险:输入与输出

12.6.10 管理采购

管理采购(图 12.48)是管理采购关系,监督合同绩效以及采取必要的变更和纠正措施的过程。

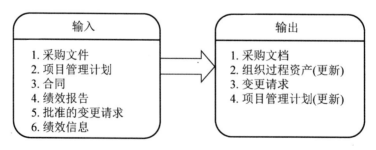

图 12.49 管理采购:输入与输出

案例分析

浦东某住宅小区,开发商某负责人拟写工作联系单,标明现场标高为 4.8m。联系单下发之前,报总指挥复核签署时,总指挥敏感地派人复测,查明实际标高为3.8m。标高差1m,土方量相差 4 万立方米,施工单位可凭空获利100多万元。后了解施工单位曾以安排该负责人的家人工作等名义给予各种好处。

问题：如果你是该项目负责人通过哪些方法控制质量？

12.7 收尾过程组

收尾过程组包含为完结所有项目管理过程组的所有活动，以正式结束项目或阶段或合同责任而实施的一组过程。当这一过程组完成时，就表明为完成某一项目或项目阶段所需的所有过程组的所有过程均已完成，并正式确认项目或项目阶段已经结束。项目或阶段收尾时可能需要进行以下工作：①获得客户或发起人的验收；②进行项目后评价或阶段结束评价；③记录"裁剪"任何过程的影响；④记录经验教训；⑤对组织过程资产进行适当的更新；⑥将所有相关项目文件在项目管理信息系统(PMIS)中归档，以便作为历史数据使用；⑦结束采购工作。

收尾过程组(图12.50)包括以下项目管理过程(图12.51和图12.52)。

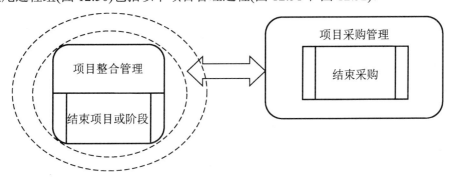

图 12.50 收尾过程组

注：环形虚箭线内的过程是项目整合管理知识领域的一部分，该知识领域协调与统一其他各知识领域的过程。

12.7.1 结束项目或阶段

结束项目或阶段(图12.51)是完结所有项目管理过程组中的所有活动，以正式结束项目或阶段的过程。

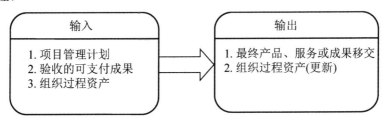

图 12.51 结束项目或阶段：输入与输出

12.7.2 结束采购

结束采购(图12.52)是完结单次项目采购的过程。

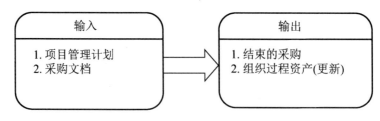

图 12.51　结束采购：输入与输出

本 章 小 结

　　一个项目经历过从进入阶段到启动过程再到监控过程以及收尾过程到最后的退出阶段,各项目管理过程组以它们所产生的输出相互联系。过程组极少是孤立的一次性事件,而是在整个项目期间相互重叠。一个过程的输出通常成为另一个过程的输入,或者成为项目的可交付成果。规划过程组为执行过程组提供项目管理计划和项目文件,而且随项目进展,不断更新项目管理计划和项目文件。规划过程组包含明确项目总范围、定义和优化目标,以及为实现上述目标而制定行动方案的一组过程。

习　　题

　　1. 一个项目经理正在收尾一个项目,这个项目一直反复出现成本一致性方面的问题,他关心的是管理层对此将会怎么说。下列哪类是项目经理用于评估绩效的最佳信息?(　　)

　　　　A. 成本绩效指数　　　　　　　　B. 来自高级管理层的一份清单

　　　　C. 最新的甘特图　　　　　　　　D. 项目预算

　　2. 在项目收尾期间,一个项目发起人抱怨说项目并没有提高部门 Java 编程的知识,因此项目并没有完成客户已经接受了的目标,该项目经理确定所有的规定的目标和可交付成果都已经达到,但他并没有找到 Java 编程是一个目标的证据,对项目的来往信函的审核表明没有提到该可交付成果。这个项目经理应(　　)。

　　　　A. 进行项目收尾

　　　　B. 重新计划项目把新目标纳入计划

　　　　C. 与团队开会讨论这个问题并找出解决方案

　　　　D. 请项目干系人参与帮助解决这个问题

　　3. 本来一个项目最初的时间安排是 6 个月内完成,但实际上却用了 2 年,下面哪个选择项能最好描述其原因?(　　)

　　　　A. 太多的任务意味着项目永不结束

　　　　B. 项目仅需要一位发起人

　　　　C. WBS 是确定项目任务的好方法

　　　　D. 项目具有临时性

　　4. 控制进度的一个重要作用是(　　)。

　　　　A. 决定是否需要对进度偏差采取纠正措施

　　　　B. 定义需要生产项目可交付成果所需的活动

　　　　C. 评估范围的定义是否足以支持进度计划

　　　　D. 保证项目小组士气高昂小组成员能够发挥最大潜能

案例分析

案例分析1

假设某项目的主要工作已经基本完成,经核对项目的"未完成任务清单"后,终于可以提交客户方代表老刘验收了。在验收过程中,老刘提出了一些小问题。项目经理张斌带领团队很快妥善解决了这些问题。但是随着时间的推移,客户的问题似乎不断。时间已经超过了系统试用期,但是客户仍然提出一些小问题,而有些问题都是客户方曾经提出过,并实际上已经解决了的问题。时间一天一天的过去,张斌不知道什么时候项目才能验收,才能结项,才能得到最后一批款项。

【问题】

1. 请分析发生这件事情可能的原因。
2. 请说明现在张斌应该怎么办。
3. 请说明应当吸取的经验和教训。

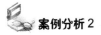

案例分析2

北京2008年奥运会会徽——"中国印"的诞生

2003年8月3日晚,在北京天坛祈年殿前,北京奥组委举行隆重的第29届奥林匹克运动会会徽发布仪式,2008年北京奥运会会徽揭开了她神秘的面纱。

当回顾2008年北京奥运会会徽诞生历史的时候,我们发现她经历了启动准备、作品征集、会徽评选、修改审批和会徽发布等5个阶段,历时1年4个月。

第一阶段:启动准备(2002年4月~7月)

2001年7月13日,国际奥委会主席萨马兰奇宣布,北京获得了2008年奥运会举办权。从这一刻起,把29届奥运会举办成历史上最出色的奥运会的光荣使命落到了中国人的肩上。而举办一届出色的奥运会,首先创造一个出色的会徽。

"奥运会会徽是每一届奥林匹克运动会的奥林匹克徽记。奥运会会徽由三个部分组成:第一部分该届奥运会的主题图案,该图案应该表现奥运城和举办国历史、地理、民族文化传统等特点;第二部分为该届奥运会举办的时间地点;第三部分为相互套连的奥林匹克五环标志,这是每届奥运会会徽都有的共同标志。根据奥林匹克宪章的规定:奥运会会徽重点奥林匹克标志覆盖的面积不得超过整个会徽总面积的1/3,而且奥林匹克标志必须以完整的形式出现,不得改动。奥运会会徽的图样不仅要体现奥林匹克精神,而且要反映出举办国和奥运城的特征。奥运会徽必须经过国际奥委会执行委员会的审查和批准。奥运会会徽是具有历史纪念意义的艺术性标识,她会放在位于洛桑的奥林匹克博物馆永久珍藏。奥运会会徽发布和奥运会火炬传递以及开幕式称为奥运会三大事件。"

2002年4月5日,北京奥组委在京召开"北京2008"奥运会视觉形象设计研讨会,正式启动北京2008年奥运会形象与景观工程。

2002年7月2日至3日,北京奥组委在北京国际会议中心举办了"北京2008"奥林匹克设计大会,来自世界各地和全国的著名设计师和设计公司代表等共计500多人参加了会议。在会上,北京奥组委公布了《2008年奥运会会徽设计大赛规则和程序》,向全球1500多名专业设计师正式发出邀请,征集2008年北京奥运会徽作品。"创造出富有东方智慧的独特形象,向世界展现奥运会的巨大魅力,为奥林匹克运动带来新的感觉,展示北京和中国的历史和人文精神,传播新北京新奥运主题和绿色奥运、科技奥运、人文奥运的理念,是北京奥运会形象与景观工程设计的目标。"这次会议标志着2008年北京奥运会会徽作品征集工作正式拉开序幕。

第二阶段：作品征集(2002年7月~10月)

2002年10月8日是2008年北京奥运会会徽作品征集的截稿日期。从7月4日到10月8日，北京奥组委共收到应征有效作品1 985件，其中来自中国(包括中国香港、中国台湾)的作品1 763件，国外设计公司的作品有222件。参赛作品名单里，有1996年亚特兰大奥运会、2000年悉尼奥运会、2002年韩日世界杯等大型国际体育活动设计中标的国际著名设计公司。

第三阶段：会徽评选(2002年10月11日)

2002年10月14日至16日，会徽专家评选委员会(国内评委7人、国外评委4人)对应征作品进行了初评。评选结果，102件作品进入复评。

2002年11月3日至4日，会徽专家评选委员会(国内评委7人、国外评委4人)对102件入围作品进行了复评。复评产生了前十名设计大赛获奖作品，获得第一名的作品是第1 498号，就是2008年北京奥运会会徽"中国印"的原型。

2002年11月6日，会徽评议委员会举行会议，评选结果与会徽专家评选委员会完全一致。

专家评选委员会会将最终评选出10件作品提交北京奥组委执委会。

第四阶段：修改审批(2002年12月~2003年3月)

北京奥组委执行委员会于2002年11月21日和2002年11月26日先后组织了两次研讨会，会议确定将"中国印"作为会徽备选作品进行修改。

2002年12月下旬至2003年2月8日，"中国印"的原创作者及有关专家对"中国印"作品进行反复修改和完善。

2003年1月下旬，北京组委会委托国家商标局和国际奥委会知识产权顾问公司对会徽备选作品进行国内国际商标注册在先权检索，以免在局部细节上与现有的徽标出现雷同。

2003年2月11日，会徽特别评选委员会召开会议，修改后的会徽备选作品在会上获得国内外专家评委的一致认可。

2003年2月17日，北京奥组委执行委员会再次对会徽备选作品进行审议，确认"中国印"为会徽备选作品。

2003年2月28日，北京奥组委将会徽备选作品报送2008年北京奥运会工作领导小组(国务院)审批，获得批准。

2003年3月28日，北京奥组委将会徽备选作品报送国际奥委会审批。同日，会徽得到国际奥委会的一致认可。

第五阶段：会徽发布(2003年8月3日)

2003年8月3日，2008年北京奥运会会徽的发布仪式在天坛祈年殿前隆重举行。发布仪式由时任北京市代市长、北京奥委会执行主席王岐山主持。

发布仪式上，中共中央政治局常委、全国人大常委会委员长吴邦国与第29届奥运会协调委员会主席一起为2008年北京奥运会会徽——"中国印"揭幕。

中共中央政治局委员、北京市委书记、北京奥组委主席刘淇在热情洋溢的致辞中说："北京奥运会会徽将中国具有五千年历史的印章和书法等艺术形式与体育运动特征结合起来，巧妙地幻化成一个向前奔跑、迎接胜利的运动特性。这一设计凝聚了中华民族优秀传统文化的神韵，表现了举办地的名称，体现了奥林匹克精神，表达了13亿中国人民对奥林匹克运动的美好憧憬和欢迎八方宾客的热情与真诚，是中国人民奉献给奥林匹克的宝贵财富。"

国际奥委会主席罗格发表了电视讲话，他说："今晚揭幕的北京奥运会会徽将成为世界上最引人注目且最为人们熟悉的标识之一，将成为奥林匹克运动史上最出色且最有意义的标识之一。"

【问题】

1. 2008年北京奥运会会徽的确定经历了哪些项目管理的过程？
2. 北京奥组委在该会徽项目中充当了什么角色？

第13章 项目经理职业道德与专业行为规范

学习目标

作为每一个学习或者运用项目管理知识的人们,必须了解项目管理的协会道德与专业行为规范,本章主要阐述项目管理协会道德与专业行为规范的内容。

知识结构

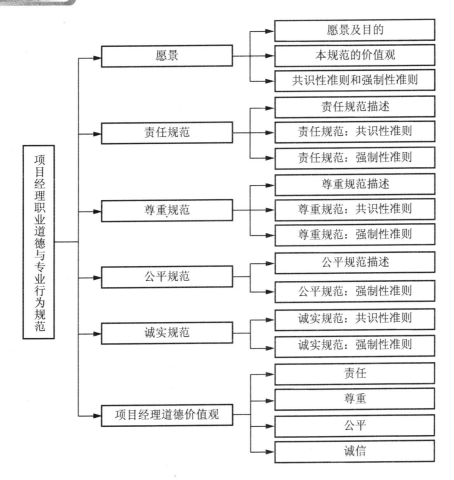

案例导入

中国奶之殇

2013年3月央视曝光了披着"洋"皮的奶粉美素丽儿奶粉掺假,号称"原装进口"却在国内非法生产,还将进口品牌奶粉与过期奶粉掺杂、重新灌装、更改保质期。一时之间让国内无数对洋奶粉怀抱希望的妈妈惴惴不安,不知以后该如何给宝宝选择奶粉。

两会现场。对于"你对中国国产奶粉有信心吗?"的追问,全国政协委员、CCTV主持人崔永元直截了当地说:"当然没信心啦。"记者问:"不是说中国内地奶粉99%是合格的吗?"小崔说:"我哪知道1%在哪里呀?"

一方面是国内奶粉安全事件频发,让国人对国产奶粉安全性失去信心。另一方面洋奶粉也频频出事。奶粉这一牵动千家万户内心的生活用品什么时候才能让我们放心。此类丑闻被愤懑、抨击、呼吁的太多之后,人们似乎只有哀叹的份——按照标准倒退的新国标生产的国产奶粉难放心,国内代理的"原装进口"奶粉频频卷入质量门,从国外代购奶粉又面临层层掣肘,拿什么哺育我们的下一代?

作为食品企业,其食品安全尤为重要。为谋求经济利益而降低成本,不惜以有毒害物质做原料。如此行为是根本没有负起食品行业安全第一的责任。作为管理者,我们应该培养自己的职业道德,以责任、公平、尊重、诚信为准则,并以此教育和管理员工,不能利欲熏心,要共同建设和保护良好的市场秩序和企业文化。

思考题

1. 你觉得一个优秀的项目经理不应该做些什么?
2. 作为项目经理该拥有哪些品质才能领导好一个团队?
3. 当你在工作的时候,你的项目经理拥有很好的职业道德和行为规范会对你有什么影响?

职业道德,就是同人们的职业活动紧密联系的符合职业特点所要求的道德准则、道德情操与道德品质的总和,它既是对本职人员在职业活动中的行为标准和要求,同时又是职业对社会所负的道德责任与义务。职业道德是指人们在职业生活中应遵循的基本道德,即一般社会道德在职业生活中的具体体现,是职业品德、职业纪律、专业胜任能力及职业责任等的总称,属于自律范围,它通过公约、守则等对职业生活中的某些方面加以规范。

行为规范,是社会群体或个人在参与社会活动中所遵循的规则、准则的总称,是社会认可和人们普遍接受的具有一般约束力的行为标准,包括行为规则、道德规范、行政规章、法律规定、团体章程等。行为规范是在现实生活中根据人们的需求、好恶、价值判断,而逐步形成和确立的,是社会成员在社会活动中所应遵循的标准或原则,由于行为规范是建立在维护社会秩序理念基础之上的,因此对全体成员具有引导、规范和约束的作用。引导和规范全体成员可以做什么、不可以做什么和怎样做,是社会和谐重要的组成部分,是社会价值观的具体体现和延伸。

第13章 项目经理职业道德与专业行为规范

13.1 愿 景

13.1.1 愿景及目的

作为项目管理的执业者，承诺将以正确和体面的方式行事。为自我设立高标准，并在我们生活的各个方面——工作、家庭以及专业服务上，努力达到这些标准。

本道德和专业行为规范描述了我们对自己以及项目管理领域执业人员的期望。清楚地表达了执业人员和志愿人员追求的理想和必须遵循的行为规范。

本规范的目的在于使人对项目管理行业有信心，并帮助个人成为更好的专业执业者。我们正在通过建立合理行为的职业化规范体系来达到以上目的。我们相信，项目管理行业的信誉和名声将取决于所有执业者的总体品行。

通过遵守本道德和专业行为规范，无论是从个人层面或是从集体层面，都将推进项目管理专业领域的发展。同时，本道德和专业行为规范将有助于做出明智的决策，特别是当面临需要对诚信原则和价值观做出让步的困难局面时。

希望本道德规范和职业行为准则能激发其他人学习、研讨，并就道德规范和价值观进行阐述。

本道德和专业行为规范被分为几部分，包括了对项目管理领域来说最为重要的4个价值观的行为标准。

13.1.2 本规范的价值观

项目管理领域的执业者需要认同一种形成决策和行为引导基础的价值观。项目管理领域定义的价值观中最重要的是：责任、尊重、公平和诚实。本准则以这4个价值观为基石。

13.1.3 共识性准则和强制性准则

本道德和专业行为规范的每一部分都包括共识性准则和强制性准则。共识性准则描述了作为一个项目经理所努力支持的行为。虽然符合共识性准则的标准不太容易衡量，但职业行为符合这些准则并不是可有可无的，而是作为项目经理所被期望遵循的。

强制性准则建立起了严格的要求，在某些情况下，限制或禁止了项目经理的行为。不遵循这些准则的项目经理将受到组织或单位的道德审查委员会的惩戒性措施。

共识性准则和强制性准则并非互相排斥的，有些特殊行为或疏忽可能同时违背两种准则。

13.2 责任规范

13.2.1 责任规范描述

责任规范是指我们要对所制定或未制定的决策，所采取或未采取的行动以及所产生的后果承担最终责任。

13.2.2 责任规范：共识性准则

作为项目管理领域的执业人士应遵循以下准则：

(1) 所做的决策和采取的行动要符合社会、公众安全和环境的最大利益。

(2) 只接受和我们的背景、经历、技能和资质相匹配的任务。

(3) 履行应担负的承诺——做说过要做的。

(4) 当出现错误或疏忽时，立即承担责任并迅速改正。当发现别人的错误或疏忽时，立即和相关机构沟通情况。将对任何错误和疏忽以及导致的后果承担责任。

(5) 保护委托给予的专利或机密信息。

(6) 全力支持本准则并就遵守情况互相监督。

13.2.3 责任规范：强制性准则

要求遵循以下准则：

(1) 提醒并鼓励自己在日常工作中、专业领域和志愿活动中遵循指导工作的政策、规则、规章和法律。

(2) 要将不道德或非法的行为报告相应的管理层，如果必要，还要知会受行为影响的有关各方。

(3) 将违反本规范的行为提交给相关机构来解决。

(4) 只提交有确凿证据的违法检举。

(5) 我们将对那些打击报复举报人的行为采取纪律惩戒行动。

思考题

在项目管理人员与雇主和客户的关系中，下面说法不当的是( )。

A. 无论是在职期间或离职之后，对雇主和客户没有正式公开的业务和技术工艺信息应予以保密

B. 在专业和业务方面，做雇主和客户的诚实的代理人和受托人

C. 项目管理人员应该对自己所服务的团体负责，所以为了本团体利益，可以向项目的客户隐瞒项目的质量、费用和进度情况

D. 项目管理人员应该拒绝供应商、分包商或客户给予的价值超出正常范围的礼品、款项或服务

答案解释：

隐瞒是一种不负责任的表现。当考虑开发性或衍生任务时，我们必须使主要的干系人及时全面地了解我们的资质与要求的距离，以便他们在信息充分的条件下作决策。

案例分析

如果客户要求项目经理是PMP，而项目经理候选人虽然有项目管理经验和能力但尚未取得PMP资格，应该如何解决此问题？

答案解释：

如实向客户反映项目经理候选人的情况，并提交他的简历以证明其经验和能力。

13.3 尊重规范

13.3.1 尊重规范描述

尊重规范是指对我们自己、他人以及委托给我们的各种资源表示高度关注。委托给我们的资源包括：人力、资金、声誉、他人的安全以及自然或环境资源。

互相尊重的环境促成信任、信心和卓越的表现，并在各种多元化的看法和观点得到鼓励和认可的氛围里营造互相合作的氛围。

13.3.2 尊重规范：共识性准则

要求遵循以下准则：
(1) 要认知他人的行事惯例与习俗以免做出他人认为不尊重的行为。
(2) 倾听他人的观点，力求理解他人。
(3) 和有冲突和异议的人士直接沟通。
(4) 要求自己以职业化的态度行事，即使得不到回报。

13.3.3 尊重规范：强制性准则

要求遵循以下准则：
(1) 谈判时遵循诚信善意原则。
(2) 不使用自己的专业权力或地位来影响他人的决策和行动，并以此为代价谋取个人利益。
(3) 不用粗鲁的方式对待他人。
(4) 尊重他人的财产权利。

思考题

项目经理能通过以下哪种表述最好地解决利害关系者之间的不同需求？（　　）
A. 在很多的地方我们是一致的。我确信我们专心于这些问题，我们将找出解决问题的方法
B. 让我们看看为什么在各自的需求上意见相左
C. 这种讨论太热烈了，让我们明天重新分组解决问题
D. 我已经决定用这种方式解决问题

答案解释：
这非常必要，在项目计划最终定稿之前，应尽可能清晰各方的需要。答案 B 的描述有助于解决这个问题，帮助达到这个目标。

13.4 公平规范

13.4.1 公平规范描述

公平规范是指我们有责任公平客观地决策和行动。我们的行为必须和私利、偏见和偏好划清界限。

要求遵循以下准则：

(1) 决策程序要体现公开透明。

(2) 要不断地检查我们公平性和客观性，并在适当时采取纠正措施。

(3) 对有授权的信息运用者提供平等的信息获取渠道。

(4) 对符合资质的候选人提供相等的机会。

13.4.2 公平规范：强制性准则

1. 利益冲突

如果某种直接或间接的个人收益可能影响到一个人对业务执行的判断时，就存在利益冲突。

下列是影响我们行为的客观性情形：竞争关系；亲戚、顾客、承包商、供应商；滥用公司资产；招待、礼物和好处。

利益冲突的处理主要有以下几种方式：

(1) 规避：如拒绝厂商的礼物。

(2) 退出：不持有供应商的股票。

(3) 辞职：在一个公共机构评估委员会内任职，如果经常涉及自己公司的投标，则辞去该职务。

(4) 避嫌：不参与，如果一个亲戚是分包商候选人之一，自己则不参与对备选分包商的评估汇报；有可能涉及利益冲突、已经处于利益冲突或无法回避利益冲突时，向有关方面报告实际情况。

在受利益冲突的影响下应该：①要主动和全面地向合适的利益相关者披露所有现实和潜在的利益冲突；②当意识到有现实和潜在的利益冲突时，要避免参与决策或试图影响结果的程序。除非或直到以下情况发生：已经将情况向受影响的利益相关者全面地披露；获得了批准的缓解计划；得到利益相关者的同意来继续推进。

2. 偏袒和歧视

(1) 不基于个人考虑，包括但不限于：偏好、裙带关系、贿赂，雇佣或解雇，奖励或惩罚员工，授予或拒绝合同。

(2) 不因性别、种族、年龄、宗教信仰、残疾、民族或性取向等原因歧视他人。

(3) 不带偏好和偏见地实施组织的各项规章。

第13章 项目经理职业道德与专业行为规范

思考题

题目1：

1. 家庭成员作为商业伙伴，有可能从你的偏袒性的决策中获益。
2. 同时为竞争对手或者有竞争关系的客户工作。
3. 供应商为了销售其产品而向你提供礼品。可接受礼品的价值，参阅公司规定。
4. 擅自使用公司设备，用于个人用途。
5. 利用公司关系，发展个人业务。
6. 你所支持的公益事业，公司认为是恶意的。
7. 从竞争对手采购货品或服务。

【问题】

以上各项与"利益冲突"的哪一情形有配对？

题目2：

你是一位公务员，也是执行两座城市之间公交系统的项目经理。你把一个政府官员作为项目利害关系者，计划与他商讨WBS。你的经理认为不必要，反对这项活动，回复你的经理的反应是(　　)。

A. 政府官员对项目有负面影响
B. 政府官员对终端用户的理解比我们都要好
C. 政府官员是利害关系者，因为公交车在他的城市里运作
D. 政府官员是利害关系者，因为他将用这些公交车

答案解释：

题目1：

略。言之有理即可。

题目2：

这个问题测试了两个知识点：①你的有关利害关系者的知识；②你对利害关系者参与程度的理解，这将评判邀请他参与会议的适当程度。政府官员是利害关系者，但这并不是他出席会议的理由；只有答案A表明需要这样的会议。

案例分析

索尼公司非常重视招聘人才的工作，他们招聘人才不分国籍、年龄、学历、性别以及身体是否残疾，尤其欢迎那些在目前工作的公司不能发挥潜力的人。在招聘方面，索尼公司是十分严格的，每位面试者都要经过30位经理以上级别干部的面试，并且这些面试官做出来的评分表要在5年内全部应验。在面试过后还要经过一系列的集训和考试，第一天笔试，第二天市场调查作习，第三天写一篇关于20年后日本的作文，为了能真实地了解每位应聘者的能力，索尼公司还会再次进行多次的考试。这样经过层层筛选后，索尼公司还坚持为他们进行更深层次的培训，使得员工能真正地发挥出最大的效用。

【问题】

索尼公司在招聘上体现了什么道德准则？

13.5 诚 实 规 范

诚实规范是指要理解真相并在沟通和行为中保持真诚的态度。

13.5.1 诚实规范：共识性准则

要求遵循以下准则：
(1) 认真地寻求了解真相。
(2) 在沟通和行动中保持诚实。
(3) 及时准确地提供信息。
(4) 以诚信善意的原则履行承诺，无论是暗示的还是明示的。
(5) 努力营造讲真话的氛围。

13.5.2 诚实规范：强制性准则

要求遵循以下准则：
(1) 不能参与或纵容欺骗他人的行为，包括但不限于：制造误导或错误的声明，公开声明不完全可靠的事件，提供断章取义的信息或者隐藏信息致使声明误导他人或者不完整。
(2) 绝不涉及不诚实的行为，以达到获取自身利益或者牺牲他人利益的目的。

13.6 项目经理道德价值观

最重要的价值观包括：责任、尊重、公平和诚信。

这些价值观描述了作为从业人员努力坚持的操守。尽管对坚持理想标准进行衡量并非易事，依照这些标准行事是我们对自己作为从业人员的期待，并非可有可无的要求。

规定的要求，是在某些情况下限制或禁止从业人员的行为。不依照这些标准行事的从业人员将受到的纪律处罚。

包含的内容并不互相排斥，即一种具体行动或疏忽可能同时违反理想的和必须遵守的标准。

13.6.1 责任

1. 操守

(1) 按照社会、公众安全和环境的最佳利益做出决定和采取行动。
(2) 仅接受与我们的背景、经验、技能和资格相符的任务。(考虑试验性或延伸性任务时，确保主要利益相关者及时收到有关资格差距的完整信息，以便对我们完成具体任务的适合性做出知情决定。在合约安排方面，仅对本机构有资格完成的工作投标，并仅分配合格的个人完成工作。)
(3) 完成所承担的义务。
(4) 兑现自己的承诺。

(5) 在出现错误或疏忽时勇于承担责任，并立即予以纠正。一旦发现他人的错误或疏忽，会立即向相关机构报告。对任何因我们的错误或疏忽导致的问题以及造成的任何后果承担责任。

(6) 保护委托给予的专有或保密信息。

(7) 坚持本守则，并要求自己和业界同仁对遵守守则承担责任。

2. 要求

(1) 了解和支持制约我们的工作、专业和义务活动的政策、规定、规章和法律。

(2) 向相关管理人员报告不道德的或非法的行为，必要时向受到此类行为影响的人士报告。

(3) 将违反本守则的行为反映给有关机构，以作解决。

(4) 仅将有事实依据的道德规范申诉备案。

(5) 对提出道德规范问题的人进行报复的个人采取纪律处罚行动。

 案例分析

1997年，福特公司60%的杂志广告是针对男性做的，10%是针对女性做的。福特公司的一名广告策划副经理罗斯·罗伯特通过对市场的深入调查发现，在汽车市场，女性购买者占65%，因此1997年中期便将60%的广告目标投向女性。当董事会意识到女性市场的重要性时，董事们惊喜地发现，罗伯特已经着手解决此事了。由于他把事情做在前面，为福特汽车占领女性市场赢得了巨大的先机，不久便被董事会提升为部门经理。

【问题】

是什么品质影响了罗斯·罗伯特？这样的品质对他个人和公司企业有何意义？

13.6.2 尊重

1. 操守

(1) 应当熟悉他人的标准和习惯，避免自己的行为被他人视为无礼。

(2) 注意倾听和理解他人的观点。

(3) 直接与发生冲突或持异见的人士接洽。

(4) 以专业的态度行事，即使对方不以同样的态度对待我们亦如此。

2. 要求

(1) 真诚地进行协商。

(2) 不通过行使专长或职位权利影响他人的决定或行动，使他人利益受损，为自身牟利；

(3) 不以凌辱的态度对待他人。

(4) 尊重他人的产权。

13.6.3 公平

1. 操守

(1) 决策过程必须具有透明度。

(2) 不断重新检查我们的公正性和客观性，并在适当时采取纠正措施。
(3) 向经授权可获得信息的人提供获取信息的同等权利。
(4) 向合格的候选人提供同等的机会。

2．要求

(1) 积极主动地向有关利益相关者全面披露任何真实的或潜在的利益冲突情况。
(2) 避免参与决策程序或以其他方式试图影响决策结果，除非已经向受影响的利益相关者做出全面披露；已经有获批准的缓和计划；已经获得利益相关者的同意开展行动，在认识到存在真实的或潜在的利益冲突时。
(3) 不依据个人因素(包括但不限于偏袒、裙带关系或贿赂)聘用或解聘、奖励或惩罚、批准或拒绝批准合同。
(4) 不依据性别、种族、年龄、宗教、残障、国籍或性取向歧视他人。
(5) 不以偏袒或带有偏见的态度执行机构的规定。

 案例分析

在美国的某个乡村有个小酒吧叫芬格斯酒吧，老板是个犹太人，美国前国务卿基辛格是犹太人的后裔，一次，他想去这个酒吧体会一下犹太人的民风，前一天他打电话给芬格斯老板说会带 10 个随从去光顾酒吧，到时请老板把其他的顾客都赶走。芬格斯的老板当即拒绝了他的要求，并说自己的酒吧十多年来一直是依靠这些老顾客才生存下来，让他赶走顾客他做不到。基辛格只有遗憾地放下了电话。这件事被当时正在酒吧消费的顾客传为美谈，芬格斯酒吧因此生意更兴隆了，并在当年被评为世界优秀酒吧前十五名，它是其中唯一一个最小的酒吧，理由是：对顾客一律平等！

【问题】
如果你是这家小酒吧的老顾客，你会有怎么样的感受？

13.6.4 诚信

1．操守

(1) 真诚地努力理解事实。
(2) 在交流和行为中保持诚实的态度。
(3) 及时提供准确的信息。
(4) 以真诚的态度做出默示或明确的承诺和保证。
(5) 努力创建让他人在说实话时感到安全的环境。

2．要求

(1) 不从事或宽容有意欺骗他人的行为，包括但不限于做出误导性或虚假的陈述、做出歪曲部分真实情况的报道、断章取义地提供或隐瞒信息，以致在信息披露后使我们的陈述具有误导性或不完整性。
(2) 不从事带有个人获利目的或损害他人利益的欺骗行为。

 案例分析

北京同仁堂在长期的经营中，以诚取胜，在海内外享有盛誉。一次，一个旅游团体由导游带领来店购买"牛黄清心丸",导游对营业员说:"我给你们拉来了生意,你们要给我提成。"营业员态度和蔼地顶了回去:"我们店没有给提成这个规矩,就是靠'同仁堂'三个字。"那位导游很生气,劝旅游者退货,可旅游者非但没退货,还多买了50盒。在这里,正是"同仁堂"三个字所代表的产品质量的信誉,像磁铁一样,攫住了旅客的心。

【问题】
为何老字号的诚信能让旅客有如此好感呢?

本 章 小 结

> 项目经理要在遵守职业道德和行为规范的前提上,领导员工完成项目。职业道德要求我们对项目范围以及项目影响范围应该承担上责任,努力解决项目过程中的所有风险;在与员工和上司,或者竞争对手等等项目关系人平等沟通,有尊敬他人的意识;当项目过程中出现决策偏颇,要把持住公平的原则,使得项目工作氛围理性、效率;项目过程中要真实地反映情况,才能第一时间控制项目的不定变量,使得项目处于正轨。

习 题

1. 用语言或行为恐吓、羞辱他人,违反了以下哪个价值观? (   )
   A. 责任　　　　　B. 公正　　　　　C. 尊重　　　　　D. 诚实

2. 以下关于职业道德与职业行为准则的描述,正确的是(　　)。
   A. 其中的期望性标准是比强制性标准更高的额外要求,项目管理工作者可以选择不遵守期望性标准
   B. 某种行为如果违反了强制性标准,就不可能同时违反期望性标准
   C. 期望性标准是比较模糊的标准,以致不太容易测量人们对期望性标准的遵守程度
   D. 违反期望性标准会受到PMI道德审查委员会的纪律审查

3. 你和你的团队正在另一个国家承担水电站建设的施工任务。有人告诉你,为了使项目工作顺利进行,需要给政府官员付小费。你应该(　　)。
   A. 支付合理的小费,以保证项目进展
   B. 调查付小费的理由,然后请示管理层
   C. 给他们赠送等值的小礼物,而不支付现金,以避免可能的道德问题
   D. 不付小费

4. 你正在管理的一个项目,需要一种新型设备。你弟弟的公司恰好生产这种设备,而且价格和质量都不错。你应该(　　)。
   A. 直接向你弟弟公司购买
   B. 让管理层知道这件事
   C. 让你弟弟的公司用其他公司的名义来供应这种设备
   D. 不参与这种设备的采购决策

5. 你正在参与公司的一个涉及商业机密的高科技研发项目，你对项目执行过程中的一种做法持反对意见，因为它不符合环境友好的原则。你既不能放弃自己的意见，又不能说服其他人采纳你的意见。你应该(   )。

    A. 辞职，然后向外界公开你的反对意见
    B. 辞职，但不公开谈论你的反对意见
    C. 继续在项目中工作，但私下向媒体透露你的反对意见
    D. 继续在项目中工作，但私下把你的反对意见透露给其他相关公司

案 例 分 析

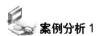

谁是这起房地产事故的主要责任人

某市房地产公司，华总是公司老总，于总是公司常务副总。两人各有分工，项目合同和付款方面由华总负责签字，现场质量由于总负责监管。

项目启动当天，在地质勘查上出了点小问题，即勘察得不准确，由于两位老总都收了红包，所以当时谁都没吱声，项目继续，问题被搁置。

然后进入了工程降水阶段，工程降水方案及施工队伍都是两位老总的关系户并且都给了两人红包，还是那样分工：华总负责合同签字，于总负责质量。后来因为降水出了问题，项目周围的房屋开始不均匀沉降，导致房屋开裂，这时居民都去找具体负责质量的于总要讨个说法。于总认为合同不是他签的，出了问题找不上他，反正都是华总签的字，所以他就一直拖着。

过了一段时间，居民们一看公司没实施任何针对措施，就采取了过激的行动，将工程大门口堵住，并且打伤了工程管理人员。

最后的协商结果是公司负责帮居民把房子修好，还得赔付一定的费用。这样一来，算上赔偿、工期耽误等，公司至少损失上千万元。

【问题】
1. 谁是这起房地产事故的主要责任人？
2. 问题根源在哪里？

华为技术有限公司《华为基本法》(节选)

第二条　认真负责和管理有效的员工是华为最大的财富。尊重知识、尊重个性、集体奋斗和不迁就有功的员工，是我们事业可持续成长的内在要求。

第四条　爱祖国、爱人民、爱事业和爱生活是我们凝聚力的源泉。责任意识、创新精神、敬业精神与团结合作精神是我们企业文化的精髓。实事求是是我们行为的准则。

第六十三条　我们鼓励员工对公司目标与本职工作的主人翁意识与、行为。每个员工主要通过干好本职工作为公司目标做贡献……员工必须保守公司的秘密。

第七十二条　我们对中高级主管实行职务轮换政策。没有周边工作经验的人，不能担任部门主管。没有基层工作经验的人，不能担任科以上干部。我们对基层主管、专业人员和操作人员实行岗位相对固定的

政策，提倡爱一行，干一行；干一行，专一行。爱一行的基础是要通得过录用考试，已上岗的员工继续爱一行的条件是要经受岗位考核的筛选。

比尔·盖茨的十大优秀员工准则(节选)

第1条准则　对自己公司的产品抱有极大的兴趣；对公司的产品具有寻根究底的好奇心；始终表现你对公司及产品的兴趣和热爱；热爱并专注于自己的工作；天下没有一劳永逸的事，要不断自我更新。

第2条准则　以传教士般的热情和执着打动客户；站在客户的立场为客户着想；最完善的服务才有最完美的结果。

第3条准则　乐于思考，让产品更贴近客户；了解并满足客户的需求；思考如何让产品更贴近客户。

第4条准则　与公司制定的长期目标保持一致；跟随公司的目标，把握自己努力的方向；做一个积极主动的人；奖金和薪水不是唯一的工作动力；把自己融入整个团队中去；帮助老板成功，你才能成功。

......

第10条准则　员工必须具备的美德：忠诚、诚实、守信、勤奋、节俭、热情、敬业、责任心。

【问题】

1. 以上几个案例中分别符合哪几项职业道德和行为规范？
2. 在阅读完这些规章准则后，同学们对职业道德规范有什么启发？

习 题 答 案

第 2 章　项目生命周期与组织

练习题：1-5 D C A B D

案例分析 1：

1. ①王某没能很好地处理项目团队组建过程中的震荡阶段。②沟通管理存在问题，新老成员没有进行有效地沟通，项目经理也没有组织成员们进行沟通。③冲突管理处理不当。王某未能秉公对待新老成员之间的冲突，对新成员的批评加剧了新老成员之间的矛盾。④未对项目成员进行绩效考核，对项目成员的工作进度绩效缺乏监控与管理。⑤对项目进度控制的力度不够，未能及时地发现进度延误。

2. 团队建设活动；绩效考核与激励；集中安排，加强交流；培训提高团队技能。

案例分析 2：

项目型组织结构或者强矩阵型(强矩阵型更适合中国国情)。

1. 这些高科技武器装备的生产工艺要求高，所以相应的成本也较高，且各种产品之间没有什么共同点(关键，这意味着每次生产的东西都不相同，职能型只适合程序化的生产，所以必须是项目型)。

2. 项目的经费预算主要是研发人员的奖金和硬件设备的使用费，这意味着每次项目经理都可以在项目奖金上对项目成员进行考核。

3. 强矩阵型的项目负责人是"副总裁"，中国国情在国企讲究权力制衡，所以强矩阵型更适合中国国情。

第 3 章　项目整合管理

练习题：1-5 D B B D A

案例分析 1：

很明显，案例中该项目是一个已经开发接近尾声的项目，项目的前期需求、开发和测试都做得不错，但在实施过程中每一次都有些细微的变更。该项目经理由于麻痹思想对这每一次微小的变更都没有引起足够的重视，认为还是在原项目范围内的完善工作，没有及时做好项目范围控制的管理工作，引起项目的范围渐变，最终当项目交付时才发现系统的功能需求却发生了很大的变化。

项目产品技术要求说明书的逐步完善务必与项目范围的恰当定义谨慎地协调起来，在项目是按照合同实施时，尤其如此。如果项目范围对需要完成的任务规定得恰如其分，则即便是在产品技术要求说明书的逐步完善过程中，项目范围仍应保持控制状态。

由此可见，该案例的问题主要为以下几方面。

(1) 该项目的范围定义不明确。

(2) 在需求变更时没有及时进行范围变更控制。

(3) 与客户的沟通管理没有到位，一味地满足客户的需求而逐步脱离项目原先的范围基准。

(4) 时间管理不到位，由于范围的变更，进度一次次延期，从 2007 年 10 月接收直到 2008 年 6 月才完成这个小项目的试运行。

(5) 由于范围管理、时间管理不到位，也说明该项目的整体管理有问题。

俗话说，事无大小，细节决定成败。对于细节性的变更也要严格进行范围变更控制。

具体建议包括如下几方面内容。

(1) 在项目的启动和规划阶段，积极鼓励客户参与项目，明确客户的需求，制定项目章程和项目管理计划。这时候客户参与的项目会议可以多一点。

(2) 在项目执行过程中进行严格的范围变更控制，可以与客户积极沟通让他们明白在随着项目过程的进行，再进行变更将会付出越来越大的代价。费用和进度会因为变更而增加很多。执行阶段，会议可以少一些。

(3) 变更要慎重，尽量进行书面记录，并让客户签字，即使是细节性的变更。

(4) 设定进度工作里程碑，完成关键性的里程碑工作后，要及时和客户沟通汇报，让客户了解进度。

(5) 做好配置管理。

(6) 做好沟通管理。

案例分析 2：

1．目标在租约公司的管理计划中扮演了重要角色。在本案例中，创造前所未有的事物的目标是租约公司的经营哲学，并且目标还为以后公司制定方案策略设定了标准。

2．计划工作包括制定组织的目标、建立一个实现总体性目标的战略，并且开发出一套整合和协调组织计划工作的全面计划。本案例中，租约公司明确地制定了本公司的目标——创造前所未有的事物，并且开始经营建造英格兰肯特郡蓝水购物广场。为实现组织目标而制定的战略中包括小组计划，它可以被看作一个项目。一个项目控制小组为完成创建蓝水的项目而设立，它通过会议、备忘录、财务评审以及有关项目关键领域的报告来制定责任标准。

3．租约公司遵循正式计划方式。最终的详细目标被设置，目标结果就是要及早、低成本，并且把产品全部出租出去来完成蓝水项目。

4．这种计划方式能运用到许多组织中，这需要拥有一种鼓励和打破旧思维的组织文化，如案例中的租约公司。这些组织的目标必须反映出追求独创性和提高改善其现有产品或服务的愿望。

第 4 章　项目范围管理

练习题：1-5 A D A B A

案例分析 1：

1．导致该项目延迟的原因是项目工程设计变更次数太多、项目的专业技术人员不足、项目的工作不合格率太高。

2．这个项目在进行需求收集时存在问题，没有很好的确定客户的需求。进而导致项目的范围定义产生偏差。项目的范围确认也存在问题，范围的不断变更导致无法最终进行范围的确认。范围的控制也不够好。

3．如果能通过变更使得项目的范围管理走上正轨，那再次变更不失为一次很好的尝试。既可以按时完成项目、避免罚款，还能锻炼项目团队。

4．如果处置得当，这个项目还是有可能按期完工的，至少可以少付罚金。

案例分析 2：

1．在案例中，小张很好地应用了分解 WBS 的方法，得到项目的 WBS。他首先从两个关键的项目干系人——K 企业的负责人和他的领导中得到关于项目的重要信息，进而得到项目的初始 WBS。然后将具体的分解工作交给有经验的人员完成，并复审各工程师分解达到的 WBS。最终得到了整个项目的 WBS。

分解项目 WBS 的一般过程包括如下所列几方面。

(1) 识别可交付成果与有关工作。

(2) 确定工作分解的结构与编排。

(3) 将工作分解结构的上层分解得到下层的组成部分。

(4) 为工作分解结构组成部分提出并分配标识编码。

(5) 核实工作分解的程度是否必要且充分。

2．项目经理小张在审查王工分解的 WBS 中，发现他分解的 WBS 存在一些问题。创建 WBS 的过程本身就是一个主观工作的过程，因此 WBS 并不存在唯一正确的标准，但要遵守一些准则。违背这些准则的 WBS 属于错误的工作分解结构。下面列举的 4 点是在分解 WBS 时必须遵守的准则。

(1) 分解出的工作要充分且必要。

(2) 工作的独立性。即工作一旦开始，就可以在不中断的条件下完成。

(3) 工作完成度的可判断性。即可以清楚地判断工作是否已经开始，工作完成了多少以及工作是否完成。

(4) 工作的交付成果。即工作完成后将得到什么样的成果。

3．由于合同中没有清晰地定义"第三方评测工作"，项目经理小张综合采用了多种方法，有效地管理了项目范围。

(1) 面对项目范围不清晰的问题，小张主动找到了 K 企业的负责人，通过沟通解决这一问题。最终明确了组织第三方评测工作由 K 企业负责，而项目团队要配合第三方评测的工作。在软件项目中，有很多工作是不可能通过一份简单的合同就描述清楚的。除了案例中的例子外，还有很多常见的情况，如"部署软件系统的主机的安装、调试工作(非软件系统的安装和调试，如操作系统、DBMS 等的安装和调试)"、"将遗留系统的数据迁移进新系统"和"对系统用户的计算机基本操作知识的培训"等工作是否属于项目范围经常会比较含糊。如果不能在项目前期解决这些问题，在项目后期就容易产生纠纷。面对这些问题，只有通过访谈等方式了解项目利害关系者的想法，才能定义出清晰的项目范围。需要注意的是，在完成范围定义的工作后，要让被定义的项目范围在所有利害关系者之间达成一致，这才能确保定义的范围有效。

在"同 K 企业负责人沟通后明确项目的范围"中，小张进行了范围定义的工作。之后，小张又编写了《关于×××系统第三方系统测评计划备忘录》的文档，并发给K企业的负责人确认，让项目范围在各干系人中得到一致的认识。

(2) 如果已经定义的范围发生变更，则要对变更的范围进行控制。在"将配合第三方机构进行评测的工作加入到项目的WBS"中，小张进行了范围控制的工作。

第5章 项目时间管理

练习题：1-5 B D B B C

案例分析1：

1．(1)对本项目来说，甘特图可以明显地表示出各活动所持续的时间，横道线显示了每项活动的开始时间和结束时间，横道线的长短代表了活动持续时间的长短。并且甘特图的优点是简单、明了、直观和易于编制，但是甘特图不能系统地把项目各项活动之间的复杂关系表示出来，难以进行定量地分析和计算，同时也没有指出影响项目进度的关键所在。因此，甘特图一般适用于比较简单的小型项目，对于复杂的项目，甘特图就显得难以应对。

(2) 对本项目来说，CPM是一种最常用的数学分析技术，它是一种运用特定的、有顺序的网络逻辑来预测总体项目历时的项目网络分析技术，它可以确定项目各项活动最早、最晚的开始和完成时间。

(3) 计划评审技术(PERT)是项目进度管理的另一项技术，当项目的某些或者全部活动历时估算存在很大的不确定性时，综合运用关键路径法和加权平均历时估算法，用来估计项目历时的网络分析技术。这种网络分析技术适用于不可预知因素较多、从未做过的新项目和复杂项目。

2．如果我是项目经理，我会采用CPM方法，因为它更符合根据公司领导层对该项目的期望。项目经理订立的如下原则：简单；能够显示事件的工期、工作流程和事件间的相对顺序；能够指明计划流程和实际流程，哪些活动可以同时进行，以及距离完工还有多长时间。

案例分析2：

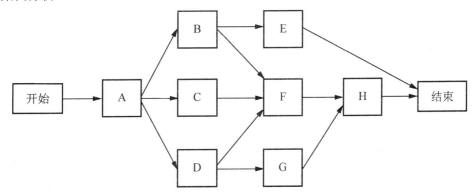

关键路线：A→C→F→H

总工期：4+8+6+6=24 天

缩短 1 天增加最少的费用：赶工 C；4+7+6+6=23 天，增加费用 300 元。

缩短 2 天增加最少的费用：赶工 C、D；4+6+6+6=22 天，增加费用 300+200=500 元。

缩短 4 天增加最少的费用：赶工 C、D、F、G；4+6+4+6=20 天，增加费用 300+200+400+200=1 100 元。

第6章　项目成本管理

练习题：1-8 B B D B D B A B

9：① 计划价值(PV)=计划要完成的工作量×预算单价(240 000/300)，PV =(50+50+50)×800=120 000，计划完成工作的预算价值。

② 挣值(EV)=实际已完成的工作量×预算单价(240 000/300)，EV=(50+50+30)×800=104 000，实际完成工作的预算价值。

③ 实际成本(AC)=实际已经完成的工作量×实际单价，AC=(50+50)×800+30×900=107 000。

④ 完工预算(BAC)整个项目的总预算，除非已经批准变更，完工预算一般不会变化。BAC=240 000。

⑤ 成本偏差(CV)正数表示预算节约，负数表示预算超支。CV=EV-AC=104 000-107 000=-3000，正数表示预算节约，负数表示预算超支。

⑥ 成本绩效指数(CPI) 大于 1 是好的，小于 1 是不好的，CPI=EV/AC=104 000/107 000=0.972，实际花费一元钱只做了 0.972 元的事情。

⑦ 进度偏差(SV)正数表示进度计划提前，负数表示进度计划落后。SV=EV-PV=104 000-120 000=-16 000，负数表示进度计划落后。

⑧ 进度绩效指数(SPI)大于 1 是好的，小于 1 是不好的，SPI=EV/PV=104 000/120 000=0.867，表示实际进度只是计划进度的 86.7%。

⑨ 完工估算(EAC)在项目实施的不同时间点重新估算的完成整个项目所需的费用。EAC=BAC/CPI=240 000/0.972=246 914。

⑩ 完工尚需估算(ETC) 在项目实施的不同时间点重新估算的完成剩余工作还需要的费用。ETC=EAC-AC=246 914-107 000=139 914。

⑪ 完工时偏差(VAC)在项目实施的不同时间点重新估算的，在项目全部完工时将会出现的，整个项目的费用偏差。

正数表示预算节约，负数表示预算超支，VAC=BAC-EAC=240 000-246 914=-6 914，负数表示预算超支。

⑫ 完工尚需绩效指数(TCPI) 为了实现特定的管理目标(BAC 或 EAC)，剩余的工作实施必须达到的成本绩效指标。完成 BAC：TCPI=(BAC-EV)/(BAC-AC)=(240 000-104 000)/(240 000-107 000)=1.022，完成 EAC：TCPI=(EAC-EV)/(EAC-AC)=(246 914-104 000)/(246 914-107 000)=1.021。

⑬ 新的完工时间周期=原来预计时间周期/进度绩效指数(SPI)=6/0.867=6.92。

习 题 答 案

⑭ 还要花多长时间完成=新的完工时间周期-实际用掉的时间=6.92-6=0.92

案例分析1：

1．不合理，因为小王只从成本角度考虑了项目的可行性，没有系统、全面地考虑其他方面。

2．老王将会考虑如下几方面的内容。

(1) 游泳池建造项目在技术上是否可行。

(2) 游泳池建造项目的风险问题。

(3) 游泳池建造项目所需要的资源(人力、物力和财力)如何获取。

(4) 游泳池建造项目按照预定的工期完成情况。

案例分析2：

1．目前该项目的费用管理中存在的问题是需要编制一个准确反映该项目全新制造过程的费用估算，但需要改动的阶段占整个制造费用的比例大，并且很多工作还不清晰。

2．小李应该采用自下而上费用估算的方法并进行应急储备金分析才可能得出比较准确的估算结果。

3．公司决策层的做法不太合理，应注意灵活性。

第7章 项目质量管理

练习题：1-8 B C B D A C A D

案例分析1：

1．环宇集团主要教训

1) 对市场前景的错误估计

(1) 由于环宇集团在市场预测上出现了偏差，以致错误地估计了形势，认为电视机市场发展前景不甚远大，在接下来的一段时间内对产品并不够重视，投资规模较小，从1989年到1995的6年间仅投入3 000万元。

(2) 该厂电视机从1984年到1989年的5年，只销售了47C-2型一种机型，在新产品开发方面有些落后于竞争者。据资料显示：1989年后虽然开发了54cm的几个品种，但是别的厂家64cm、74cm、画中画等新产品迭出，而环宇彩电还是老面孔，所以导致了后来环宇产品进一步被市场淘汰。

(3) 对前景的估计不当，使公司缺乏开拓进取的精神，缺少创新，而众所周知，没有竞争的市场是缺乏活力的，创新也越来越成为企业提升竞争力的重要方面，所以，环宇的衰落与此也是紧紧相关的。

从市场开拓来说，环宇没有开辟与形成自己的销售渠道与网络。在渠道为王的今天，企业与企业之间的竞争越来越多的向渠道倾斜，各企业都更加重视自身渠道建设和渠道的管理，以保证渠道的顺畅，同时节约成本、促进利润最大化。而且对渠道的建设也已经成为影响企业整体质量的重要方面，所以必须更加重视销售渠道与网络的形成。而环宇集团在全国的经销单位只有20多个，在电视机走俏时，其销售也只考虑先卖给谁，后卖给谁就行了，根本不用去抓市场，而市场疲软时，没有自己的销售系统，又不知道产品往哪里销。

从集团内部运作机制上看，其内部运作不规范，内部结构变化频繁。根据案例我们知道，从 1987 年到 1991 年的 4 年间进行了 6 次大调整，还不包括小调整。1991 年后集团内又作了 3 次分与合的调整。电视机厂的厂长平均一年换一次，最长的为 1 年 7 个月，最短的 8 个月，连中层干部还没认识就下台了，而且这些机构的调整，并没有把责、权、利理顺，厂长具体管企业，但没有权，公司总经理有权，但不直接管理企业，企业很难运作。这么频繁的内部调整使得公司里面组织的稳定性较差，而且组织成员之间的交流也难以非常迅速非常深入地进行，同时频繁的调整，企业凝聚力和协调性也较差，这都对企业长期的发展不利。

除此之外，调整后的机构权责不统一、不协调，使得效率降低，这也是环宇失败的又一原因。

对质量的认识不足。环宇集团符合性的质量观点以"符合"现行标准的程度作为衡量的依据。"符合标准"就是产品的质量，"符合"的程度就是质量的水平。这是在生产力不发达、市场竞争不充分条件下的产物。随着社会经济的发展、市场竞争的加剧，符合性质量概念的局限性逐步显示出来。正是企业的这种质量观念，所以才导致了其不能以长远的、动态的眼光来看待质量，对消费者的需求也很难有一个比较清晰准确的认识，在质量管理上也就难以采取合理、有效的措施了。

启示：企业的发展必须要有一个长期的战略规划，对企业的发展目标、任务、企业的组织机构设置、各个时期所要达到一个怎样的程度等，都要有一个明确的认识，使得企业的各项活动都在一个指导思想下进行，而不至于盲目而缺乏章法。

2) 坚持全面质量管理

(1) 所谓全面质量管理就是一个组织以质量为中心，以全员参与为基础的过程，目的在于通过让顾客满意和本组织所有成员及社会受益而达到长期成功的管理途径。

(2) 全面质量管理有三个核心的特征：即全员参加的质量管理、全过程的质量管理和全面的质量管理。全员参加的质量管理即要求全部员工，无论高层管理者还是普通办公职员或一线工人，都要参与质量改进活动。参与"改进工作质量管理的核心机制"，是全面质量管理的主要原则之一。全过程的质量管理必须在市场调研、产品的选型、研究试验、设计、原料采购、制造、检验、储运、销售、安装、使用和维修等各个环节中都把好质量关。其中，产品的设计过程，是全面质量管理的起点，原料采购、生产和检验过程是实现产品质量的重要过程；而产品的质量最终是在市场销售、售后服务的过程中得到评判与认可。全面的质量管理是用全面的方法管理全面的质量。全面的方法包括科学的管理方法、数理统计的方法、现代电子技术和通信技术。全面的质量包括产品质量、工作质量、工程质量和服务质量。

(3) 全面质量管理还强调以下观点：①用户第一的观点，并将用户的概念扩充到企业内部，即下道工序就是上道工序的用户，不将问题留给用户；②预防的观点，即在设计和加工过程中消除质量隐患；③定量分析的观点，只有定量化才能获得质量控制的最佳效果；④以工作质量为重点的观点，因为产品质量和服务均取决于工作质量以此可以提高产品质量、改善产品设计、加速生产流程、鼓舞员工的士气和增强质量意识、改进产品售后服务、提高市场的接受程度、降低经营质量成本、减少经营亏损、降低现场维修成本和减少责任事故。

2. 名牌与质量的具体关系表现

(1) 质量是成就名牌的基本保证。它是名牌的灵魂和生命，企业要创立名牌，就必须有全面、超前的质量意识。打造名牌所应具备的要素很多，鲜明的个性、深厚的文化内涵等，而这些要素构建的基础是该品牌能够为消费者提供优质的产品，满足消费者的购买需求，这些是消费者购买产品的基本目的，如果一个品牌不能够满足消费者的基本需求，那么就谈不上它所塑造的个性和文化了。所以要打造名牌产品，首当其冲的就是狠抓质量，包括提供一流的售后服务、随时了解和满足消费者的需求、积极参加质量认证工作、按照国际质量标准保证产品质量，并重视研发投入以保证产品质量稳步提高。

(2) 名牌可以为产品带来优质效应。这种优质效应反应在了名牌的深度扩张和广度扩张。深度上，一种产品或企业一旦成为名牌，那么他的质量信誉就会得到提升，消费者会下意识地给名牌赋予优质的属性，这样一来就会吸引更多的潜在顾客，培养更多的忠诚顾客。广度上，名牌扩张可以带来原来销售市场的扩大，扩大企业品牌知名度。

(3) 名牌与质量亦如一根绳子上的蚂蚱，一荣俱荣，一损俱损。"三鹿奶粉"事件就是质量与名牌之间相互影响的现实写照，名牌可以为产品质量带来相应的晕轮效应，同时产品质量也对名牌起到了重要作用，当产品质量出现问题时，其产生的负面影响会祸及整个品牌，它可以使名牌一夜间一文不值，而另一方面，一个名牌的衰落也会给消费者带来一种质量不行了的感觉，因此，想要打造一个名牌产品，最首要的任务是保证其产品的质量。

实施名牌战略：企业实施名牌战略是个动态的过程，需要从多方面努力。

树立正确的名牌观念和质量观。企业从事生产经营活动，不仅要有商品经营观念，而且要有品牌经营观念，努力使商品优势转化为品牌优势，从而创出名牌。其首当其冲的任务就是打造产品质量，树立正确的质量观——适合性质量观，动态把握消费者需求，实施相应的质量措施，同时坚持全面质量管理观念，在市场调研、产品的选型、研究试验、设计、原料采购、制造、检验、储运、销售、安装、使用和维修等各个环节中都把好质量关。

准确地进行市场定位。即要为本企业的产品选择好目标市场。产品卖给谁，为哪些顾客服务必须选准，只有产品的市场定位准确，该市场发展前景好，市场容量大，才有可能创出名牌。

合理地制定名牌的战略规划。即对反映名牌特征的几个指标，要有一个较高而又合理的水平。对名牌产品的市场覆盖面目标，市场占有率目标，商品或企业的知名度目标，信誉度目标(或顾客的满意度目标)和经济效益目标等，必须确定一个较高的合理的水准。只有这些指标或目标在行业中名列前茅时，才有可能创出名牌。

从企业内部来看，要抓好企业名牌的整体优化工作。在创立名牌的工作中既要抓住提高名牌产品质量这个关键，又要抓住技术进步、技术创新作为先导，强化企业内部管理这个基础，优化组织结构，保证组织内外活动有计划、有效率地进行，同时以提高员工素质，调动广大职工群众的积极性为核心，以优秀的企业文化为统帅，以开展国内外市场营销活动为龙头，推进企业创牌事业不断发展，为企业兴旺，为我国社会主义经济的发展，做出重要贡献。

企业的全体员工应增强名牌战略意识。具备优秀企业文化的企业，始终都把创造名牌作为企业的最高宗旨。

第8章 项目人力资源管理

练习题：1-5 C D B C C

案例分析1：

1. 略。

2. 培养团队成员有主人翁意识、让团队成员参与决策、激发团队精神、让团队成员相互沟通和彼此信任等都是比较正确的方法。

3. 团队精神是大局意识、协作精神和服务精神的集中体现。营造相互信任的组织氛围、在组织内慎用惩罚、建立有效的沟通机制这些方法都可以营造团队精神。

第9章 项目沟通管理

练习题：1-5 D C B B C

案例分析：

1. 案例中用到的沟通方法有个别会谈、集体会议和远程沟通，用到的信息发布工具有纸质文件发布工具、电子邮件、语音邮件、电话和网站。其中网站是属于拉式沟通，而信件、备忘录、报告、电子邮件、语音邮件是属于推式沟通。可以说沟通在我们生活中是无处不在的。

2. 略。

3. 略。

第10章 项目风险管理

练习题：1-5 C C B B C

案例分析1：

(1) 中航油的交易一开始就存在巨大隐患，因为其从事的期权交易所面临的风险是巨大的。期权交易中，期权卖方收益是确定的，最大收益限于收取买方的期权费，然而其承担的损失却可能很大(在看跌期权中)，以致无限量(在看涨期权中)。中航油恰恰选择了风险最大的做空期权。

(2) 管理层风险意识淡薄。企业没有建立起防火墙机制，在遇到巨大的金融投资风险时，没有及时采取措施，进行对冲交易来规避风险，使风险无限量扩大直至被逼仓。事实上公司是建立起了由安永会计事务所设计的风控机制来预防流动、营运风险的，但因为总裁的独断专行，该机制完全没有启动，造成制定制度的人却忘了制度对自己的约束的局面，那么就有必要加强对企业高层决策权的有效监控，保障风控机制的有效实施。

(3) 企业内部治理结构存在不合理现象。作为中航油总裁的陈久霖，手中权力过大，绕过交易员私自操盘，发生损失也不向上级报告，长期投机违规操作酿成苦果。这反映了公司内部监管存在大缺陷。中航油(新加坡)的风险管理系统从表面上看确实非常科学，可事实并非如此，公司风险管理体系的虚设导致对陈久霖的权利缺乏有效的制约机制。

习题答案

(4) 监管机构监管不力。中国航油集团公司归国资委管理，中航油造成的损失在 5.3 亿至 5.5 亿美元之间，其开展的石油指数期货业务属违规越权行为。该业务严重违反决策执行程序，这样的监管漏洞无疑为后事埋下伏笔。

案例分析 2：

(1) 发展金融业必须有坚实的实体经济做后盾。冰岛政府把筹码过多地押在虚拟经济上，使得风险被扩大到无法控制的地步，简而言之，冰岛选择的经济发展模式，就是利用高利率和低管制的开放金融环境吸引海外资本，然后投入高收益的金融项目，进而在全球资本流动增值链中获利。这种依托国际信贷市场的杠杆式发展，收益高但风险也大。全球化带来了全球资本的流动，一个国家可以搏杀于全球资本市场，参与金融利益的分成，并攀上全球金融生态链的高端，但前提是有足够强大的实体经济做支撑。从经济规模看，冰岛似乎并不具备这种实力，不止如此，冰岛还把发展经济的筹码过多地押在了虚拟经济上，忽视了实体经济的发展。

(2) 国家不能放松对金融行业的监管。冰岛之所以出现危机，是由于金融业扩充过度，银行和大商家纷纷涉足高风险投资。但政府对此不仅坐视不理，反而鼓励它们大举放贷，国民又常年习惯靠借贷消费，由泡沫形成的经济繁荣毕竟是脆弱的。对这种严重失衡的状况，冰岛政府和中央银行不仅视若无睹，反而鼓励银行发放更多贷款和承担更高的风险。而金融评级机构早在两年前便对冰岛银行业的情况表示关注，但冰岛当局毫无动作，今年 8 月冰岛的银行监管者还宣称其银行体系稳固可以抵御很大的金融冲击。但言犹在耳，冰岛最大的三家银行在不到一个半月后全都出了问题。

第 11 章 项目采购管理

练习题：1-5 C C A B D

计算题：

1. 总付款=实际成本+目标利润-(实际成本-目标成本)×卖方分成比例=110+10-(110-100)×20%=118。总付款<价格上限，则实际总付款=总付款=118。

2. 卖方实际利润=1500+(10 000-12 000)×20%=1 500+(-2 000)×20%=1 500+(-400)=1 100 卖方实际利润<费用下限 1200，则卖方实际利润=1 200。

3. 卖方实际利润=1 500+(10 000-7 000)×20%=1 500+3 000×20%=1 500+600=2 100 买方实际利润>费用上限 1 800 则卖方实际利润=1 800。

案例分析 1：

内控程序有缺陷：①忽略了验收入库环节；②会计核算环节失误，运杂费可记入材料成本，连带复核环节失误没有及时发现上述验收和会计核算两环节的问题；③补救措施可以是调整入账实物数量和金额。

案例分析 2：

1. 略。

2. 猫腻：(1)产生此项漏洞的根本原因是采购单位没有入库"检斤验数"，属体制不健全。(2)审批人员拒绝不标注具体采购规格型号的"采购申请单"，财务人员拒绝报销发票。(3)略。(4)略。(5)略。(6)略。(7)略。

3. 解决猫腻：(1)健全体制。

(2) 建立严格的监管部门对审批人员和财务人员进行监督。

(3) ①报价必须有传真为凭证。②建立健全审核制度。

(4) ①树立按时结算货款的信用理念，这和销售承诺一样的重要，都属公司级的信用和信誉。②财务监督。

(5) 制度约束，严惩不贷(开除)。

(6) 供应商的更新率必须有具体的比例要求。

(7) 公司运作靠的是机制的作用，检验是必需的，可以选择委托检验等。

第12章 单个项目的项目管理过程

练习题：1-4 A A C A

案例分析1：

1. 项目缺少验收标准；项目在前期的需求收集上可能不太完备；客户方对系统不够信任；客户方可能没有参与到项目的阶段评审之中；甲乙双方沟通交流不好；合同中可能缺少售后服务的条款。

2. 加强和客户的交流，改善沟通技巧；建立双方认可的验收标准；合同中补充售后条款。

3. 系统建设过程中，应注意营造双方的合作氛围；系统建设过程中，应让客户参与到阶段评审之中，增加客户对系统的认知程度；合同中的验收标准和售后服务不可缺少。

案例分析2：略。

第13章 项目经理职业道德与专业行为规范

练习题：1-5 C A C B B

案例分析1：

1. 于总作为施工现场负责人，对一个不恰当的承包商，实施了不恰当、不负责任的施工组织和质量管理，直接导致了事故。而华总是该公司项目老总、于总的上级，同时也是负责合同、财务支付的分管领导，决定了对承包商和承包条件的选择，从根本上导致了事故。因此，从管理层面看，事故的主要责任人是华总。

2. 通过深层次的分析，可以看出指责华总是事故的主要责任人，也依然是头疼医头、脚疼医脚，导致事故的真正原因，其实是该公司项目决策机制的设计缺陷。项目决策机制是由项目发起人确定的，通常内容包括项目决策过程中的决策人、决策组织、决策方法、决策程序、决策权限和决策过程监控等。从本案例看，项目负责人的分工应该是互相合作、共同参与和彼此制约，如果大家在各自权限范围内充分负责，做好项目并不困难。但实际上项目决策机制的设计出了问题，两个利欲熏心的人独揽大权，小权也独揽，彼此画地为牢，坐地分赃，当然导致项目低效或者无效率。所以，从企业运营和法人治理的层面分析，故事的主要责任人是项目发起人。

案例分析2：

1. 《华为基本法》符合责任、公正和尊重的职业道德。比尔·盖茨的十大优秀员工准则符合责任、公正、尊重和诚实的职业道德。

2. 略。

参 考 文 献

[1] [美]项目管理协会. 项目管理知识体系指南[M]. 4 版. 北京：电子工业出版社，2008.
[2] 吴之明，卢有杰. 项目管理引论[M]. 北京：清华大学出版社，2000.
[3] Trauner, Theodore J. *MANAGING THE CONSTRUCTION PROJECT, A PRACTICAL GUIDE FOR THE PROJECT MANAGER*, New York, John Wiley & Sons, 1993.
[4] Meredith，J.，and Mantel，S. A *Managerial Approach. Project Management*, 1995.
[5] 骆殉，马红霞. 项目管理发展综述[J]. 现代管理科学，2005(05).
[6] 康乐. 浅谈电信运营商有效沟通的重要性及提高沟通技能[J]. 商品与质量，2012(02).
[7] 徐阳. 对项目风险管理过程的一般探讨[J]. 中国大物流网(ALL56.COM)，2005(12).
[8] 康乐. 不同角色下风险期望值设置的灵活应用[J]. 学理论，2012(14).
[9] Harold Kerzner . *Strategic Planning for Project Management*: Using a Project Management Maturity Model. UK: John Wiley & Sons, 2001, 1.
[10] 陆惠明，苏振民，王延树. 工程项目管理[M]. 南京：东南大学出版社，2002.
[11] Hayes et al. *Risk management in Engineering Construction*. Thomas Telford Ltd, London, 1997.
[12] Kathy Schwalbe. *Information Technology Project Management*. Canada : Course Technology, 2000.
[13] Y. H. Kwak, J. Stoddard. *Project risk management: lessons learned from software development environment. Technovation*, 2004.
[14] 龚益鸣，蔡乐仪，陈森. 质量管理学[M]. 上海：复旦大学出版社，2012.
[15] 郭波，龚时雨，谭云涛. 项目管理风险[M]. 北京：电子工业出版社，2013.
[16] 戚安邦. 项目管理学[M]. 2 版. 北京：科学出版社，2012.
[17] 戚安邦. 项目管理学[M]. 天津：南开大学出版社，2007.
[18] 康乐. 电信运营商项目经理沟通技能提升策略建议[J]. 商品与质量，2012(03).
[19] 岳淑捷. 运筹学[M]. 北京：北京理工大学出版社，2012.
[20] 孙军. 项目管理[M]. 北京：电子工业出版社，2011.
[21] 王雪青，杨秋波. 工程项目管理[M]. 北京：高等教育出版社，2011.
[22] 邱苑华. 现代项目管理导论[M]. 北京：机械工业出版社，2000.
[23] 陆绍凯. 项目管理的研究前沿[J]. 技术经济与管理研究，2005，(01)：5-6.

北京大学出版社本科财经管理类实用规划教材（已出版）

财务会计类

序号	书名	标准书号	主编	定价	序号	书名	标准书号	主编	定价
1	基础会计（第2版）	7-301-17478-4	李秀莲	38.00	26	财务管理理论与实务（第2版）	7-301-20407-8	张思强	42.00
2	基础会计学	7-301-19403-4	窦亚芹	33.00	27	公司理财原理与实务	7-81117-800-5	廖东声	36.00
3	会计学	7-81117-533-2	马丽莹	44.00	28	审计学	7-81117-828-9	王翠琳	46.00
4	会计学原理（第2版）	7-301-18515-5	刘爱香	30.00	29	审计学	7-301-20906-6	赵晓波	38.00
5	会计学原理习题与实验（第2版）	7-301-19449-2	王保忠	30.00	30	审计理论与实务	7-81117-955-2	宋传联	36.00
6	会计学原理与实务（第2版）	7-301-18653-4	周慧滨	33.00	31	会计综合实训模拟教程	7-301-20730-7	章洁倩	33.00
7	会计学原理与实务模拟实验教程	7-5038-5013-4	周慧滨	20.00	32	财务分析学	7-301-20275-3	张献英	30.00
8	会计实务	7-81117-677-3	王远利	40.00	33	银行会计	7-301-21155-7	宗国恩	40.00
9	高级财务会计	7-81117-545-5	程明娥	46.00	34	税收筹划	7-301-21238-7	都新英	38.00
10	高级财务会计	7-5655-0061-9	王奇杰	44.00	35	基础会计学	7-301-16308-5	晋晓琴	39.00
11	成本会计学	7-301-19400-3	杨尚军	38.00	36	公司财务管理	7-301-21423-7	胡振兴	48.00
12	成本会计学	7-5655-0482-2	张红漫	30.00	37	财务管理学实用教程（第2版）	7-301-21060-4	骆永菊	42.00
13	成本会计学	7-301-20473-3	刘建中	38.00	38	政府与非营利组织会计	7-301-21504-3	张 丹	40.00
14	管理会计	7-81117-943-9	齐殿伟	27.00	39	预算会计	7-301-22203-4	王筱萍	32.00
15	管理会计	7-301-21057-4	肜芳珍	36.00	40	统计学实验教程	7-301-22565-2	袭雨明	24.00
16	会计规范专题	7-81117-887-6	谢万健	35.00	41	基础会计实验与习题	7-301-22387-1	左 旭	30.00
17	企业财务会计模拟实习教程	7-5655-0404-4	董晓平	25.00	42	基础会计	7-301-23109-8	田凤彩	39.00
18	税法与税务会计	7-81117-497-7	吕孝侠	45.00	43	财务会计学	7-301-23190-6	李柏生	39.00
19	初级财务会计	7-301-20019-3	明淑姣	42.00	44	会计电算化	7-301-23565-2	童 伟	49.00
20	财务管理学原理与实务	7-81117-544-8	严复海	40.00	45	中级财务会计	7-301-23772-4	吴海燕	49.00
21	财务管理学	7-5038-4897-1	盛均全	34.00	46	会计规范专题（第2版）	7-301-23797-7	谢万健	42.00
22	财务管理学	7-301-21887-7	陈玮	44.00	47	基础会计	7-301-24366-4	孟 铁	35.00
23	基础会计学学习指导与习题集	7-301-16309-2	裴 玉	28.00	48	信息化会计实务	7-301-24730-3	杜天宇	35.00
24	财务管理理论与实务	7-301-20042-1	成 兵	40.00	49	会计学原理	7-301-24872-0	郭松克	38.00
25	税法与税务会计实用教程（第2版）	7-301-21422-0	张巧良	45.00					

工商管理、市场营销、人力资源管理、服务营销类

序号	书名	标准书号	主编	定价	序号	书名	标准书号	主编	定价
1	管理学基础	7-5038-4872-8	于干千	35.00	29	市场营销学：理论、案例与实训	7-301-21165-6	袁连升	42.00
2	管理学基础学习指南与习题集	7-5038-4891-9	王 珍	26.00	30	市场营销学	7-5655-0064-0	王槐林	33.00
3	管理学	7-81117-494-6	曾 旗	44.00	31	国际市场营销学	7-301-21888-4	董 飞	45.00
4	管理学	7-301-21167-0	陈文汉	35.00	32	市场营销学（第2版）	7-301-19855-1	陈 阳	45.00
5	管理学	7-301-17452-4	王慧娟	42.00	33	市场营销学	7-301-21166-3	杨 楠	40.00
6	管理学原理	7-5655-0078-7	尹少华	42.00	34	国际市场营销学	7-5038-5021-9	范应仁	38.00
7	管理学原理与实务（第2版）	7-301-18536-0	陈嘉莉	42.00	35	现代市场营销学	7-81117-599-8	邓德胜	40.00
8	管理学实用教程	7-5655-0063-3	邵喜武	37.00	36	市场营销学新论	7-5038-4879-7	郑玉香	40.00
9	管理学实用教程	7-301-21059-8	高爱霞	42.00	37	市场营销理论与实务（第2版）	7-301-20628-7	那 薇	40.00
10	管理学实用教程	7-301-22218-8	张润兴	43.00	38	市场营销学实用教程	7-5655-0081-7	李晨耘	40.00
11	通用管理知识概论	7-5038-4997-8	王丽平	36.00	39	市场营销学	7-81117-676-6	戴秀英	32.00
12	管理学原理	7-301-21178-6	雷金荣	39.00	40	消费者行为学	7-81117-824-1	甘瑨琴	35.00
13	管理运筹学（第2版）	7-301-19351-8	关文忠	39.00	41	商务谈判（第2版）	7-301-20048-3	郭秀君	49.00
14	统计学原理	7-301-21061-1	韩 宇	38.00	42	商务谈判实用教程	7-81117-597-4	陈建明	24.00
15	统计学原理	7-5038-4888-9	刘晓利	28.00	43	消费者行为学	7-5655-0057-2	肖 立	37.00
16	统计学	7-5038-4898-8	曲 岩	42.00	44	客户关系管理实务	7-301-09956-8	周贺来	44.00
17	应用统计学（第2版）	7-301-19295-5	王淑芬	48.00	45	公共关系学	7-5038-5022-6	于朝晖	40.00
18	统计学原理与实务	7-5655-0505-8	徐静霞	35.00	46	非营利组织	7-301-20752-6	王慧	35.00
19	管理定量分析方法	7-301-13552-5	赵光华	28.00	47	公共关系理论与实务	7-5038-4889-6	王 玫	32.00
20	新编市场营销学	7-81117-972-9	刘丽霞	30.00	48	公共关系学实用教程	7-81117-660-5	周 华	35.00
21	公共关系理论与实务	7-5655-0155-5	李泓欣	45.00	49	跨文化管理	7-301-20027-8	晏 雄	35.00
22	质量管理（第2版）	7-301-24632-0	陈国信	39.00	50	企业战略管理	7-5655-0370-2	代海英	36.00
23	企业文化理论与实务	7-81117-663-6	王水嫩	30.00	51	员工招聘	7-301-20089-6	王 挺	30.00
24	企业战略管理	7-81117-801-2	陈英梅	34.00	52	服务营销理论与实务	7-81117-826-5	杨丽华	39.00
25	企业战略管理实用教程	7-81117-853-1	刘松先	35.00	53	服务企业经营管理学	7-5038-4890-2	于干千	36.00
26	产品与品牌管理	7-81117-492-2	胡 梅	35.00	54	服务营销	7-301-15834-0	周 明	40.00
27	东方哲学与企业文化	7-5655-0433-4	刘峰涛	34.00	55	运营管理	7-5038-4878-0	冯根尧	35.00
28	市场营销学	7-301-21056-7	马慧敏	42.00	56	生产运作管理（第2版）	7-301-18934-4	李全喜	48.00

序号	书名	标准书号	主编	定价	序号	书名	标准书号	主编	定价
57	运作管理	7-5655-0472-3	周建亨	25.00	78	服务营销	7-301-21889-1	熊凯	45.00
58	组织行为学	7-5038-5014-1	安世民	33.00	79	企业经营ERP沙盘应用教程	7-301-20728-4	董红杰	32.00
59	组织设计与发展	7-301-23385-6	李春波	36.00	80	项目管理	7-301-21448-0	程敏	39.00
60	组织行为学实用教程	7-301-20466-5	冀鸿	32.00	81	公司治理学	7-301-22568-4	蔡锐	35.00
61	现代组织理论	7-5655-0077-0	岳澎	32.00	82	管理学原理	7-301-22980-4	陈阳	48.00
62	人力资源管理（第2版）	7-301-19098-2	颜爱民	60.00	83	管理学	7-301-23023-7	申文青	40.00
63	人力资源管理经济分析	7-301-16084-8	颜爱民	38.00	84	人力资源管理实验教程	7-301-23078-7	畅铁民	40.00
64	人力资源管理原理与实务	7-81117-496-0	邹平	32.00	85	社交礼仪	7-301-23418-1	李霞	29.00
65	人力资源管理实用教程（第2版）	7-301-20281-4	吴宝华	45.00	86	营销策划	7-301-23204-0	杨楠	42.00
66	人力资源管理：理论、实务与艺术	7-5655-0193-7	李长江	48.00	87	企业战略管理	7-301-23419-8	顾桥	46.00
67	人力资源管理教程	7-301-24615-3	夏兆敢	36.00	88	兼并与收购	7-301-22567-7	陶启智	32.00
68	政府与非营利组织会计	7-301-21504-3	张丹	40.00	89	统计学（第2版）	7-301-23854-7	阮红伟	35.00
69	会展服务管理	7-301-16661-1	许传宏	36.00	90	广告策划与实务：原理、案例与项目实训	7-301-23827-1	杨佐飞	48.00
70	现代服务业管理原理、方法与案例	7-301-17817-1	马勇	49.00	91	客户关系管理理论与实务	7-301-23911-7	徐伟	40.00
71	服务性企业战略管理	7-301-20043-8	黄其新	28.00	92	市场营销学（第2版）	7-301-24328-2	王槐林	39.00
72	服务型政府管理概论	7-301-20099-5	于千千	32.00	93	创业基础：理论应用与实训实练	7-301-24465-4	郭占元	38.00
73	新编现代企业管理	7-301-21121-2	姚丽娜	48.00	94	生产运作管理（第3版）	7-301-24502-6	李全喜	54.00
74	创业学	7-301-15915-6	刘沁玲	38.00	95	统计学	7-301-24750-1	李仟梅	39.00
75	公共关系学实用教程	7-301-17472-2	任焕琴	42.00	96	企业文化理论与实务(第2版)	7-301-24445-6	王水嫩	35.00
76	现场管理	7-301-21528-9	陈国华	38.00	97	项目管理	7-301-24823-2	康乐	39.00
77	现代企业管理理论与应用（第2版）	7-301-21603-3	邱彦彪	38.00					

经济、国贸、金融类

序号	书名	标准书号	主编	定价	序号	书名	标准书号	主编	定价
1	宏观经济学原理与实务（第2版）	7-301-18787-6	崔东红	57.00	25	东南亚南亚商务环境概论	7-81117-956-9	韩越	38.00
2	宏观经济学（第2版）	7-301-19038-8	褰令香	39.00	26	证券投资学	7-301-19967-1	陈汉平	45.00
3	微观经济学原理与实务	7-81117-818-0	崔东红	48.00	27	证券投资学	7-301-22568-1	王毅	45.00
4	微观经济学	7-81117-568-4	梁瑞华	35.00	28	货币银行学	7-301-15062-7	杜小伟	38.00
5	西方经济学实用教程	7-5038-4886-5	陈孝胜	40.00	29	货币银行学	7-301-21345-2	李冰	42.00
6	西方经济学实用教程	7-5655-0302-3	杨仁发	49.00	30	国际结算（第2版）	7-301-17420-3	张晓芬	35.00
7	西方经济学	7-81117-851-7	于丽敏	40.00	31	国际结算	7-301-21092-5	张慧	42.00
8	现代经济学基础	7-81117-549-3	张士军	25.00	32	金融风险管理	7-301-20090-2	朱淑珍	38.00
9	国际经济学	7-81117-594-3	吴红梅	39.00	33	金融工程学	7-301-18273-4	于淑锦	30.00
10	发展经济学	7-81117-674-2	赵邦宏	48.00	34	国际贸易理论、政策与案例分析	7-301-20978-3	冯跃	42.00
11	管理经济学	7-81117-536-3	姜保雨	34.00	35	金融工程学理论与实务（第2版）	7-301-21280-6	谭春枝	42.00
12	计量经济学	7-5038-3915-3	刘艳春	28.00	36	金融学理论与实务	7-5655-0405-1	战玉峰	42.00
13	外贸函电（第2版）	7-301-18786-9	王妍	30.00	37	国际金融实用教程	7-81117-593-6	周影	32.00
14	国际贸易理论与实务（第2版）	7-301-18798-2	缪东玲	54.00	38	跨国公司经营与管理（第2版）	7-301-21333-9	冯雷鸣	35.00
15	国际贸易实务（第2版）	7-301-19404-1	朱廷珺	45.00	39	国际金融	7-5038-4893-3	韩博印	30.00
16	国际贸易实务（第2版）	7-301-20486-3	夏合群	45.00	40	国际贸易函电	7-301-22388-8	金泽虎	35.00
17	国际贸易结算及其单证实务	7-5655-0268-2	卓乃坚	35.00	41	国际金融	7-301-23351-6	宋树民	48.00
18	政治经济学原理与实务	7-301-22204-1	沈爱华	31.00	42	国际贸易实训教程	7-301-23730-4	王茜	28.00
19	国际商务	7-5655-0093-0	安占然	30.00	43	财政学	7-301-23814-1	何育静	45.00
20	国际贸易实务	7-301-20919-6	张肃	28.00	44	保险学	7-301-23819-6	李春蓉	41.00
21	国际贸易规则与进出口业务操作实务（第2版）	7-301-19384-6	李平	54.00	45	中国对外贸易概论	7-301-23884-4	翟士军	42.00
22	金融市场学	7-81117-595-0	黄解宇	24.00	46	国际经贸英语阅读教程	7-301-23876-9	李晓逊	25.00
23	财政学	7-5038-4965-7	盖锐	34.00	47	管理经济学（第2版）	7-301-24786-0	姜保雨	42.00
24	保险学原理与实务	7-5038-4871-1	曹时军	37.00	48	矿业经济学	7-301-24988-8	李创	38.00

法律类

序号	书名	标准书号	主编	定价	序号	书名	标准书号	主编	定价
1	经济法原理与实务(第2版)	7-301-21527-2	杨士富	39.00	6	金融法学理论与实务	7-81117-958-3	战玉锋	34.00
2	经济法实用教程	7-81117-547-9	陈亚平	44.00	7	国际商法	7-301-20071-1	丁孟春	37.00
3	国际商法理论与实务	7-81117-852-4	杨士富	38.00	8	商法学	7-301-21478-7	周龙杰	43.00
4	商法总论	7-5038-4887-2	任先行	40.00	9	经济法	7-301-24697-9	王成林	35.00
5	劳动法和社会保障法（第2版）	7-301-21206-6	李瑞	38.00	10	政治经济学	7-301-24891-1	巨荣良	38.00

电子商务与信息管理类

序号	书名	标准书号	主编	定价	序号	书名	标准书号	主编	定价
1	网络营销	7-301-12349-2	谷宝华	30.00	5	管理信息系统	7-301-12348-5	张彩虹	36.00
2	数据库技术及应用教程（SQL Server版）	7-301-12351-5	郭建校	34.00	6	电子商务概论	7-301-13633-1	李洪心	30.00
3	网络信息采集与编辑	7-301-16557-7	范生万	24.00	7	管理信息系统实用教程	7-301-12323-2	李松	35.00
4	电子商务案例分析	7-301-16596-6	曹彩杰	28.00	8	电子商务概论（第2版）	7-301-17475-3	庞大莲	42.00

序号	书名	标准书号	主编	定价	序号	书名	标准书号	主编	定价
9	网络营销（第2版）	7-301-23803-5	王宏伟	36.00	26	电子证券与投资分析	7-301-22122-8	张德存	38.00
10	电子商务概论	7-301-16717-5	杨雪雁	32.00	27	数字图书馆	7-301-22118-1	奉国和	30.00
11	电子商务英语	7-301-05364-5	覃正	30.00	28	电子化国际贸易	7-301-17246-9	李辉作	28.00
12	网络支付与结算	7-301-16911-7	徐勇	34.00	29	商务智能与数据挖掘	7-301-17671-9	张公让	38.00
13	网上支付与安全	7-301-17044-1	帅青红	32.00	30	管理信息系统教程	7-301-19472-0	赵天唯	42.00
14	企业信息化实务	7-301-16621-5	张志荣	42.00	31	电子政务	7-301-15163-1	原忠虎	38.00
15	电子商务法	7-301-14306-3	李瑞	26.00	32	商务智能	7-301-19899-5	汪楠	40.00
16	数据仓库与数据挖掘	7-301-14313-1	廖开际	28.00	33	电子商务与现代企业管理	7-301-19978-7	吴菊华	40.00
17	电子商务模拟与实验	7-301-12350-8	喻光继	22.00	34	电子商务物流管理	7-301-20098-8	王小宁	42.00
18	ERP原理与应用教程	7-301-14455-8	温雅丽	34.00	35	电子商务实用教程	7-301-20485-6	周贺来	42.00
19	电子商务原理及应用	7-301-14080-2	孙睿	36.00	36	电子商务概论	7-301-21044-4	苗森	28.00
20	管理信息系统理论与应用	7-301-15212-6	吴忠	30.00	37	管理信息系统实务教程	7-301-21245-5	魏厚清	34.00
21	网络营销实务	7-301-15284-3	李蔚田	42.00	38	电子商务安全	7-301-22350-5	蔡志文	49.00
22	电子商务实务	7-301-15474-8	仲岩	28.00	39	电子商务法	7-301-22121-1	郭鹏	38.00
23	电子商务网站建设	7-301-15480-9	臧良运	32.00	40	ERP沙盘模拟教程	7-301-22393-2	周菁	28.00
24	网络金融与电子支付	7-301-15694-0	李蔚田	30.00	41	移动商务理论与实践	7-301-22779-4	柯林	43.00
25	网络营销	7-301-22125-9	程虹	38.00	42	电子商务项目教程	7-301-23071-8	芦阳	45.00

物流类

序号	书名	书号	编著者	定价	序号	书名	书号	编著者	定价
1	物流工程	7-301-15045-0	林丽华	30.00	34	逆向物流	7-301-19809-4	甘卫华	33.00
2	现代物流决策技术	7-301-15868-5	王道平	30.00	35	供应链设计理论与方法	7-301-20018-6	王道平	32.00
3	物流管理信息系统	7-301-16564-5	杜彦华	33.00	36	物流管理概论	7-301-20095-7	李传荣	44.00
4	物流信息管理	7-301-16699-4	王汉新	38.00	37	供应链管理	7-301-20094-0	高举红	38.00
5	现代物流学	7-301-16662-8	吴健	42.00	38	企业物流管理	7-301-20818-2	孔维利	45.00
6	物流英语	7-301-16807-3	阚功俭	28.00	39	物流项目管理	7-301-20851-9	王道平	30.00
7	第三方物流	7-301-16663-5	张旭辉	35.00	40	供应链管理	7-301-20901-1	王道平	35.00
8	物流运作管理	7-301-16913-1	董千里	28.00	41	现代仓储管理与实务	7-301-21043-7	周兴建	45.00
9	采购管理与库存控制	7-301-16921-6	张浩	30.00	42	物流学概论	7-301-21098-7	李创	44.00
10	物流管理基础	7-301-16906-3	李蔚田	36.00	43	航空物流管理	7-301-21118-2	刘元进	35.00
11	供应链管理	7-301-16714-4	曹翠珍	40.00	44	物流管理实验教程	7-301-21094-9	李晓龙	25.00
12	物流技术装备	7-301-16808-0	于英	38.00	45	物流系统仿真案例	7-301-21072-7	赵宁	25.00
13	现代物流信息技术(第2版)	7-301-23848-6	王道平	35.00	46	物流与供应链金融	7-301-21135-9	李向文	30.00
14	现代物流仿真技术	7-301-17571-2	王道平	34.00	47	物流信息系统	7-301-20989-9	王道平	28.00
15	物流信息系统应用实例教程	7-301-17581-1	徐琪	32.00	48	物料学	7-301-17476-0	肖生苓	44.00
16	物流项目招投标管理	7-301-17615-3	孟祥茹	30.00	49	智能物流	7-301-22036-8	李蔚田	45.00
17	物流运筹学实用教程	7-301-17610-8	赵丽君	33.00	50	物流项目管理	7-301-21676-7	张旭辉	38.00
18	现代物流基础	7-301-17611-5	王侃	37.00	51	新物流概论	7-301-22114-3	李向文	34.00
19	现代企业物流管理实用教程	7-301-17612-2	乔志强	40.00	52	物流决策技术	7-301-21965-2	王道平	38.00
20	现代物流管理学	7-301-17672-6	丁小龙	42.00	53	物流系统优化建模与求解	7-301-22115-0	李向文	32.00
21	物流运筹学	7-301-17674-0	郝海	36.00	54	集装箱运输实务	7-301-16644-4	孙家庆	34.00
22	供应链库存管理与控制	7-301-17929-1	王道平	28.00	55	库存管理	7-301-22389-5	张旭风	25.00
23	物流信息系统	7-301-18500-1	修桂年	32.00	56	运输组织学	7-301-22744-2	王小霞	38.00
24	城市物流	7-301-18523-0	张潜	24.00	57	物流金融	7-301-22699-5	李蔚田	39.00
25	营销物流管理	7-301-18658-9	李学工	45.00	58	物流系统集成技术	7-301-22800-5	杜彦华	40.00
26	物流信息技术概论	7-301-18670-1	张磊	28.00	59	商品学	7-301-23067-1	王海刚	30.00
27	物流配送中心运作管理	7-301-18671-8	陈虎	40.00	60	项目采购管理	7-301-23100-5	杨丽	38.00
28	物流项目管理	7-301-18801-9	周晓晔	35.00	61	电子商务与现代物流	7-301-23356-6	吴捷	48.00
29	物流工程与管理	7-301-18960-3	高举红	39.00	62	国际海上运输	7-301-23486-0	张良卫	45.00
30	交通运输工程学	7-301-19405-8	于英	43.00	63	物流配送中心规划与设计	7-301-23847-9	孔继利	49.00
31	国际物流管理	7-301-19431-7	柴庆春	40.00	64	运输组织学	7-301-23885-1	孟祥茹	48.00
32	商品检验与质量认证	7-301-10563-4	陈红丽	32.00	65	物流管理	7-301-22161-7	张佺举	49.00
33	供应链管理	7-301-19734-9	刘永胜						

相关教学资源如电子课件、电子教材、习题答案等可以登录 www.pup6.cn 下载或在线阅读。

扑六知识网(www.pup6.com)有海量的相关教学资源和电子教材供阅读及下载(包括北京大学出版社第六事业部的相关资源)，同时欢迎您将教学课件、视频、教案、素材、习题、试卷、辅导材料、课改成果、设计作品、论文等教学资源上传到 pup6.cn，与全国高校师生分享您的教学成就与经验，并可自由设定价格，知识也能创造财富。具体情况请登录网站查询。

如您需要免费纸质样书用于教学，欢迎登录第六事业部门户网(www.pup6.com.cn)填表申请，并欢迎在线登记选题以到北京大学出版社来出版您的大作，也可下载相关表格填写后发到我们的邮箱，我们将及时与您取得联系并做好全方位的服务。

扑六知识网将打造成全国最大的教育资源共享平台，欢迎您的加入——让知识有价值，让教学无界限，让学习更轻松。联系方式：010-62750667，wangxc02@163.com，lihu80@163.com，欢迎来电来信